供应链金融

张学东　周启清　著

中国财经出版传媒集团
中国财政经济出版社

图书在版编目（CIP）数据

供应链金融／张学东，周启清著．——北京：中国财政经济出版社，2020.9

ISBN 978-7-5095-9993-8

Ⅰ.①供… Ⅱ.①张… ②周… Ⅲ.①供应链管理-金融业务-研究-中国 Ⅳ.①F252.2

中国版本图书馆 CIP 数据核字（2020）第 161016 号

责任编辑：蔡 宾　　　　　　　　　　　责任校对：张 凡
封面设计：陈宇琰

中国财政经济出版社 出版

URL：http://www.cfeph.cn
E-mail：cfeph@cfeph.cn

（版权所有　翻印必究）

社址：北京市海淀区阜成路甲 28 号　邮政编码：100142
营销中心电话：010-88191537　编辑中心电话：010-88190666
天猫网店：中国财政经济出版社旗舰店
网址：https://zgczjjcbs.tmall.com
北京时捷印刷有限公司印刷　各地新华书店经销
成品尺寸：185mm×260mm　16 开　14 印张　342 000 字
2020 年 9 月第 1 版　2020 年 9 月北京第 1 次印刷
定价：48.00 元
ISBN 978-7-5095-9993-8
（图书出现印装问题，本社负责调换，电话：010-88190548）
本社质量投诉电话：010-88190744
打击盗版举报热线：010-88191661　QQ：2242791300

前　言

中国宏观经济处于经济增速换挡期、结构调整阵痛期和前期刺激政策消化期的"三期叠加"阶段，传统行业产能去化与新兴产业成长并存（新旧产业、业态和动力的此消彼长和分化切换态势十分明显），宏观经济层面亮点不多，各类隐性的风险正在加速暴露，经济运行"新常态"特征日益显现，去产能、去库存和去杠杆"三碰头"。经济下行压力有增无减，市场上呈现出经济红利减弱、制度红利消失、成本优势不再、金融市场波动加剧、投资意愿难以较快回升、资本边际效率下降、银行业不良贷款率快速上升的现象。针对这种问题，政府大力推进金融供给侧结构性改革，提出金融资源要回归实体经济，要更好地发挥金融创新对实体经济发展的支持作用。

而现实问题是，我国的企业多为中小微型企业，其多、小、散、差、弱，可抵押资产少，一体化服务能力欠缺，融资难和融资贵问题突出，转型升级困难，传统的金融服务不能有效满足中小微型企业的融资需求。

在此背景下，供应链金融这种基于贸易融资的新型金融业态愈加受到业界和学界的关注。供应链金融（supply chain finance）是通过对供应链成员间的信息流、资金流、物流的有效整合，在供应链中围绕核心企业，将核心企业和上下游企业联系在一起，并为其提供灵活的金融服务的一种融资模式；是一种在核心企业主导的企业生态圈中，对资金的可得性和成本进行系统性优化的过程。这种优化主要是通过对供应链内的信息流进行归集、整合、打包和利用的过程中，嵌入成本分析、成本管理和各类融资手段而实现的。供应链金融不是一个产品，而是各种产品只要基于行业内的供应链，符合一定模式和特征，都可称该产品属于供应链融资。供应链融资立足整条供应链，以交易流程控制为主要的风险控制手段。

供应链金融产品的推出和超常规发展，有其深刻的时代背景。可以负责任地讲，供应链融资业务从出现到发展再到不断完善并非偶然，而是历史和环境的选择。概括地说，供应链金融的出现，是当前社会化大生产发展引起的生产组织变革所要求的，是中国金融体制改革取得的成果所催生的，是现代金融理念创新所成就的。

近年来，在教学研究和社会实践过程中，作者深入中国工商银行、中国建设银行、深圳发展银行、长安银行、广发银行、上海浦发银行、兴业银行、华夏银行、招商银行、民生银行、交通银行、西安银行、杭州银行、宁夏黄河农村商业银行等银行做了大量的调研，取得不少第一手供应链金融案例，同时也了解和参与了部分案例的实践。在此基础上，结合传统金融学理论，对我国供应链金融的理论、风险管理与实践做了深入的分析。为了进一步明晰供应链金融的风控要点，全书分为八章，分别为供应链金融概述、自偿性贸易融资理论、供应链金融模式、"1+N"供应链金融模式、风险与风险管理、供应链金融理论实践与典型案例、供应链金融业务新蓝海、延伸知识阅读与获取，每一个章节又分了多个小节，分别进行了阐述。

本书的特点是，在每部分对基本理论阐述之后，还有大量案例和操作实务的"样本"，银行、企业管理人员及学习供应链金融的高校学生和有关研究人员均可从本书中获取供应链金融的相关理论和操作知识。本书在撰写过程中作者参阅了国内外大量的相关著作，并引用了许多专家和学者的优秀研究成果，在此表示最诚挚的谢意。

本书由杭州师范大学张学东教授、陕西国际商贸学院周启清副教授共同撰写，负责全书的风格、主体架构设计和全书的统稿，合作者还有卢锐（杭州师范大学）、李荣（江苏理工学院）、张奕璇（杭州黑衣人科技有限公司）等，本研究工作得到了国家社科基金项目（11BGL033）、浙江省社科规划对策应用类项目、教育部产学合作协同育人项目、杭州市重点学科——产业经济学建设项目、杭州市特色专业——金融工程建设项目和杭州师范大学科研启动项目等经费在不同时期不同程度上的资助和支持。

此外，感谢中国财政经济出版社编辑对本书出版工作的大力支持。

由于水平有限，本书难免存在着一些瑕疵与不足，敬请各位专家和广大读者提出宝贵意见。联系邮箱：18758092886@163.com。

张学东、周启清
2020年5月

目　　录

第一章　供应链金融概述 ……………………………………………………… 1
第一节　供应链 ………………………………………………………… 1
第二节　供应链金融 …………………………………………………… 5
第三节　供应链金融的发展背景 ……………………………………… 7
第四节　发展供应链金融业务的成因 ………………………………… 10
第五节　供应链金融参与主体 ………………………………………… 20
第六节　供应链金融的特点 …………………………………………… 23
第七节　供应链金融与传统银行融资的区别 ………………………… 25
第八节　物流金融与供应链金融 ……………………………………… 27
第九节　国内外供应链金融发展状况的比较 ………………………… 28
第十节　我国现阶段供应链金融所面临的问题 ……………………… 29

第二章　自偿性贸易融资理论 ………………………………………………… 32
第一节　自偿性贸易融资研究背景 …………………………………… 32
第二节　自偿性贸易融资理论概念 …………………………………… 33
第三节　开展自偿性贸易融资的意义 ………………………………… 35
第四节　贸易融资业务特点 …………………………………………… 38
第五节　贸易融资与传统流动资金授信的区别 ……………………… 39
第六节　贸易融资流程设计注意事项 ………………………………… 40
第七节　自偿性贸易融资信贷评审技术 ……………………………… 41
第八节　自偿性贸易融资的分类 ……………………………………… 43
第九节　自偿性贸易融资业务产品的组合运用 ……………………… 44
第十节　中资商业银行贸易融资产品创新趋势 ……………………… 45
第十一节　制约国内贸易融资发展的因素 …………………………… 46
第十二节　我国国际贸易融资业务 …………………………………… 50

第三章　供应链金融模式 ……………………………………………………… 54
第一节　供应链金融的分类 …………………………………………… 54
第二节　按照风险控制及解决方案的问题导向分类 ………………… 66

第四章 "1+N"供应链金融模式 ………………………………………… 101

第一节 "1+N"供应链金融模式的发展背景 …………………………… 101

第二节 供应链生态系统提供的融资友好界面 …………………………… 103

第三节 "1+N"供应链金融模式的成员结构及其作用 ………………… 105

第四节 "1+N"供应链金融模式的定义与特点 ………………………… 107

第五节 "1+N"供应链金融的优势分析 ………………………………… 110

第六节 "1+N"供应链金融的劣势分析 ………………………………… 112

第七节 供应链金融营销切入点的选择 …………………………………… 113

第八节 供应链金融创新 …………………………………………………… 115

第五章 供应链金融风险与风险管理 …………………………………… 119

第一节 风险的基本知识概述 ……………………………………………… 119

第二节 供应链金融风险 …………………………………………………… 124

第三节 常见的供应链金融风险量化方法 ………………………………… 139

第四节 供应链金融风控 …………………………………………………… 155

第五节 供应链金融风险管理——六个关键变量的结构准入体系 ……… 157

第六章 供应链金融实践与典型案例 …………………………………… 166

第一节 广发银行对永辉超市上游供应商批量授信方案 ………………… 166

第二节 行业资讯门户网站转型做供应链金融——生意宝 ……………… 171

第三节 信息化管理服务提供商转型做供应链金融——汉得信息 ……… 172

第四节 供应链服务提供商转型做供应链金融——瑞茂通 ……………… 172

第五节 电商平台做供应链金融——苏宁云商 …………………………… 172

第六节 行业核心公司做供应链金融——安源煤业 ……………………… 173

第七章 供应链金融业务新蓝海 ………………………………………… 174

第一节 互联网+供应链金融 ……………………………………………… 174

第二节 反保理 ……………………………………………………………… 179

第三节 供应链金融ABS …………………………………………………… 183

第四节 农业供应链金融 …………………………………………………… 186

第八章 延伸知识阅读与获取 …………………………………………… 193

第一节 做供应链金融业务的牌照要求 …………………………………… 193

第二节 供应链金融相关政策及其主要内容 ……………………………… 195

参考文献 …………………………………………………………………… 211

第一章 供应链金融概述

金融是经济的"血脉",是现代经济的核心,是经济增长的火车头,是实现资金的跨期配置的方式,是实体经济发展的第一推动力和持续推动力。金融业的发展水平直接关系着一国或一个地区经济的发展。邓小平同志1991年在视察上海时就曾经指出:金融很重要,是现代经济的核心。金融搞好了,一招棋活,全盘皆活。目前,全球经济结束了大稳定的"旧常态"而进入了"新常态",世界经济艰难复苏。中国宏观经济处于经济增速换挡期、结构调整阵痛期和前期刺激政策消化期的"三期叠加"阶段,传统行业去产能化与新兴产业成长并存(新旧产业、业态和动力的此消彼长和分化切换态势十分明显),宏观经济层面亮点不多,各类隐性的风险正在加速暴露,经济运行"新常态"特征日益显现,去产能、去库存和去杠杆"三碰头"。我国自进入经济新常态以来,经济增长速度下滑,经济结构失衡加重,金融机构问题频发。一方面,我国的商业银行长期以来缺乏优质客户,将大量资金投入了国有企业,而就目前而言,国有企业中存在着大量的僵尸企业,贷款难以收回;另一方面,随着经济改革进入深水区,大量的外资银行进入国内,民营银行开始出现,互联网金融对传统金融发起冲击,银行盈利幅度明显收窄、表外业务风险急剧增加、三角债问题严重,迫切需要寻找一个新的利润增长点。

而现实问题是,我国的企业多为中小微型企业,其多、小、散、差、弱,可抵押资产少,一体化服务能力欠缺,融资难和融资贵问题突出,转型升级困难,传统金融服务不能有效满足中小微型企业的融资需求。在国务院供给侧结构性改革方针的指导下,业界发现基于核心企业的供应链金融能够有效补足我国银行业的短板,很好地完成金融支持中小微型企业发展的作用。在此背景下,供应链金融这种创新型融资模式,越来越受业界的关注。平安银行、中国工商银行、中国建设银行等一大批银行纷纷发展自己的供应链金融业务。

第一节 供应链

一、供应链的概念

供应链(Supply Chain)又称"价值链""供需链",其概念最早在20世纪80年代被提出,并迅速在制造业管理中得到了普遍应用。而近几年来,供应链管理作为一种新的管理模式在几乎所有行业得到普及,并产生了很好的示范效应。

目前供应链尚未形成统一的定义,很多学者从不同的角度给出了许多不同的定义。最早期的观点认为供应链是制造企业中的一个内部过程,它主要是指把从企业外部采购的零部件和原材料，通过生产转换和销售等活动，之后再传递到零售商和用户的一个过程。或者说，传统意义的供应链主要是指一个企业内部不同部门之间的产供关系，即将采购的原材料和收到的零部件，通过生产和销售等过程传递到企业用户的过程。此时的供应链概念仅仅局限在企业的内部操作层上，只注重企业自身的资源利用。

现代意义上的供应链是更大范围、更为系统的概念，它不再仅仅是企业内部各个部门之间的关系，而是指从客户需求开始，贯通产品设计、原材料供应、产品生产、批发、零售等过程，把产品送到最终客户的各项业务活动，连接的是一个企业与其上下游企业之间关系的网链结构。最近，供应链的概念更加注重围绕核心企业的网链关系，如与用户、用户的用户及一切后向的关系，核心企业与供应商、供应商的供应商乃至与一切前向的关系。

现代供应链的概念是从扩大的生产（Extended Production）概念发展来的，它将企业的生产活动进行了前伸和后延。譬如，日本丰田公司的精益协作方式中就将供应商的活动视为生产活动的有机组成部分而加以控制和协调，这就是向前延伸。后延是指将生产活动延伸至产品的销售和服务阶段。因此，供应链就是通过计划（Plan）、获得（Obtain）、存储（Store）、分销（Distribute）、服务（Serve）等这样一些活动而在顾客和供应商之间形成的一种衔接（Interface），从而使企业能满足内外部顾客的需求。

供应链与市场学中销售渠道的概念有联系也有区别。供应链包括产品到达顾客手中之前所有参与供应、生产、分配和销售的公司和企业，因此其定义涵盖了销售渠道的概念。供应链对上游的供应者（供应活动）、中间的生产者（制造活动）和运输商（储存运输活动）以及下游的消费者（分销活动）同样重视。

美国史迪文斯（Stevens）认为通过增值过程和分销渠道控制从供应商到用户的物流就是供应链，它开始于供应的源点，结束于消费的终点。哈里森（Harrision）认为供应链是执行采购原材料，将它们转换为中间产品和成品，并将成品销售到用户的功能网链。密歇根大学既强调供应链是一个过程，同时认为，供应链是一个对多公司"关系管理"的集成供应链，它包含从原材料的采购到产品和服务交付给最终消费者的全过程。我国国家标准《物流术语》对供应链的定义是："供应链（Supply chain）是生产及流通过程中，涉及将产品或服务提供给最终用户活动的上游与下游企业，所形成的网链结构。"

从不同侧面，对供应链有不同的理解。它即是一条联结供应商到用户的物流链，通过链中不同企业的制造、组装、分销、零售等过程将原材料转化成产品再到最终用户的过程。在任何一个产业内部都存在链状结构。比如，在制造商的上游有供应商，二者形成原材料供应关系；在制造商的下游有经销商和最终用户，相互之间形成销售关系。它又是一条增值链，物料在供应链上因为加工、物流而增加其价值。通过对供应链的管理可以实现价值的增值。比如，从原材料投入开始，经过加工、转化并被消费者购买的消费，这一过程当中做出的所有增值活动都是由供应链上的各企业完成的，增值过程所构成的网络成为制造商的价值链。

综上所述，供应链是指产品生产和流通过程中所涉及的原材料供应商、批发商、生产商、零售商以及最终消费者组成的供需网络，即由物料获取、物料加工、并且将成品送到用户手中这一过程所涉及的企业和企业部门组成的一个网络。也可以说所谓供应链，就是围绕核心企业，通过对信息流、物流、资金流的控制，将供应商、制造商、分销商、零售商、最终用户连成一个整体的功能网链结构。它是一个结构化的产业组织模式，包含了所有加盟的节点企业，从原材料的供应开始，经过链中不同企业的制造加工、组装、分销等过程直到最终用户。供应链一般分为内部供应链和外部供应链。形象一点,我们可以把供应链描绘成一棵枝叶茂盛的大树:独家代理商则是主干;分销商是树枝和树梢;生产企业构成树根;满树的绿叶红花是最终用户;在根与主干、枝与干的一个个结点,蕴藏着一次次的流通,整体相通的脉络便是供应链信息管理系统平台。

供应链与食物链同理

在"草——兔子——狼——狮子"这样一个简单的食物链中(假设在这一自然环境中只生存这四种生物),如果把兔子全部杀掉,那么草就会疯长起来,狼也会因兔子的灭绝而饿死,连最厉害的狮子也会因狼的死亡而慢慢饿死。可见,食物链中的每一种生物之间是相互依存的,破坏食物链中的任何一种生物,势必导致这条食物链失去平衡,最终破坏人类赖以生存的生态环境。

供应链管理(Supply Chain Management,SCM)是一种集成的管理思想和方法,供应链管理就是指对整个供应链系统进行计划、协调、操作、控制和优化的各种活动和过程。从单一的企业角度来看,是指企业通过改善上下游供应链关系,整合和优化供应链中的信息流、物流、资金流,以便获得企业的竞争优势。

供应链管理提高了供应商、制造商、零售商的业务效率,其目标是要将顾客所需的正确的产品(Right Product)能够在正确的时间(Right Time)、按照正确的数量(Right Quantity)、正确的质量(Right Quality)和正确的状态(Right State)送到正确的地点(Right Place)——即"6R",并使总成本最小。

二、供应链的网链结构模型

从供应链的结构可以看出,供应链是一个不断发展的动态网络结构系统,由围绕核心企业的供应商、供应商的供应商和用户、用户的用户组成。每一个企业都是一个网络节点,上下级节点企业之间不是简单的供求关系,而是一种需求与供应的紧密合作关系。供应链将各个企业有机地结合在一起,使每个企业发挥自己的优势,共享资源和信息,共同创造财富。供应链网络结构系统如图1-1所示。

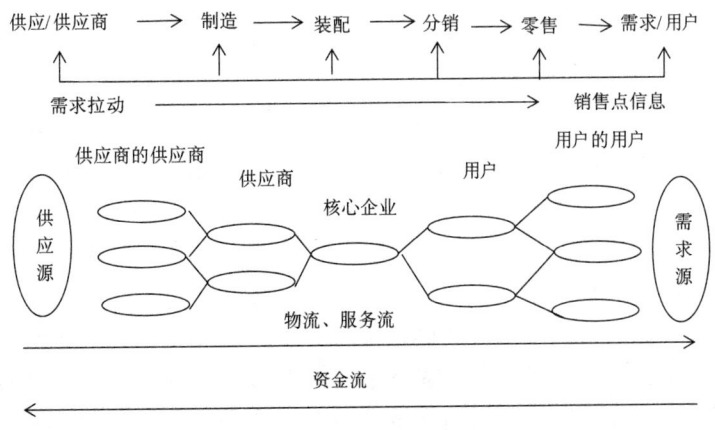

图1-1 供应链网络结构系统

三、供应链的基本结构

一般来说,构成供应链的基本要素包括:

供应商:指给生产厂家提供原材料或零部件的企业。

厂家:即产品制造业。产品生产的最重要环节,负责产品生产、开发和售后服务等。

分销企业:为实现将产品送到经营地理范围每一角落而设的产品流通代理企业。

零售企业:将产品销售给消费者的企业。

物流企业:即上述企业之外专门提供物流服务的企业。其中批发、零售、物流业也可以统称为流通业。

四、供应链的流程

物流:主要是物资(商品)的流通过程,这是一个发送货物的程序。该流程的方向是由供货商经由厂家、批发与物流、零售商等指向消费者。由于长期以来企业理论都是围绕产品实物展开的,因此目前物资流程被人们广泛重视。许多物流理论都涉及如何在物资流通过程中在短时间内以低成本将货物送出去。

商流:主要是买卖的流通过程,这是接受订货、签订合同等的商业流程。该流程的方向是在供货商与消费者之间双向流动的。目前商业流通形式趋于多元化:既有传统的店铺销售、上门销售方式,又有通过互联网等新兴媒体进行购物的电子商务形式。

信息流:是商品及交易信息的流程。该流程的方向也是在供货商与消费者之间双向流动的。过去人们往往把重点放在看得到的实物上,信息流通一直被忽视。甚至有人认为,国家的物流落后同它们把资金过分投入物质流程而延误对信息的把握不无关系。

资金流:是货币的流通,为了保障企业的正常运作,必须确保资金的及时回收,否则企业就无法建立完善的经营体系。该流程的方向是由消费者经由零售商、批发与物流、厂家等指向供货商。

五、供应链的结构特征

第一,层次性。供应链网络结构层次性明显。对于一个供应商来说,供应商与其他供应商之间构成了供应子网络。对于一个核心企业来说,与核心企业紧密合作的上游供应商、供应商的供应商和下游的用户、用户的用户构成了一个围绕该核心企业的供应链网络。而上升到行业层次来说,该核心企业形成的供应链网络只是更大供应链网中的一个子网。因此,供应链网络是一个由众多供应子网络、供应链子网络、用户子网络交错形成的复杂网络。

第二,双向性。供应链网络结构具有双向性特征,是横向网络与纵向网络的结合。从横向看,供应链是一个竞争的横向网络结构,企业之间供应、生产或销售的产品与服务相同或相似,企业之间更多的表现为竞争关系。从纵向看,供应链是一条链状结构,反应的是核心企业与上下游之间的紧密合作关系,以及物流、信息流和资金流的流动过程。

第三,动态性。供应链网是物流和信息流连结起来的网络体系,供应链网络参与主体之间的关系不是一成不变的。网络体系中成员合作关系的变动会引起供应链网络结构的调整;顾客需求的变化也会引起供应链网络结构做出相应的适应性调整;供应原材料或信息的变动也会引起企业其他成员之间合作关系的变动,从而引起供应链网结构的变动。供应链网络中成员的增加或退出是物流和信息流、资金流共同作用的结果。

第四，跨区域性。随着全球化进程的继续，全球实体业务合作越趋紧密，实体企业间超越空间的跨度，与世界各地供应商、制造商和分销商联结一体，寻求全球资源共享和利益争夺，从而加速了供应链全球化的脚步。供应链网络的触角延伸到更广泛的空间里，全球供应商、制造商、分销商和最终用户，形成了一个庞大而复杂的全球供应链网。

第二节 供应链金融

一、供应链金融的发展历史

供应链金融的历史，在国外起步较早，最早可以追溯到1803年荷兰一家银行开办的仓储质押融资业务。同时在1905年沙皇统治下的俄罗斯也出现了货物质押贷款业务：农民在丰收季节市场价格低时，将大部分谷物抵押给银行，用银行贷款资金投入后续的生产和生活；待市场价格回升后，再卖出谷物归还银行本金利息。由此，农民可以获得比收割季节直接卖出谷物更高的利润。1916年，美国颁布了《仓储法案》（U. S. Warehousing Act），并以此为根据建立起一套仓单质押的系统规则。这带来了以农产品为代表的各类仓单的广泛签发和流通，这种仓单既可以作为结算手段，也可以向银行申请贷款。

目前发达国家供应链金融市场呈现高速增长的趋势，93%的国际银行感觉客户对供应链金融需求强烈，因为该项服务在当前严峻的信贷环境下提供了一种稀缺信贷资源的高效率配置方式。根据Damica公司的研究报告（2008），发达国家供应链金融市场呈现高速增长的趋势：2007年，各银行通过供应链融资手段发放的授信平均增长了25%。80%的大银行认为，供应链金融产品对于商业银行业务的差异化竞争十分重要。

国内有据可查的同类业务始于20世纪20年代的上海银行。市场经济改革后，这一业务自20世纪90年代中期开始得到恢复，但真正实质的规模性推广则始于1999年深圳发展银行推出的动产及货权质押授信业务。供应链融资提出较早，但是各家商业银行并未大面积推广，原因是供应链融资业务环节较多、需要具备较强的专业知识，同时对于风险控制和内部协作以及贷后管理要求较高。供应链融资在我国的发展处于起步阶段，但发展非常迅速，第三方研究机构发布的行业报告数据显示，到2020年，我国供应链金融市场规模可达14.98万亿元左右。根据国家统计局公布的统计数据，截至2011年3月末，规模以上工业企业应收账款为60470亿元，同比增长24.6%。产成品资金为23672亿元，同比增长23.1%。可见以应收账款和存货等动产作质押的供应链融资市场巨大。2001年下半年，深圳发展银行在华南的广州和佛山两家分行开始试点存货融资业务（全称为"动产及货权质押授信业务"），从试点到全系统推广，从自偿性贸易融资（2003年）、"1 + N"供应链融资（2003年）到系统提炼供应链金融服务（2005年），2006年在银行业率先推出"供应链金融"品牌。深圳发展银行为代表的一些中小型商业银行，在供应链金融产品的开发和营销方面先试先行，为解决中小企业融资和扩展商业银行业务进行了有益探索。2014年以来各家银行经历了从怀疑到观察，再到价值发现的过程，最终纷纷趋之若鹜。《欧洲货币》杂志将供应链金融形容为近年来银行交易性业务中最热门的话题，并断言该项业务的需求在未来几年将持续增长。世界银行、中小企业金融论坛、国际金融公司联合发布的《中小微企业融资缺口：对新兴市场微型、小型和中型企业融资不足与机遇的评估》报告中表示，国内中小微企业的融资缺口有1.9万亿美元，接近12万亿元人民币。中商情报网发布的《2013—2018年中国供应链金融行业调查及市场前景咨询报告》分析指出，继深圳发展银行在2006年率先推出了"供应链金融"的品牌之后，中信银行、浦发银行、兴业银行、民生银行、招商银行、交通银行等各家商业银行，甚至包括四大国有银行都已涉足于此，许多银行也获得了显著的成效。至此，供应链融资市场进入全面发展时期。到2008年5月，全球最大的50家银行中有46家向企业提供供应链融资，剩下4家也在积极筹划开办该项业务。根据北京大学经济学院的一项研究显示，2011年供应链金融业务在发达国家的增长率为10%至30%，中国、印度等新兴经济体的增长率在20%~25%。我国供应链金融未来发展趋势如图1-2所示。

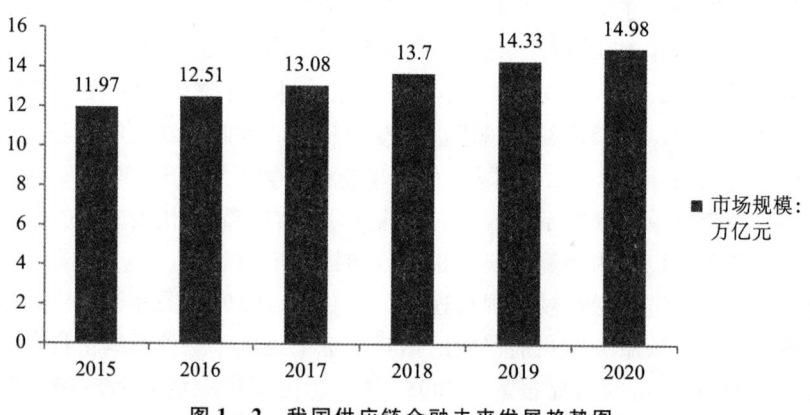

图1-2 我国供应链金融未来发展趋势图

数据来源：前瞻网、国海证券研究所。

二、供应链金融的概念

目前学界对供应链金融并没有一个统一的定义，国内外的专家、学者对此提出了不同的看法。

Hofman. E（2005）提出供应链金融是供应链中的企业实现金融供应链管理的一种手段，并将供应链金融定义为：基于对物流、金融、供应链管理以及企业间合作的集成，供应链内两个或多个组织，包括外部的金融服务提供方，通过计划、引导和控制企业间的资金流动，共同为供应链创造价值的一种方法。Feinberg（2007）认为供应链金融是金融供应链管理的一个重要组成部分，并且将供应链金融描述为一系列的融资模式，这些融资模式可以由银行、买方、卖方或者金融服务机构来提供，用以为点对点供应链管理过程中的任意阶段提供营运资本融通。Atkinson（2008）认为供应链金融是金融服务与技术解决方案的结合，这种结合把买卖双方以及资金的提供者联系在一起，从而改善供应链的可视化程度，降低融资成本并且加速现金的流动。Atkinson（2008）认为供应链金融是金融服务与技术解决方案的结合，这种结合把买卖双方以及资金的提供者联系在一起，从而改善供应链的可视化程度，降低融资成本并且加速现金的流动国内也有相当多的学者提出了自己对供应链金融概念的认识。

深圳发展银行在国内最早开展供应链金融业务，他所理解供应链金融具有独特意味。时任深圳发展银行副行长的胡跃飞（2007）认为，供应链金融就是指，在对供应链内部的交易结构进行分析的基础上，运用自偿性贸易融资的信贷模型，并引入核心企业、物流监管公司、资金流导引工具等新的风险控制变量，对供应链的不同节点提供封闭的授信支持及其他结算、理财等综合金融服务。徐学锋、夏建新（2010）从整个供应链管理的角度出发，提供综合的财务金融服务，把供应链上的相关企业作为一个整体，根据交易中构成的链条关系和行业特点设定融资方案，将资金有效注入到供应链上的相关企业，提供灵活运用的金融产品和服务的一种融资创新解决方案。何雨璇（2010）提出，供应链金融是指对供应链内部的交易结构进行分析的基础上，运用自偿性贸易融资的信贷模型，并引入核心企业、物流监管公司、资金流导引工具（融资产品）等新的风险控制变量，以供应链的不同点来区分，不仅向客户提供封闭的授信支持及其他结算、理财等综合金融服务，同时还向这些客户的供应商提供应收账款融资及管理，或者向其分销商提供预付款及存货融资服务。严广乐（2011）认为，所谓供应链金融是基于供应链所开展的融资活动，指商业银行从整个产业链角度出发，对一个产业链中的单个企业或上下游多个企业提供全面金融服务，以促进供应链核心企业及上下游配套中小企业"产—供—销"链条的稳固和流转顺畅，构筑金融机构、供应链上的企业和物流公司互利共存、持续发展的产业生态。汤国生（2014）提出，供应链金融是指金融机构站在产业供应链的全局的高度，将供应链中的相关企业作为一个整体，通过综合授信，也就是将资金注入到供应链中，为围绕核心企业发展的中小企业，如一些中小供应商提供灵活、多样的金融产品和服务，促进供应链核心企业与上游供应商之间建立长期战略协同关系，提升供应链竞争能力的一种融资方式。中国银行行长陈四清认为，供应链金融指金融企业与物流企业在供应链链条上寻找核心企业，并对其上下游企业融资。姜超峰（2015）认为供应链金融是运用供应链管理的理念和方法，为相互关联的企业提供金融服务的活动，其实质是为供应链链条上的企业提供的金融服务，这种服务穿插在供应链之中，同时也是贸易带动下的金融与物流服务。其主要模式是以核心企业的上下游为服务对象，以真实的交易为前提，在采购、生产、销售等各个环节提供的金融服务。

供应链金融（supply chain finance）是通过对供应链成员间的信息流、资金流、物流的有效整合，在供应链中围绕核心企业，将核心企业和上下游企业联系在一起，并为其提供灵活的金融服务的一种融资模式；是一种在核心企业主导的企业生态圈中，对资金的可得性和成本进行系统性优化的过程。这种优化主要是通过对供应链内的信息流进行归集、整合、打包和利用的过程中，嵌入成本分析、成本管理和各类融资手段而实现的。

综上所述，得出了两个结论。一是供应链融资不是一个产品，而是各种产品只要基于行业内的供应链，符合一定模式和特征，都可称该产品属于供应链融资。二是供应链融资立足整条供应链，以交易流程控制为主要的风险控制手段。

第三节 供应链金融的发展背景

供应链金融产品的推出和超常规发展，有其深刻的时代背景。可以负责任地讲，供应链融资业务从出现到发展再到不断完善并非偶然，而是历史和环境的选择。概括地说，供应链金融的出现,是当前社会化大生产发展引起的生产组织变革所要求的,是中国金融体制改革取得的成果所催生的,是现代金融理念创新所成就的。

一、供应链金融与社会生产分工

生产组织变革要求供应链金融,也就是说供应链金融衍生于供应链基础之上。亚当·斯密在其名著《国富论》中开篇明义地指出,分工有利于技术进步和实现规模经济,从而是推动经济增长的重要源泉。近三四十年来,随着社会化大生产的不断发展和经济全球一体化进程的不断加快,社会生产的分工形式已经由过去的产业分工和产品分工,发展到了产品内分工,即特定产品生产过程中的不同工序或区段通过空间分散化展开成跨区域跨国性的生产链条或体系,由此产生了供应链的概念。供应链金融是全球分工背景下产生的融资模式。由于供应链的生产模式逐渐取代了企业内部分工的纵向一体化(如图1-3所示),全球贸易总量也随之快速增长。供应链环境下的全球贸易与传统贸易有着显著地区别:

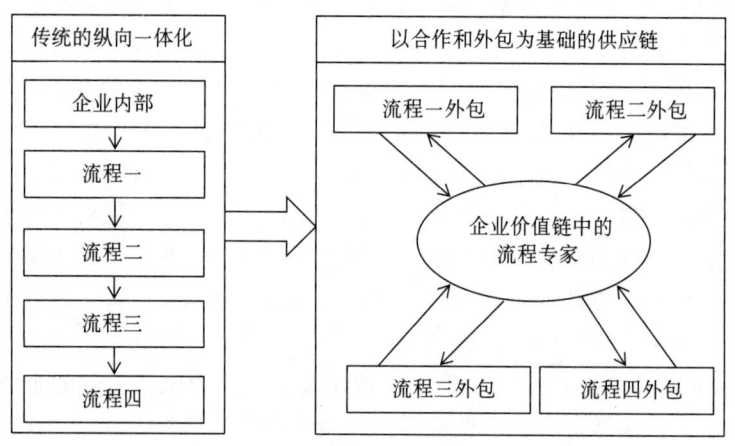

图1-3 全球化进程下产业组织方式的变革

(1)在产品结构方面,传统贸易以初级产品和最终产品为主,以零配件、部件、半成品等中间产品为辅;而供应链贸易恰好相反,以中间产品为主。

(2)在单笔交易量和交易频率方面,为了适应及时生产和品种多样化的需要,供应链贸易中核心企业的采购出现了单笔交易量少、采购周期短、交易频率高等特点。

(3)在支付方式方面,传统贸易以信用证支付和支票支付为主,其中,供应链成员企业需要押一定比例的资金在银行。一方面在供应链贸易中,供需双方的由于交易非常频繁而相互了解,每次交易都开信用证很浪费人力和物力;另一方面整个供应链成员企业乃至于全世界的企业将搁置大量资金在银行,从而大大增加供应链成员企业的运作成本。同时又由于核心企业的市场力更强,因此,赊销模式被越来越多地采用,即供应商先将货品存放在核心企业处,过一段时间后,按销售情况再统一进行结算。

但发端于20世纪80年代的以全球化为核心的供应链产业组织模式的演进,只是供应链金融产生的基础,而更深层次的原因,在于跨国公司为寻求成本最小化而在世界范围内进行的价值链的重塑与业务外包,从而衍生出供应链管理的概念。一直以来,物流和信息流层面的管理是供应链管理的核心,直到20世纪末,管理者和专家们逐渐发现,整体价值链上的融资成本问题，以及链条局部资金流瓶颈带来的"木桶短板"效应，实际上部分降低了生产的"成本洼地"配置所带来的最终成本节约。由此，供应链核心企业开始了对财务供应链管理的价值发现过程，国际银行业也展开了相应的业务创新以适应这一需求，供应链管理的价值发现过程开始深化，供应链金融开始走入人们的视野。供应链金融随之渐次浮出水面，成为一项令人瞩目的金融创新。

在一些发达国家，运用供应链金融解决供应链物流、信息流、资金流匹配问题的做法日益流行，紧跟市场需求，金融机构也开展了相应的供应链金融业务创新，目前供应链金融在全球范围内全面开展。

而在国内，供应链金融的产生还有更为现实的原因。中国的企业发展特征是以外内源资金为主的，特别是以银行体系的信贷为主的增长类型，即借钱发展。在 34 年间（1978—2012 年），中国用平均 19% 的信贷增长支持了平均 9.6% 的经济增长，所以创新融资方式意义十分重大。长期以来我国推行金融抑制政策，主导型企业因为规模优势，在传统银行信贷中被认为属于低风险的贷款人，但由于其在供应链中处于核心地位，可以通过不平等的贸易条件，将资金占用和财务成本转移给供应链上下游的中小企业，其自身资金需求往往不大，对融资成本的要求也很苛刻。而中小企业在传统银行信贷中被认为属于高风险的贷款人，难以获得资金，即使获得资金，商业银行也常以收取违约延期支付费用和设置"补偿性余额"等措施变相提高贷款利率，使中小企业承担了这种歧视性高利率，加大了中小企业的融资成本，使其本不多的利润进一步微薄。如果换一种角度，大型核心企业能够利用自身在信贷市场的信息优势来弥补中小企业的信用缺位，提升中小企业的信用水平和信贷能力；而在整个供应链体系上又愿意与众多中小企业通过合作和协同运营，来实现供应链系统的成本的最小化和价值增值的最大化，那么金融机构就能够通过供应链融资综合服务方案盘活整个供应链资金流，促使供应链系统成本最小和供应链成员的共赢，这就是国内供应链金融产生与发展更为切实的背景。

二、供应链金融与金融体制改革

长期以来，我国的金融市场是由以银行贷款为主体的间接融资体系主导的。由于中小企业具有规模小、缺乏抵押担保、信用等级低等特征，商业出于盈利性、风险控制等角度，根据新凯恩斯主义经济学家提出的"信贷配给"理论，即抓大放小的原则，一直将优质大企业是作为信贷融资的重点目标。所以，我国的银行贷款呈现出一种典型的 80/20 分布，即 80% 的贷款集中在少数大型国有企业，而中小企业贷款市场极不发达。但经过 40 余年的改革，我国的直接融资市场取得了长足的发展，以银行为主导的间接融资在融资市场中的份额呈下降趋势。随着直接融资市场的发展，大型企业的可选融资渠道不断增加，企业出于自身稳定资金来源、降低融资成本等考虑，积极发展新的融资渠道和形式，不断压缩银行融资，银行的传统优质客户不断流失，出现了"金融脱实"的现象。同时，随着中国的金融体制改革继续深化，中国的利率市场化进程不断加快。存款利率的逐步放开，要求银行在运用资金时充分考虑资金来源的成本；贷款利率的放开，使银行根据资金和操作成本及风险程度对收益率进行调节成为可能。由于大型企业自身融资能力强，银行对其的议价能力难以提高，将信贷资源在大型企业和中小型企业之间进行合理配置，就成为商业银行的必然选择。因此，金融改革带来的直接融资发展和利率市场化，迫使商业银行将战略重点由大型企业市场转移到中小企业市场，并积极开发中小企业金融服务的适应性产品。

三、核心企业和中小企业的资金需求

随着市场竞争的加剧和经济全球化的深入，许多行业呈现出越来越明显的集中趋势，市场竞争演变为供应链之间的竞争，即在企业与企业间竞争已然转型为以核心企业为中心的供应链与供应链间竞争，在这一竞争态势下，核心企业和中小企业的资金需求发生了变化，呈现出许多新的特点：

（1）核心企业为了美化自己的资产负债表，尽可能地将供应商的供货计入自己的名下，比如采用供应商管理库存（VMI）的模式。

（2）由于核心企业的延迟购入存货、付款，供应商需要低成本的资金渠道来补充流动性资金需求。

（3）由于核心企业向分销商不断压货，分销商寻求盘活自己大量库存的资金占用。

（4）外包导致的产业空心化使得发达国家的跨国公司赖以支持自己融资的实物资产越来越少。

（5）发展中国家承接国外订单的中小企业，往往面临苛刻的融资环境，高成本的融资或资金链紧绷的问题，导致供应链产品成本上升或供应商退出。

（6）核心企业的强势地位，使得国际结算中赊销逐渐代替了部分信用证结算方式，供应商通过信用证进行融资的渠道进一步收窄。

市场竞争演变为供应链之间的竞争的实例

电商品牌"韩都衣舍"在全国共有200余家供应商，相当于拥有很多小的附属加工企业，于是哪怕"韩都衣舍"在淘宝网店上的某一款衣服只拿到了100件订单，这笔生意照样可以做，所以这相当于它在全国拥有200多条加工生产线，一个公司就有200万个SPU同时在线，这种应变和反应能力非常强大。但是传统产品企业一开机器就必须是10万条起步！而很多新型产品型企业，却可以将一件单品从100件起做。这就叫市场竞争演变为供应链之间的竞争。

第四节　发展供应链金融业务的成因

供应链金融是近年来众多国际性商业银行大力发展的一种业务模式，它与现代化的供应链生产方式紧密结合，对一个产业供应链中的上下游企业提供全面的金融服务，以促进供应链核心企业及上下游配套企业"产—供—销"链条的稳固和流转顺畅，并通过金融资本与实业经济协作，构筑了银行、企业和商品供应链互利共存、持续发展、良性互动的产业生态。供应链金融立足整条供应链，涵盖上下游，能够解决中小企业融资难与供应链失衡问题，以及提升整条供应链的竞争能力。

一、我国商业银行开展供应链融资业务的成因

（一）供应链金融市场潜力大

从银行角度看，最有条件开展供应链金融的行业包括：零售、汽车、制造、电子、食品及饮料、制药、批发、重型装备等行业，这些行业有条件开展供应链金融的企业占行业比例如图1-4所示。93%的国际性银行感觉到公司客户对供应链金融的需求强烈。65%的大型企业正在探索其供应商可持续地延长付款账期的方法，这意味着供应链融资手段的价值将进一步被发现和挖掘。目前，中小物流企业获得的银行贷款一般不超过半年，只能用于填补流动资金的缺口。但中小物流企业需要的是较长期限的贷款，以便用于进行技术改造和基础设施建设。目前，许多企业为了发展，往往动用流动资金搞技改和基建，结果导致流动资金紧张。根据国家统计局公布的统计数据，截至2011年3月末，规模以上工业企业应收账款60470亿元，同比增长24.6%。产成品资金23672亿元，同比增长23.1%。可见以应收账款和存货等动产作质押的供应链融资市场巨大。同时近几年来，我国银行体系流动性持续呈过剩状态，据统计，2005年末，存差资金已达9.4万亿元，为2000年的3.9倍，同时金融机构在央行的超额准备金占比居高不下。我国供应链金融市场规模巨大，目前市场尚处于跑马圈地阶段，这能够为银行庞大的资金寻找一个稳定的出口，而且供应链金融一体化服务特征使融资业务能够带动多种中间业务互动发展，实现对客户价值的深度挖掘。从国际大型银行历程来看，供应链金融业务是实现国际化经营的一个基础性方式，花旗银行、汇丰银行、德意志银行、巴黎银行、渣打银行等大型跨国银行都在供应链金融领域颇有优势，这对正处于国际化过程中的国内银行业来说是很好的借鉴。所以，供应链金融立足于解决供应链物料流和资金流的协调管理，具有重要的现实意义和发展前景。

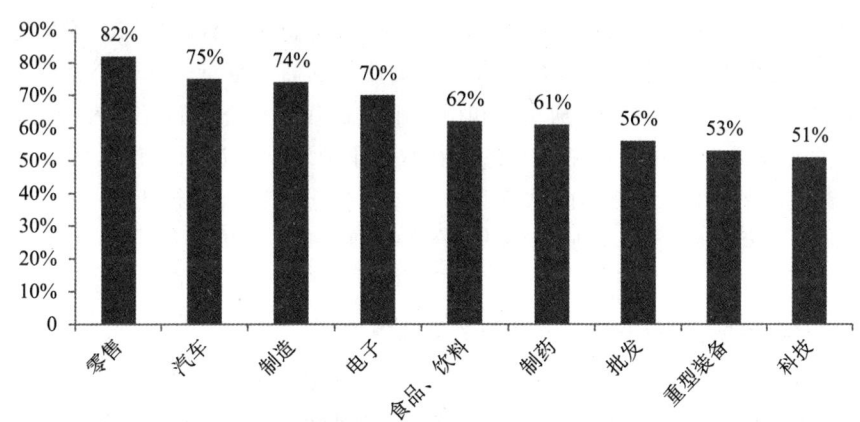

图1-4 各类行业具备供应链金融条件的企业比重

资料来源：李金龙，宋作玲，李勇昭等. 供应链金融理论与实务 [M]. 北京：人民交通出版社，2011.

（二）供应链金融是智能化的服务

供应链金融相对复杂的业务结构、较高的信息化要求以及规模化特征能够有效地发挥银行在人才储备、科技水平和经营规模方面地优势，降低经营成本，提高市场竞争能力。同时银行强大的网点、资金和客户资源优势能够实现整个产业链上的全程融资，提供更有吸引力

的融资产品。

（三）供应链金融降低银行的融资风险

供应链融资将银行的监管与企业的经营活动紧密结合在了一起。供应链金融产品能够有效地保障银行融资安全，较好地解决在信贷区域环境较差地区的业务发展问题。在实际融资活动中对金融机构而言，如何降低风险最为重要，而掌握着企业物流活动的机构应当成为最直接、最有效力的发言者。企业商品的流通渠道是基本稳定不变的。作为金融机构的银行为了控制风险，就需要了解抵押物、质押物的规格、型号、质量、原价和净值、销售区域、承销商等，要查看权力凭证原件，辨别真伪，这些工作不仅费时费力，而且超出了金融机构的日常业务范畴。由于业务自偿性的特点，保理、出口押汇、打包贷款、票据贴现和信用证开立等供应链金融产品相较于其他业务风险资产权重较小，有利于突破资本约束的限制，改变中国商业银行一直以来在传统发展模式下，风险资产规模扩张过快、信贷结构不尽合理和不良资产比率较高的现状。

（四）政策上支持

一方面，近几年，由于受到世界经济复苏低迷和我国经济下行压力加大的影响，我国钢铁、有色金属、机械设备、水泥、煤炭等行业都出现不同程度的产能过剩。在这样的情况下，我国企业应收账款比例不断加大，企业出现资金周转困难局面。2012年中国企业负债总值，占我国内生产总值比重达到128%，截至2014年比重已达到130%，根据经济合作与发展组织的标准，企业负债占GDP比重超过90%会阻碍经济增长，当前企业债务更多表现为"债务链"，即企业间相互拖欠货款的情况比较严重。据前瞻网研究，我国企业的应收账款规模不断加大，截至2014年10月已达20万亿元以上，这些问题迫切需要我们寻找办法解决。另一方面，根据发达地区发展的经验，小微企业的规模和活跃程度，在一定程度上代表着一个地区经济实力和发展水平。中小企业通常是大型企业孕育的摇篮，阿里巴巴集团等许多大型集团都是由中小企业发展而成的。国家据此鼓励商业银行开展中小企业金融服务创新，相关部门先后了出台《关于鼓励支持和引导个体私营等非公有制经济发展的若干意见》《银行开展小企业贷款业务指导意见》《支持中小企业融资发展计划合作框架》等，联合启动十个中心城市支持中小企业融资的试点工作计划，推出了物流银行业务、企业财务顾问、网上银行、流动资金循环贷款、动产质押、仓单质押等20多项支持中小企业的融资服务产品。

（五）供应链金融为银行开启了一种新的盈利模式

在我国的银行业的黄金十年（2003—2013年）中，银行处于金融供给的"卖方市场"，借助于利率管制、利差锁定的政策红利，以及业务牌照优势，银行可以稳定地获取超额收益，可以说此时的银行是躺着赚钱。但当历史的车轮步入21世纪第二个10年之后，我国银行业尤其是商业银行，正在步入发展的新常态时期。目前我国商业银行超过60%的利润来自利差，但存款理财化趋势增强和互联网金融发展，持续分流了国内商业银行的低成本资金，供应链金融可以被视为商业银行拓展其发展空间、增强其竞争力的重要领域。自我国加入世贸组织之后，我国国内银行收到的冲击也越来越大，不仅包括需要接受国际化的对资本充足率和风险管理等方面的监管，还面临着更多外资银行的进入而加剧的竞争，所以调整自身的产品结构、提高自身的创新能力就成了国内银行的当务之急。而在日益激烈的市场竞争下,商业银行间的竞争呈现出白热化的状态,在传统融资范围已是一片红海,发展金融衍生品、探索具有高风险溢价的金融创新产品已经成为越来越多商业银行的共识和发展方向。供应链金融挖掘出新的客户资源,不失为广大中小型商业银行带来了新的利润增长点;通过供应链金融业务,银行将供应链中的中小企业进行服务绑定,不断增加其转移成本,从而迅速取得大量稳固的中小企业客户;通过供应链金融服务,银行通过有效的营销策略,可以实现整条供应链的服务绑定,增加用户,吸纳大量存款,并从业务操作中获得手续费、利差等收益。相比于对单个中小企业的融资业务,供应链金融业务可以大大降低商业银行的操作风险。在信贷整体收紧和贷款结构面临调整的形势下,供应链金融成为了各商业银行最新和最显著的利润增长点。2013年部分银行存款贷款所占比例如表1-1所示。

表1-1   2013年部分银行存款贷款所占比例

	公司业务		零售业务	
	存款(%)	贷款(%)	存款(%)	贷款(%)
中国银行	43.11	72.67	56.89	27.33
工商银行	48.96	77.20	51.04	22.80
建设银行	54.18	76.25	45.82	23.75
招商银行	67.21	74.33	32.79	25.67
中信银行	87.01	82.00	12.99	18.00
民生银行	81.49	82.15	18.51	17.85
浦发银行	85.30	72.27	14.70	27.73

资料来源:作者根据各商业银行的年报整理得到。

目前国内银行采用总、分、支垂直考核机制,从表面上看制度、流程都很完备,可一旦出现问题,这个制度就会出现很多问题。比如:上下级之间、部门之间容易相互推卸责任,管理链条长、协调配合难、执行力弱等。而专业化银行是一种更适应市场环境的商业银行的管理模式,这种管理模式要求银行必须以行业为中心,以市场为导向,强调内部主要业务条线的系统营销、管理和核算。按照流程银行的理念,在规划引导下细分市场,精确锁定目标客户群,深入开展专业化营销。由于供应链融资的特殊性,银行对供应链内任意一家企业放贷,那么这笔资金就会对整条供应链产生影响,因此越是深入地了解行业内幕,授信资金的使用效果就会越强。这使银行必须对贷款企业所在的行业有深刻的了解,最终会形成某行业的专业化银行。

二、我国物流企业开展供应链融资业务的成因

第一,在经历了1990—2000年年均增长20%和2001—2010年年均增长15%的高增长阶段之后,我国物流产业正在进入10%左右的中高速增长新阶段。目前物流全面已经进入红海时代,大家低价恶性竞争,成本越来越高,价格越来越低,形成价格背反。物流企业基础性的物流操作如仓储、运输,其利润率已经越来越低,物流的主要利润来源已经转向各种增值服务。长期以来,物流企业的生存环境不容乐观。据相关统计,物流企业的平均盈利率低于2%。供应链金融的迅速发展,使不少物流企业尤其是大型物流企业确实尝到了甜头。不可否认,供应链金融的繁荣将助推物流业的发展。2010年物流企业主要经营指标增长情

况如图1-5所示。

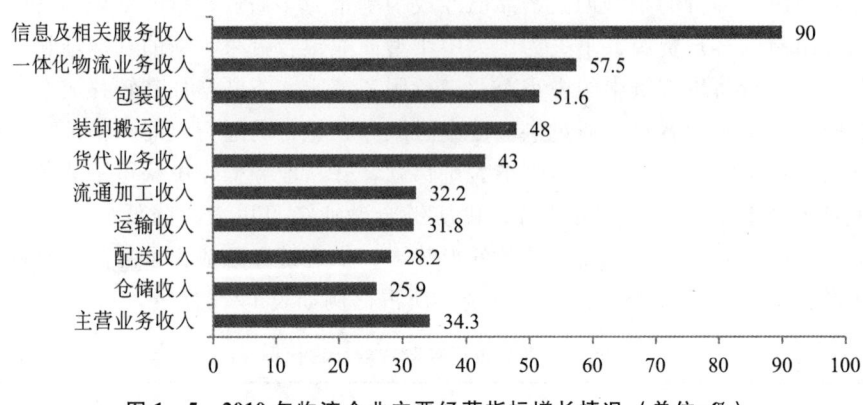

图1-5　2010年物流企业主要经营指标增长情况（单位:%）

资料来源：《增值税扩围之物流行业调研报告》。

第二，我国物流业正处于一个转型阶段，但物流企业的转型需要大量的资金支持，而从我国物流企业现状来看，大规模的资金需求依靠物流企业自身是难以筹集的，而通过资本市场或者金融机构筹集资金存在重重障碍。开展供应链金融业务则能够有效解决这个问题。

第三，随着全球经济一体化的发展，市场竞争日趋激烈，物流服务的需求方对第三方物流企业的需求越来越复杂，甚至希望第三方物流企业能够提供资金流、物流和信息流集成的综合服务。显然，第三方物流企业要在当前激烈的市场竞争中脱颖而出，必须不断进行业务创新，在原有提供物流和信息流集成服务的基础上引入资金流的服务内容。

第四，供应链金融业务是物流企业获取新的竞争优势的有效途径。供应链金融业务使得物流企业得以控制全程供应链，保证特殊产品的运输质量与长期稳定客户。物流管理已从物的处理提升到物的附加值方案管理，能为客户提供金融融资的物流供应商在客户心中的地位会大幅度提高，供应链金融将有助于形成物流企业的竞争优势。

供应链金融作为一种新的盈利模式，正在成为业内关注的目标。未来的物流企业谁能掌握金融服务，谁就能成为最终的胜利者，这也是 UPS 的发展战略之一，目前供应链金融已经成为该公司重要的利润来源。全球最大的船舶公司马士基在供应链金融服务方面也做出了出色业绩。这些跨国物流公司依托良好的信誉，并和金融单位结合，利用自己对物流过程中货物的实际监控，在为发货方和货主提供物流服务的同时，也提供金融服务，例如开具信用证、仓单质押、票据担保、结算融资等，这样不仅吸引了更多客户，而且在供应链金融活动中创造了客观的利润。同样地，一些世界著名银行，也看准了供应链金融这一新的利润增长点，把供应链金融作为新的金融产品推向市场，并不断拓展其业务内容。

三、我国核心企业开展供应链融资业务的成因

越来越多处于供应链优势地位的核心企业意识到，如今的竞争已经不仅仅是单个企业间的竞争，而是供应链与供应链之间的竞争，供应链协同竞争的思想已经得到普遍认同。供应链金融能够提高核心企业经营效益和稳定性，使其快速占领市场，改善财务报表，提高股东收益；还能使上下游企业的良性发展使核心企业的生产经营环境得到进一步改善，生产周期有效缩短，生产效率有所提升，竞争力增强；供应链金融也将进一步促进供应链的稳固性，

增强供应链的抗风险能力和协同竞争能力，使供应链在市场竞争中取得优势。

四、我国中小企业参与供应链融资业务的成因

根据新的中小企业划型标准和第二次经济普查数据测算，中国中小企业占全国企业总数的99.7%，其中小微企业占了97.3%。中小企业创造了60%的国内生产总值、59%的税收和60%的进出口，提供了全国80%的城镇就业岗位，每年解决1000多万人新增就业，在国民经济体系中的地位十分重要。中小企业的融资难是一个世界性的难题，而在我国显得尤为突出。多个机构的研究资料都表明，我国小微企业融资难、融资贵问题严重，金融资源错配问题明显。如根据世界银行的资料显示，我国中小企业来自银行贷款的流动资金只有大约12%，其中雇员少于20人的小微企业只有2.3%，而我国有80%的中小企业缺乏资金，其中资金十分紧张的占到30%。又如2013年CHFS数据表明，在全国范围内，小微企业的银行信贷可得性为46.2%，即在100家有银行信贷需求的小微企业中，能够获得银行贷款的有46.2家。据中国人民银行数据统计，我国大中型企业数量占比仅为1%，但占有金融资源的达65%，银行业对规模或限额以下企业的贷款覆盖率不及5%，不仅明显低于发达国家54%的水平，而且低于规模以上企业覆盖率约25个百分点，以大型化、集中化为表现特征的银行资源供给结构与小型化、分散化的民营经济出现了严重的不相匹配，严重阻碍经济质量和效益的发挥。且在近几年银行紧缩银根的情况下，中国中小企业的贷款难的现象越来越突出。供应链融资是为中小企业量身定做的一种新型融资模式。融资中利用供应链的方法自2006年以来逐渐被中国资金管理者发现，并将它应用到了企业的实际融资过程中，使它成为解决中小企业融资难题的一种重要融资途径。因为以下优势，所以我国中小企业参与到供应链融资业务中来。2018—2011年我国小微企业融资供给如图1-6所示。

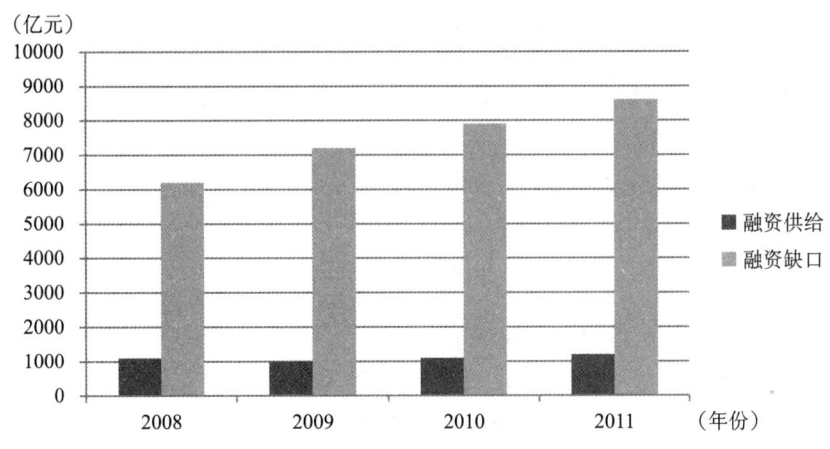

图1-6　2008—2011年我国小微企业融资供给示意

（一）供应链金融降低贷款准入控制标准

从银企博弈下的供应链金融效率看，供应链金融模式下，银行已经不再单纯地看重企业的财务报表，银行主要是通过供应链上的核心企业授信和贷款给予核心企业有实际贸易关系的上下游中小企业，通过核心企业和实际贸易降低了银行贷前审查等的相关成本，同时通过核心企业的实质担保以及第三方物流企业掌握了对质押物的控制权，企业违约概率小，违约

损失大,银行对质押品易处置。在供应链金融的融资过程中,银行会重点考察企业的真实交易和历史信誉情况,以保证每一笔资金都可以高效回笼。这样一来,那些由于财务指标没有达标而无法获得贷款的中小企业就可以通过真实的单笔交易业务来申请贷款,这样不仅让那些实力较弱的企业获得贷款,还使得这些信誉好的企业得到进一步的扶持。

供应链金融采用全新的授信模式,使中小型企业可以凭借供应链中核心企业的信用资质以及基于真实贸易的流动资金、存货等质押物获得银行的信用支持,很大程度上解决了中小型企业面临的融资难的局面。所以在供应链金融模式下银行比以往更加倾向对中小企业进行授信贷款。

(二) 缓解银企之间信息不对称

中小企业融资困难主要就是由于银企之间的信息不对称引起的。在供应链金融融资模式下,银企之间的信息不对称性能够得到有效的弱化。首先,银行通过对供应链上的核心企业的掌握,可以从中获取更多供应链中中小企业的信誉、营业能力、财务状况等真实情况,便于银行对中小企业融资更好的对接,降低银行的风险和提高中小企业的融资通过率。其次,物流技术使得物流企业能够对中小企业的货物变动、商品价值、销售状况有一定的了解,将该信息进行整理后提供给银行进行参考,银行通过物流方的信息反馈,了解中小企业质押物的价值,能够缓和中小企业和银行之间因信息不对称所产生尴尬的局面。供应链融资解决了银行与中小企业信息不对称的问题,提高了银行对中小企业的了解深度和广度。再次,供应链中的企业存在相互交易,处在此供应链中的中小企业之间有着畅通的信息交流,对彼此的信誉等级和实力都有着相对的了解。这样一来银行在收集企业信息时就更加方便快捷,此外,银行还可以随时掌握和控制潜在的风险,同时也降低企业道德风险和逆向选择风险。

(三) 降低中小企业的融资成本

供应链中一般都会有核心的大企业,这些大企业有着较多的贷款优势,可以从多种渠道获得贷款。这就可以利用各银行之间的竞争,从而将贷款成本进一步降低。核心大企业还可以凭借自身的规模、资信实力等为中小企业取得更加优惠的融资条款,这就降低了处在次供应链中的中小企业的融资成本,更有利于中小企业的发展。因此,供应链旗下中小企业非常愿意接受其管理阶层的核心大企业与商业银行进行商谈。

扩展阅读

一、传统产业巨头抢滩供应链金融市场

对于一些传统产业的巨头来说,因为这些企业有着深厚的行业背景和资源,利用其行业的优势来发展供应链金融,能为企业拓展收入来源。比如五粮液、蒙牛、梦洁家纺、海尔、格力、TCL、美的、联想等企业,纷纷开始布局供应链金融,这对企业本身和行业来说是一种双赢。对企业来说能直接赚取收益,提升企业综合竞争实力,而对行业来说,从行业领军企业摇身转变成供应链金融服务商,能帮助供应链上下游中小企业良性运营,带动产业的持续发展。

以海尔供应链金融为例

得益于移动互联和大数据技术的发展,作为交互用户体验引领下的开放平台,日日顺可以将其拥有的客户群体和规模庞大的经销商数据与中信银行或平安银行平台连接,成为银行授信的重要依据。海尔与银行的合作,整合了银行的资金、业务以及技术的专业优势和海尔集团分销渠道网络、交易数据和物流业务等要素的雄厚积淀,通过日日顺的交易的记录,将产业与金融通过互联网的方式集合在一起,开拓了针对经销商的"货押模式"和"信用模式"两种互联网供应链金融业务。

这两种互联网供应链金融产品的差异在于"货押模式"针对于经销商为了应对节日(如五一、十一、春节等)消费高峰,或者抢购紧俏产品/品种,或者每月底、每季底为了完成当月或季度计划间获得批量采购折让而进行的大额采购实施的金融解决方案。"信用模式"则是针对经销商当月实际销售而产生的小额采购实施的金融解决方案。

"货押模式"的具体操作流程是:首先经销商通过日日顺B2B官网向海尔智慧工厂下达采购订单,之后经销商需先将30%的预付款付至银行;经销商随后向海尔供应链金融申请货押融资,海尔供应链金融将信息传递至银行,并提出建议额度;银行审核后付款至经销商监管账户,海尔供应链金融将资金(70%敞口)定向付至海尔财务公司,财务公司通知智慧工厂排产生产;工厂生产出产成品后,发货至日日顺物流仓库,货物进入质押状态;随后当经销商实际需要产品时,向海尔供应链金融申请赎货,然而将剩余货款归还至银行;海尔供应链金融在获取全额资金支付信息后,通知日日顺仓库,货物解除质押;日日顺物流配送到经销商,通知经销商提货。海尔货押模式流程如图1-7所示。

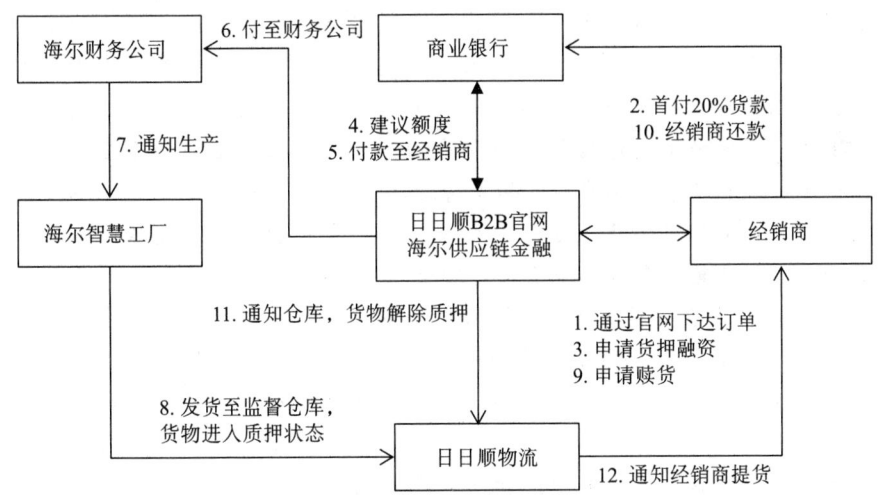

图1-7 海尔货押模式流程

"信用模式"是海尔供应链金融和商业银行基于经销商的业务信用而提供的金融解决方案,其具体业务流程是:首先,经销商需要向海尔提供当月的预订单(即当月的意向订单);之后根据预订单海尔智慧工厂进行产品生产;海尔供应链金融和银行根据经销商的信用状况提供全额资金,并定向支付至海尔财务公司;财务公司准许工厂发货,工厂则通过日日顺物流配送至经销商处;经销商收到货物后支付款项至商业银行。

二、物流公司业务延伸至供应链金融

物流作为连接供应链上下游的重要交付环节,其服务价值已经从单纯的物流服务逐渐扩展到电子商务、金融等扩展服务。近些年来,供应链金融是一些大型物流公司业务拓展的重要领域,比如怡亚通、顺丰、申通、德邦、华宇等公司,都开始通过物流、资金流和信息流的结合,进入供应链金融。

怡亚通在去年对外发布了最新的"供应链 3+5 生态战略",利用其后台的 IT 系统、物流网以及其全球商品采购能力,构建一个新的流通生态圈。顺丰也在去年推出了顺丰仓储融资、保理融资等服务,增强其行业竞争力。

怡亚通供应链金融

研究发现,怡亚通以一站式供应链管理服务为产业基础,开展存货融资业务及相关的外汇衍生交易等业务,将物流主业与金融业务有机融合,大大提高了企业的营利能力。

1. 产业基础:一站式供应链管理服务

相比本土传统的供应链管理服务商,怡亚通最大的特征在于其一站式供应链管理服务。传统的供应链服务商,大多只是在供应链单个或多个环节上提供专业服务,如物流服务商、增值经销商和采购服务商等。

物流服务商主要提供物流运输服务,增值经销商主要提供代理销售,采购服务商主要提供代理采购等。

怡亚通通过整合供应链的各个环节,形成囊括物流、采购、分销于一体的一站式供应链管理服务,在提供物流配送服务的同时还提供采购、收款及相关结算服务;与传统的增值经销商和采购商相比,怡亚通一般不保有大量存货,避免了存货风险,降低了存货成本,同时传统的增值经销商和采购商只在有限范围内为企业提供结算支持服务,采购商一般也不参与客户的营销支持活动。

一站式供应链管理服务代表了行业发展方向,在社会接受程度不断提高和分工不断细化背景下,怡亚通近年来实现了快速增长。

2. 产融模式:开展存货融资及外汇衍生交易

如果仅仅是一站式供应链管理服务模式,那怡亚通与传统供应链服务商的区别只是服务链的延伸,并没有实质性的突破。而研究发现,在一站式供应链管理服务的产业基础上开展金融业务的模式,才是公司的核心价值所在。怡亚通的产融运作模式,使其俨然像一家小型银行,将银行借贷资金通过供应链管理服务方式投放给客户,并从中赚取"息差",同时,针对外汇结算业务开展金融衍生交易对冲外汇风险。

3. 不断提高应收款周转次数以获取更高的息差收益

金融业务的开展,依托的载体是一站式供应链管理服务中的两项核心业务,即分销和采购。

公告资料显示,怡亚通获得采购商的委托合同后,即在其客户资源信息系统内选择合适的供应商,并通过电汇、信用证或保函方式代客户垫付货款,其后将货物运送至客户时收取货款。

而对分销商（生产商）而言，当怡亚通为其承运货物时，怡亚通代采购商预付货款，使得分销商（生产商）能够及时收回资金，投入下一轮再生产。据招股书披露，怡亚通的代付额度通常占总业务量的20%—30%。而通过代付业务，采购商不仅及时有效地获得生产所需要物资，而且避免了预付大量资金的风险。

怡亚通目前采用的是以交易额为基准的浮动收费法，即根据业务量（交易额/量）的一定比例收取服务费。

这一模式使怡亚通与采购商、供货商从传统的客户关系发展成利益共同体，即其通过整合企业供应链环节，提高企业供应链效率和市场竞争力，从而提高企业业务量（交易额/量），同时提高本公司的服务费收入。

因此，怡亚通与客户"不是一个此消彼长的关系（你的卖价高了，我的成本就高，利润就低），而是一个相互促进的关系"。

另外，怡亚通的收费模式与固定收费法相比更具发展潜力（不受固定费率的限制），而与以企业效益为基准的浮动收费法相比，公司的收费模式风险更小，不承担企业的经营风险。

研究表明，怡亚通通常与客户签订一定期限的供应链管理综合服务合同，根据合同提供量身打造的个性化服务，基于业务发生金额、提供服务类型，按一定比例收取服务费。

由于业务的多样化及非标准化，怡亚通没有一个标准化的费率水平，但是一个基本的原则是，服务层次越多、涉及供应链链条越长，提取的服务费率就越高。

三、ERP管理软件公司转型做供应链金融

以用友网络为例，用友早于2016年开始供应链金融的布局，2016年10月用友网络成立了供应链金融事业部，并于2017年3月份实现了供应链金融、大数据风控和融资咨询服务三大平台上线。

用友供应链金融是连通企业产业链，为核心企业及其上下游企业提供综合性金融服务的云平台。操作过程中，用友供应链金融云平台前端对接核心企业的ERP系统、财务系统、采购平台、销售平台等，通过和它进行系统对接，获取到真实交易数据；后端对接资金方，包括商业银行、信托、基金、保理公司等，根据企业存货、财务、贸易等数据，经过多维度分析，为企业授信、融资、贷后监控提供数据支撑，实现资产端和资金端深度穿透融合，为供应链上下游中小企业提供融资服务。

其中核心企业主要针对的是信息化程度较高，做供应链金融的意愿较强烈，并对上下游客户有一定的准入、退出和相应的激励和约束管理机制的中大型企业。当核心企业正式与资方开展供应链金融"深入接触"后，再从其上下游客户中选择一批较为优质的中小企业提供融资服务。

从供应链金融发展需求的角度来看，建立在ERP系统上的供应链金融的操作模式有着天然的优势：

①从供应链管理的角度来看，ERP系统可以整合供应链中的多个企业的数据共同管理，加强了供应链中各企业的联系；

②从金融机构的角度来讲，目前市场上传统的融资产品竞争激烈，产品趋同，同

时与企业之间的信息不对称难以打破，而通过ERP系统接入供应链金融服务，有企业真实的运营管理信息为基础，为金融机构设计定制化的融资产品提供了新的突破口；

③从企业本身运营的角度来看，基于ERP系统的供应链服务体系的搭建，也可以为企业经营提供更多的方向，并有助于节约管理成本。

另外，很多软件公司提供的ERP软件理论上能够知晓公司的运营和财务情况，有助于了解公司信息。若供应链上更多的公司使用该软件，则可以通过公司间的数据进行交叉验证，有助于供应链金融的扩展。因此，各类数据软件公司也参与到供应链金融中来。本质是通过掌握公司的运营数据，建立公司征信数据，对公司的信用情况进行评级，从而有利于控制放贷风险。

第五节　供应链金融参与主体

通过考虑供应链金融整个运作过程，可以抽象出供应链金融业务的构成要素，主要包括"四个主体、三个流"。"四个主体"是指资金的需求主体、资金的供给主体、支持型机构、监管机构。"三个流"是指物流、资金流和信息流。供应链金融业务的构成要素如图1-8所示。

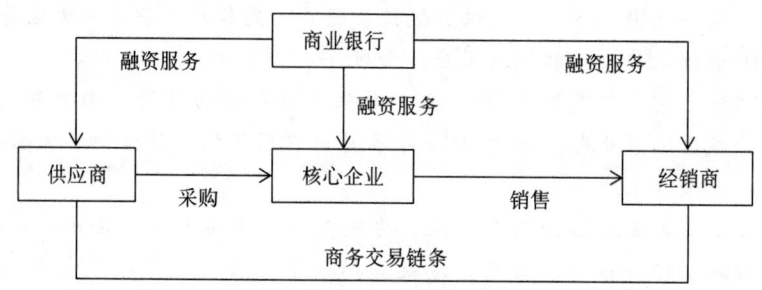

图1-8　供应链金融业务的构成要素

一、资金的需求主体

（一）供应链金融中的核心企业

核心企业是指在供应链中处于强势地位，自身资质和规模较强，能对供应链条的信息流、物流、资金流的稳定和发展起决定性作用的法人组织。核心企业对供应链组成有决定权及控制力，对供应商、经销商、下游制造企业有严格选择标准，对供应商、经销商和下游制造企业有较强控制力。该类企业在供应链管理的过程中经常会遇到以下难题，如：在原材料采购的过程中，无法对交易对手取得信任；在生产经营过程中的存货管理占据了较大成本；在产品销售的过程中无法及时收回款项，对账款的管理缺乏精力或由于交易对手的资金问题，使企业无法扩大销售、提高收益等。

要成为核心企业，必须满足以下条件：一是该企业规模大、资金与实力雄厚、信誉良好；二是该企业信用程度高，在上下游企业中，具有较大的影响力和较强的控制能力，能够很好地促进供应链上企业共同利益的构建，在供应链上发挥良好的组织协作能力；三是该企业乐意为上下游中小企业作融资担保。

一条供应链中所谓的核心企业，是供应链中最关键的环节所在。核心企业必须具备强大的实力，这种实力通常表现为大型的企业规模、尖端的制造技术、超高的市场占有率、良好的财务状况和商业信誉等方面。在一条供应链中，各个节点的企业往往依赖于核心企业，核心企业对整条供应链拥有强大的影响力。这种影响力表现在以下两个方面：一是核心企业拥有强大的信息收集优势。核心企业由于其稳固的市场地位、相对较高的市场占有率、高频的交易次数等自身优势，可通过与中小企业间的交易收集到大量的交易信息。如果一条供应链上的核心企业是一家制造商，那么这家制造商不仅能够收集大量上游企业的信息也可收集到大量的下游企业信息，而这家核心企业可以利用下游销售渠道对于产品的反馈信息向上游供应商提出建议，也可以将上游供应商提供的产品信息交由下游销售渠道，通过这种信息的收集和交换提高整个供应链的竞争力。二是核心企业拥有强大的协调能力。供应链上的中小企业往往依赖于实力强大的核心企业，所以核心企业在供应链中往往拥有强大的话语权。对于供应链运作过程中出现的各种矛盾，核心企业可利用这种强大的话语权进行矛盾的协调，使整个供应链的利益达到最大化。如果出现保护自身利益而损害整个供应链的行为，核心企业可以利用其在行业内的强大影响为对其进行惩罚，以促进整个供应链的良性运转。

（二）供应链金融中的中小企业

供应链金融中的中小企业具有一般中小企业的划分标准，也具有其一般特征，然而一般的中小企业要想摆脱传统融资限制，成为供应链金融的参与主体之一并成为融资模式中银行机构授信的主要对象，必须具备一定的条件：

(1) 必须处于某一稳定的产业供应链中，并且该供应链属于某一银行机构信贷业务的范围。

(2) 其所处的产业供应链拥有地位显著、实力强大、发展前景良好的核心企业，该核心企业与银行机构具有稳固的金融服务关系，并且该中小企业在该核心企业的供应商或分销商群中具有一定的优势，使核心企业为了自身的生产和利益愿意出具有利于其成功取得融资的信用信息甚至直接给予信用担保。

(3) 中小企业必须具有稳定的贸易产品项目，使其能够长期保持在所处产业供应链中的地位，同时使其保持稳定持续的现金流。

(4) 中小企业近年没有不良信用记录，并且其财务和信用状况没有明显恶化的趋势。中小企业具有了以上的基本条件，才可能成为银行机构实施供应链金融的对象，成为供应链金融的授信对象。他们处于核心或强势企业的供应链条中，该类企业在供应链管理的过程中经常会遇到以下难题，如：在项目竞标或订单获取的过程中，交易对手对企业缺乏了解和信任；在原材料采购的过程中，企业没有足够的周转资金、品牌信用、对手信息和谈判地位；在生产经营的过程中，企业没有足够的资金和精力来扩大产能、管理存货；在产品销售的过程中，企业没有较好的交易条件和账款回收的能力等。企业现金流缺口如图 1-9 所示。

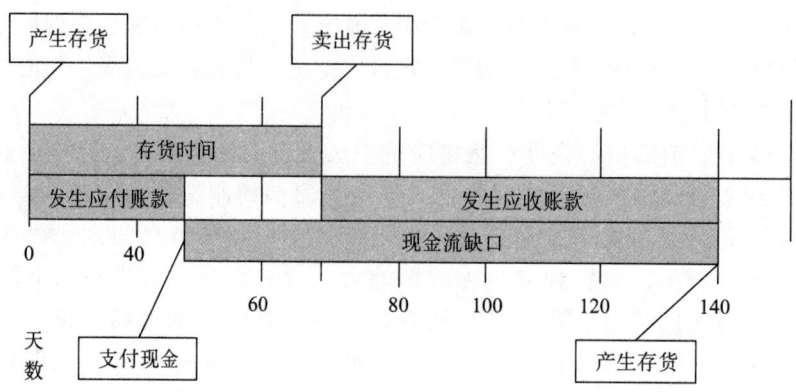

图 1-9 企业现金流缺口

二、资金的供给主体

主要是商业银行和金融公司，有的国家还包括开发性银行。商业银行，由于处于"信用担保机构"和中小企业的中间段，商业银行是供应链金融的直接授信者，起着承上启下的重要作用。由于担保的介入，分散了商业银行贷款的风险，商业银行资产的安全性得到了更高的保证，从而增强了商业银行对中小企业贷款的信心，使中小企业的融资渠道变得通畅起来。

三、供应链金融业务的支持型机构

供应链金融业务的支持型机构包括物流公司、仓储公司、担保物权登记机构、保险公司等。

第三方物流企业是指通过以加强物流仓储、分拣、包装的综合业务操作能力，提供完整的第三方物流综合解决方案而获取利润和竞争优势的企业。该类企业是我国企业实施供应链管理，将货物流管理外包后应运而生且快速发展的产物，虽然该类企业在近年来不断挖掘自身的服务价值，但由于受到经营范围和资金规模的局限，始终无法将竞争优势扩张到最大。

如果我们把信用担保结构比做是商业银行的上游企业的话，那么"信用担保"就如同是上游企业提供给商业银行的"原材料"。作为"原材料"供应商的信用担保机构，在这条供应链中所起的作用就是要对中小企业的"信用"进行考察和评级，提供给商业银行。实际上，这也正是信用担保结构出现和存在的目的所在。中小企业信用担保体系近期内主要是解决中小企业融资困难的问题，长期目标是促进中小企业的健康发展，充分发挥中小企业在扩大就业、增加财政收入、促进技术创新以及推动国民经济发展等各方面的作用。

四、供应链上的监管机构

我们知道，一个再先进再有效的系统，如果没有外界的监管，也是徒劳无功。那么作为保证系统有效运行所不可或缺的监管机构本身也是比较复杂的，在这里包括了政府、银保监会等。对作为监管机构之一的政府来说，各级政府不得指令具体担保业务，不能干预具体项目的决策，不得操作中小企业信用担保具体业务。同时，还应对中小企业信用担保机构提供政策扶持，各级政府要设立中小企业信用担保专项资金，用于支持各级担保机构的创业资助、担保和再担保机构风险补偿的资助以及担保机构的奖励等。

五、供应链上的物流

供应链金融中的物流是指将供应商、制造商、分销商、零售商直到最终用户连成一个整体，将产——供——销集于一体的一条链子。处于上游的供应商将原材料提供给位于中游的产品制造商，经制造商对原材料进行加工并制成最终产成品后，将其卖给位于下游的各分销商，最后各分销商通过零售商将产成品卖给最终用户，在这个过程中承载的就是供应链中的物流，其间还伴随着供应信息流在供应链上的各个节点之间进行传递。

六、供应链上的资金流

与供应链中的物流相对应的就是资金流，其方向恰好与物流的方向相反，即是：最终用户——零售商——分销商——制造商——供应商。供应链中的资金流伴随的是需求信息流在供应链上的各个节点之间的传递。在供应链上，无论是供应商还是制造商、分销商和零售商都有其各自的资金融通的需求，商业银行作为资金中介，恰好可以满足其需求。

七、供应链上的信息流

信息流是保证物流与资金流的有效运行周转的可靠支撑，信息流在供应链中的流动是双向的，因而会更难管理与掌握。如果信息流不通畅，银行与供应商、制造商、经销商之间就会存在严重的信息不对称性问题，这样不仅会导致供应链效率降低，还会显著提高供应链金融业务的风险。商业银行作为资金交易主渠道，应建立科学有效的信息技术平台，以此掌握大量的交易信息，这样不仅促进了供应链中信息流的畅通，还帮助供应链上的企业间解决了在贸易交易过程中存在的信息不对称性的问题。

对供应链中存在的物流、资金流和信息流进行统一的管理与协调，能够有效提高供应链效率并且增强其竞争力，使供应链金融业务的各个参与主体实现多方共赢。

第六节 供应链金融的特点

一、供应链金融属于信贷类产品

供应链金融属于信贷类产品，这其中包括对供应商的信贷产品，如存货质押贷款、应收账款质押贷款、保理等，也包括对分销商的信贷产品，如仓单融资、原材料质押融资、预付款融资等。此外，除了资金的融通，金融机构还提供财务管理咨询、现金管理、应收账款清收、结算、资信调查等中间增值业务，以及直接对核心企业的系列资产、负债和中间业务提供服务。

二、供应链金融市场属于短期货币市场

供应链金融市场属于短期货币市场。尽管供应链金融有着独特的风险控制技术、自成体系的产品系列以及特别的盈利模式，但是从融资用途和期限的角度来看，基本上可以归入广

义的短期流动资金授信的范畴。

三、供应链金融服务建立于现代供应链管理之上

供应链金融是一种融资模式，它适应新的生产组织体系，它根据供应链整体运作情况，以供应链核心为出发点，根据企业之间真实的贸易背景，通过判断未来现金流量情况，对企业的抗风险能力和运营能力进行更加客观的判断。

四、供应链金融的自偿性、封闭性和连续性

供应链金融的自偿性是指还款来源为贸易自身产生的现金流；供应链金融的封闭性是指银行通过设置封闭性贷款操作流程来保证专款专用，借款人无法将其挪为他用；供应链金融的连续性是指同类贸易行为在上、下游之间会持续发生。因此，以此为基础的授信行为可以反复进行。供应链金融的风险控制更加注重于贸易的真实性、交易风险以及第一还款源的风险控制。

五、供应链金融的参与主体多元化

供应链金融不仅包括传统信贷模式中的金融机构、融资企业，还增加了核心企业和物流企业。新增的两个主体在供应链金融中发挥着重要的作用。核心企业为供应链金融提供信用支持，其运营状况直接决定了整条供应链的运行情况。物流企业扮演着供应链的"中介者""信息汇集中心""监管者"的作用。一方面，物流企业为中小企业提供专业化、个性化的物流服务，利用质押物为中小企业担保；另一方面，物流企业为银行提供仓储监管、质物价格评估以及拍卖等中间服务，发挥其在物流管理、资产设备以及人才上的优势，弥补了银行在质押物监管方面知识和技能的缺失。

六、供应链金融突破了传统的授信视角

供应链金融以一种新的角度评估中小企业的信用风险。首先，供应链金融的授信是针对供应链整体，实现的是"1+N"的授信方式。根据供应链金融的思想，银行等金融机构将以前只局限于对中小企业本身信用风险评估的做法，转变为对整个供应链、交易进行评估。这改变了供应链融资的营销方式，它不再孤立地寻找客户，而是围绕核心企业的供应链寻找客户的资金需求，大大降低了供应链的客户开发成本和增加了企业对银行的依存度。其次，供应链金融改变了对中小企业的授信方式，降低了中小企业的融资门槛。供应链金融主要考察的是供应链金融的交易背景，而不是中小企业静态的财务报表。这样一种转变既实现了对业务风险的真实评估，又让更多的中小企业进入到银行的服务范围内。

供应链金融可以从核心企业自身出发，分析整个供应链情况。一方面可以将资金有效投入给发展弱势的上下游企业，解决供应链失调问题；另一方面，可以在下游企业的购销中融入银行信用，提高下游企业的市场地位，可以与其他供应链竞争者建立长期协作的关系，维持供应链的长期可持续发展。

供应链金融可以从全新的视角评估中小企业信用风险。在供应链金融思想的引导下，银行可以全面评估中小企业的风险，转变了供应链交易评估模式，可以将众多中小企业都纳入银行服务中。

第七节 供应链金融与传统银行融资的区别

传统企业融资方式与作为新兴融资方式的供应链融资在很多方面都不尽相同。通过对比我们将传统融资方式与供应链融资方式的特点分别归纳。

一、银行与借贷方的关系不同

供应链金融作为一种新兴的银行信贷业务，是在原有的银行传统服务的基础上做了提升，它与传统信贷最大的不同就是将核心企业引入了银行授信链中。传统的金融服务中银行为相关企业单独进行授信，看中的是每个企业的财务报表数据，因此，处于核心地位的大企业往往是银行贷款目标的首选，而供销类小企业是银行很少关注的区域，传统金融服务作为单独、孤立的银行业务，不关注贸易流程和交易过程，从而只是从核心企业出发，为核心企业提供服务。传统融资模式中银行与供应链成员关系如图1-10所示。

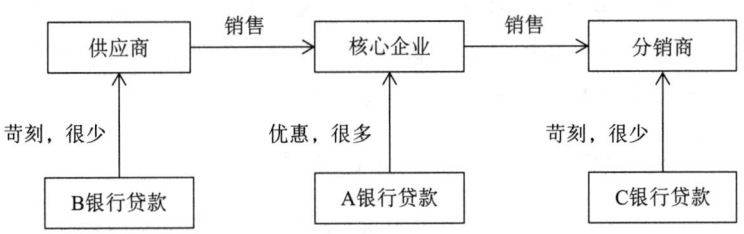

图1-10　传统融资模式中银行与供应链成员关系

供应链金融是将银行对企业的服务由围绕单一客户的传统"点对点"服务转变为面向供应链企业群的"点对链"服务，供应链金融关注的不再是"点"，而是"链"这样一个概念，在供应量融资的过程中，银行从核心企业出发，通过核心企业与上下游企业的贸易往来，以核心企业为基准进行融资。在这个过程中，银行关注的是整个交易过程，整合了物流、信息流和资金流等各方面的信息，从而通过运用核心企业的信用来为上下游的小企业进行授信。供应链融资模式中银行与供应链成员关系如图1-1所示。

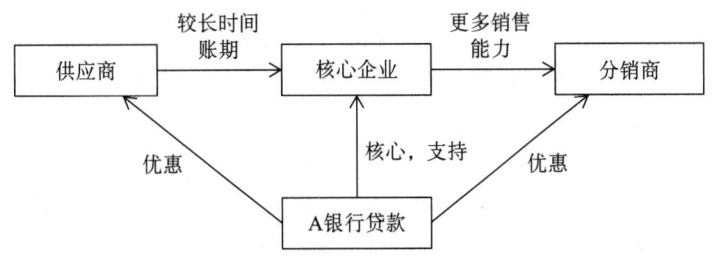

图1-11　供应链融资模式中银行与供应链成员关系

二、放款审查重点不同

传统信贷是独立评估企业，审查的重点是企业的资产负债表、抵押资产、利润。供应链金融关注的是企业在供应链中的地位,审查的重点是企业的销售或盈利能力、库存控制、现金流。

三、对整个行业供应链条的融资

传统的融资业务主要考虑行业地位、财务特征和与担保方式,从财务、市场等角度对主体企业进行信用评级,是针对基于财务报表的单一企业的授信,而供应链融资针对贸易链条,将供应商、制造商、分销商、零售商,直到最终用户连成一个整体,全方位为产业链条上的多个企业提供融资服务,审贷标准变为信用记录、贸易背景、交易对手、客户违约成本以及金融工具的组合应用,强调贸易背景的真实性、连续性、核心厂商的规模与信用实力、授信上限与额度分散原则、封闭运作与贷款的自偿性等。

四、各类产品的组合序列

供应链融资,并不仅仅意味着银行提供一种产品,实际上是系列产品的组合,针对企业运作流程的各个环节提供融资产品,如订单融资、动产融资、仓单融资、保理、应收账款融资、保单融资、法人账户透支,以及现金管理服务等,银行通过有效组合能够提升供应链运作效率的各种银行产品,设计出综合性的融资方案,进行个性化服务,来满足用户的多样化需求,从而达到营销优质客户,提升自身营销收益的目的。

五、与核心企业有密切商品交易关系的配套企业

供应链融资是向核心企业的配套企业提供的融资,但并不是所有向核心企业的配套企业提供的融资都属于供应链融资。只有把这些融资与核心企业进行责任捆绑或者由银行对融资项下的债权、货权进行有效控制时,这种融资才可称之为供应链融资。从这点上看,供应链融资首先是一种理念的变革,是用新的思维来看待核心企业与配套企业的关系,并通过银行的产品来防范针对配套企业提供融资的风险。

六、风险不同

(一) 信用风险降低,操作风险上升

供应链融资强调要基于真实的商品交易关系向配套企业提供融资,由于配套企业与核心厂商的真实交易背景难以伪造,核心厂商的规模实力能基本保证交易环节和付款环节的潜在风险,采取资金封闭运作方式,由银行直接按交易链条将资金直接付给客户的上下游核心企业,决定了核心企业的上、下游配套企业具有稳定的现金流,银行信贷资金可因优势核心厂商的履约而安全。供应链融资因其业务特性而降低了信用风险,但并不意味着整体风险下降,因为供应链融资需要银行对贸易项下的货物、应收账款、业务流程进行密切监控,需要银行从业人员对贸易项下的商品的经营规律有深刻的了解,操作方面的要求比传统融资业务大大提高,操作风险相对较大。

(二) 风险控制视角不同

从风险控制来看,传统贸易融资强调的往往只是特定交易环节供需双方企业的信用状况和贸易的真实背景,而供应链融资不但要强调这一点,且更加强调整个供应链风险的监控与

防范，针对各个交易环节潜在的风险都要加以识别与控制，所以供应链融资的风险控制更加复杂、所需要的措施也更加全面。供应链金融与传统银行融资比较如表1-2所示。

表1-2　　　　　　　　　供应链金融与传统银行融资比较

	供应链金融	传统银行融资
授信主体	单个或多个企业群体	单个企业
评级方式	主体评级或债项评级	主体评级
评级范围	企业及整个供应链	企业本身
授信条件	动产质押、货权质押等均可	固定资产抵押，有效第三方担保人
银行参与情况	动态跟踪企业经营过程	静态关注企业本身
银行承担的风险情况	较小	较大
服务品种	品种多元	品种较少
服务效率	及时解决企业短期流动资金需求	手续烦琐，效率低下
服务内容	为单个企业或供应链提供持续的信贷支持	解决单个企业一时的资金需求
服务作用	提升企业及供应链整体的持续竞争能力	仅仅缓解单个企业一时的资金困境
发展前景	发展范围广、潜力大	业务逐渐出现局限性
融资成本	融资费用较低，融资企业贷款利率虽高于基准利率，但上浮10%—20%	融资费用较高，一般中小企业贷款利率高于基准利率，上浮30%—50%

第八节　物流金融与供应链金融

在我国学术界及实践活动中，对物流金融和供应链金融混用的现象十分普遍，但通过以下分析可知，这二者是不同的融资模式。

物流金融目前未有一个统一的定义。经过仔细筛选，本书采取以下定义。广义的物流金融是指第三方物流提供商在供应链业务活动中，运用金融工具有效地组织和调剂物流领域中货币资金的运动，使物流产生价值增值的融资活动。这些资金运动包括发生在物流过程中的各种存款、贷款、投资、信托、租赁、抵押、贴现、保险、有价证券发行与交易，以及金融机构所办理的各类涉及物流业的中间业务等。狭义的物流金融是指第三方物流提供商在物流业务过程中利用贷款、承兑汇票等多种信用工具为制造商及其下游经销商、上游供应商和最终客户提供集融资、结算、资金汇划、信息查询等为一体的金融产品和服务，这类服务往往需要银行的参与，最终使供应商、制造商、销售商、银行各方都能受益，使资金流在整个供应链中快速有效运转。

物流金融与供应链金融都是近年来随着物流、供应链理论与实践发展应运而生的崭新的研究视角。两者之间有一定的联系，供应链金融是融资模式发展的一个新阶段，是对物流金融下融资的继承和发展。

一、物流金融与供应链金融共同点

（1）均是基于传统金融产品和服务而进行的创新；

(2) 均是针对真实的贸易背景开展的;
(3) 均以融通资金为目的;
(4) 均是整合物流、资金流与信息流的解决方案;
(5) 均以中小企业为主要服务对象。

二、物流金融与供应链金融区别

物流金融与供应链金融两种融资方式的区别为:①服务对象不同。物流金融是面向所有符合其准入条件的中小企业,不限规模、种类等;而供应链金融是为供应链的上下游中小企业及供应链的核心企业提供融资服务。②担保及风险不同。开展物流金融业务时,中小企业以其自有资源提供担保,融资活动的风险主要由贷款企业承担;供应链金融的担保以核心企业为主,或由核心企业负连带责任,其风险由核心企业及上下游中小企业产生。供应链中的任何一个环节出现问题,将影响整个供应链的安全及贷款的顺利归还,因此操作风险较大。但是,金融机构的贷款收益也会因整条供应链的加入而随之增大。③物流企业的作用不同。对于物流金融,物流企业作为融资活动的主要运作方,为贷款企业提供融资服务;供应链金融则以金融机构为主,物流企业仅作为金融机构的辅助部门提供物流运作服务。④异地金融机构的合作程度不同。在融资活动中,物流金融一般仅涉及贷款企业所在地的金融机构;对于供应链金融,由于上下游企业及核心企业经营、生产的异地化趋势增强,因而涉及多个金融机构间的业务协作及信息共享,同时加大了监管难度。⑤参与主体与作用范围。物流金融的参与主体一般是单个企业、为其提供金融服务的金融机构、第三方物流企业等,其中物流企业是主导,其作用范围局限于单次或一段时间内的物流过程。而供应链金融是比物流金融更广泛的概念,其参与主体是整条供应链、第三方物流、为其提供金融服务的金融机构,甚至涉及其他投资者,其中金融机构是主导,其作用范围是整条供应链的交易往来,是一个长期持续的协作过程。由深圳发展银行和中欧国际工商学院合著的《供应链金融:新经济下的新金融》(2009)明确指出在我国供应链金融业务实施的主体是银行,主要为中小企业提供金融服务解决融资问题。SCF与传统物流金融模式特征区别如表1-3所示。

表1-3　　　　　SCF与传统物流金融模式特征区别

	SCF特征(网络联保模式)	传统物流金融特征
模式对象	企业与整个供应链	单个企业
内在机理	联合信用提高信用等级	个体信用低
参与条件	动产质押、货权质押均可	核心资产抵押
过程控制	通过管理机构动态参与	阶段性静态关注
风险程度	风险分散、低	风险集中、高
服务产品	涉及筹融资等广阔领域	涉及范围窄
运营效率	反应迅速、效率高	手续烦琐、效率低

第九节　国内外供应链金融发展状况的比较

国内外银行供应链金融的发展在融资业务、服务对象、顾客关系、信息技术、相关法律等方面的侧重点、广度和深度都有所差别。

一、国际银行的"应收账款融资"

国际银行的供应链金融通过电子平台对订单、发票等数据信息流的公示和鉴别，为供应链成员和银行提供多个环节的融资申请和批准按钮。国内银行的供应链金融则以"存货融资"为关键词，通过第三方物流监管的引入以及一定程度上对核心企业的信用引入，为供应链成员提供融资。

二、国际银行的传统国际贸易融资的延伸

就这方面而言，国内业务更多属于资产支持性贷款范畴，改进之处在于引入核心企业作为风险控制变量，同时也涉及核心企业与银行间的系统性安排。国际银行的供应链金融业务主要面向核心企业的上游供应商，而国内供应链金融业务大多集中在下游。国际银行推出供应链金融的初衷在于维护与老客户的关系，而国内银行的供应链金融则明显具有开发新客户导向，即一种开发中小企业市场的新的授信技术和盈利模式。

三、国际银行的供应链融资业务主要业务面

出于对外包基地稳定性和成本控制的关切，国际银行的供应链金融业务主要面向核心企业的上游供应商，而对分销商的存货融资和预付款融资大多数建立在一对一的基础上，系统性的分销商融资安排刚刚起步。国内的情况恰恰相反，供应链金融业务大多数集中在下游，即"分销链金融"或"渠道融资"的范畴，因为国内核心企业与下游的利益紧密度往往超过了与上游的利益联系。

如果说国外银行推出供应链金融的初衷在于维护与老客户的关系，即避免因全球化背景下产业组织结构变化导致的老客户流失。而国内银行业热衷于供应链金融则基于明确的新客户导向，即一种开发中小企业市场的新的授信技术和盈利模式。

第十节　我国现阶段供应链金融所面临的问题

一、供应链管理与供应链金融发展的效率

目前，我国商业银行推行的供应链金融仅局限于汽车、钢铁、能源、电信等有限几个行业，原因在于目前国内的供应链管理的意识普遍薄弱，成员之间关系松散且边界模糊，核心企业对供应链成员的管理缺乏制度化的手段。供应链融资中对核心企业的资信引入有时缺乏利益激励，成员企业对核心企业的归属感不强，导致基于供应链的声誉效应和违约成本构造起来比较困难。这种状况不仅使银行可选择开发的链条有限，而且也要审慎评估供应链内部约束机制的有效性。同时，国内银行目前推行的供应链金融也局限于国内供应链，对供应链中的国际贸易融资延伸和整合不足。

二、供应链金融风险控制体系

从理论上看，供应链金融是一种整体性、高技术含量的融资模式，必然需要完善的风险

控制体系。从我国各商业银行推行的供应链金融和业务营运的机构设置来看，除了深圳发展银行以外，大部分银行的供应链融资尚未独立，风险控制的核心价值并未有效吸收，未能充分发挥营销的效率，也存在较大的风险隐患，比如大多数银行没有设立专门的债项评级体系，没有特别的审批通道及专业化的操作平台，缺乏针对核心企业和物流监管合作方的严格的管理办法等。

三、供应链金融的技术支持

在供应链金融业务的发展过程中，技术平台的引进是很重要的。国际银行开展供应链金融业务时就多用到了先进的网络技术，如荷兰银行是一家拥有全球布点和网络的商业银行，在开展供应链金融业务时它合理运用因特网技术，自己开发了一套系统，可以将信用证贸易下多家银行及买方的单证统一处理，客户可以通过电子银行平台在全球各地实现发送交易指令、查询交易、定制报告等功能，这样节省了银行和客户双方的成本，最大限度实现了交易的程式化和自动化。但在我国信息技术支持相对薄弱。银行供应链金融服务电子平台还没有建立起来，供应链金融服务中的文件传递、出账、赎货等流程仍需要人工进行确认，这不仅严重影响了银行的融资效率，同时，也增加了银行的操作风险。目前，除了平安银行（深圳发展银行）建立了比较全面的电子平台可以进行网上申请供应链融资外，其他银行普遍进行后台人工操作。这显示了我国供应链金融技术含量偏低，亟需加大信息技术的支持力度。

四、供应链金融应用范畴

国内供应链金融仍然处于"以资产取人"的传统银行信贷层面，尚未充分发挥供应链本身蕴含的商流价值的外延空间。在更多的受访 CFO 们看来，供应链金融不应该是商业银行自说自话的信贷业务"变身"，而应该是以经营信息、信用和解决方案为主的强大的不以转化为表内业务为结果的纯粹的广义表外业务。从更微观的供应链金融产品范畴来看，目前可供 CFO 们选择的大多仍然还处于相对较为传统的贸易融资领域的银行业务，比如仓单质押、商票贴现和提货权质押等，即所谓近年大热的"动产融资"的概念，但令人惋惜之处在于其仍然未脱出"产权融资"的范畴，只不过质押品从不动产变成了可以移动的产权组合（包括知识产权）。某种程度上说，这仍然是银行传统的资产业务，而非中间业务。

五、当前供应链金融市场格局还处于"春秋"阶段

由于应用程度的初级化，加之供应链内普遍对专业服务的弹性需求弱于信贷的刚性需求，因此从供给端上观察，国内的供应链金融市场格局尚处于群雄混战的"春秋"阶段。一个很明显的佐证就是，在提及供应链金融时，受访 CFO 们的区分度并不是很高，而且排名居前的个别银行，实际上在行业内也并非是公认以供应链金融服务而见长的。当然这也凸显了商业银行对公业务的品牌营销与传播手段如何与时俱进、提高客户认知度的问题，鉴于供应链金融的专业性和受众特点，恐怕由长期面对大众媒体的商业银行办公室或者企业文化宣传部门继续操盘对公业务的营销，在强调"精准营销"的当下，未必是一个上佳的选择。不妨把更多的预算和选择权交给供应链金融的运营部门，他们更了解如何选择更具专业影响力的传播渠道和媒体平台。从更积极的角度来看，受众对商业银行的供应链金融品牌区分度

的混沌状态，恰恰也说明这个领域正处于前所未有的爆发阶段，各大商业银行都在全力以赴进行跑马圈地。

六、第三方供应链金融服务机构远未成"气候"

在本次调查中，由于第三方供应链金融机构无论是业务规模还是推广力度来说，都处于一个非常初级的行业萌芽期，因此有 2/3 的受访 CFO 表示，并不清楚在银行之外还有第三方供应链金融机构可以提供专业服务。除了以技术和服务见长的小规模中介或项目性质的专业服务机构之外，更可能在未来成气候的第三方供应链金融机构还是在第三方物流行业。目前本土第三方物流商在供应链金融上动的脑筋还是围绕着"货权"层面，所提供的物流金融服务主要是"融通仓"和"全程物流"模式。

尽管《中华人民共和国物权法》的颁布，为发展供应链金融服务提供了有力的法律保障，但金融生态环境还涉及到诚信体系、银行监管和金融电子系统等多方面的建设，在此情形下，第三方供应链金融服务公司势必更多地要加强和银行的深度合作。而在不成熟的金融生态环境下，商业银行同样倾向于采取更为严格的监管手段，这实际上直接导致了第三方供应链金融服务在当前的扩展空间相对有限。最致命的因素还在于国内金融行业的高壁垒性（我国规定非金融机构不得从事金融业务），使得第三方物流企业不可能像 UPS 那样收购或者投资一家银行来操作金融业务。所以第三方物流企业要么通过自身的资金积累进行"小打小闹"，要么选择与银行建立战略合作关系，扮演"供应链金融"中的媒介与监管的角色。在后者的运营模式下，商业银行鉴于对物权的控制要求仍然希望由自己指定的物流企业来完成货物的质押监管，而物流企业在这一服务过程中，将获得两部分收益：一是物流运营收费，二是货物评估和质押监管收费。尽管这和真正意义上的 UPS 们在做的供应链金融迥异，中间所获得的收入也不一定太可观，但第三方物流公司可以借此积累更多的专业经验和运营技术，比如信息系统、风险管理体系、存货估值与变现方式等。

七、对核心企业过度依赖

银行供应链金融这种创新服务在实际应用时，基于中小企业资金实力小、经营稳定性差等风险因素控制的考虑，首要任务是寻找符合银行条件的核心企业来对中下游企业授信进行反担保。由前文可知，在现实供应链中，中小企业合作的伙伴中能满足银行核心企业条件的并不多，特别在我国，中小企业占全国企业总数的 80% 以上，相对而言，满足银行条件的核心企业就非常少了。仅湖南省衡阳市来说，能够满足银行核心企业条件的企业仅仅有几家而已，而全衡阳市中小企业则有 2 万多家。因此，从规模上来说，核心企业相对较少，但又必须是以核心企业的存在为前提条件，导致了供应链金融的应用与发展受到很大限制，致使中小企业通过供应链金融这种创新服务渠道获得融资的规模并没有很大。

问题：
1. 供应链金融的含义是什么？
2. 供应链金融的参与主体有哪些？它们为什么会积极参与供应链金融？
3. 供应链金融的特点是什么？
4. 供应链金融与传统融资的区别是什么？
5. 供应链金融与物流金融的区别是什么？

第二章 自偿性贸易融资理论

如果把供应链金融比喻成系统集成,自偿性贸易融资——包括货押、先票后货融资、应收款融资等——就是其中各种各样的元器件,即贸易融资是供应链金融的理论基础。因此,供应链金融就是各种不同的自偿性贸易融资产品有机组合或搭配使用而形成的综合解决方案。即从本质上看,供应链金融是贸易融资的延伸和发展。

案例导入

一家注册资本仅100万元的民营企业,获得了一笔大宗贸易订单,如该笔业务合作顺利,他们就极可能和对方签订长期业务合同,成为代理商。但现实是,该公司自有资金无法满足这笔金额巨大的业务需要,且公司手头缺乏作贷款抵押的资产。如果资金不到位,这笔业务就要泡汤。关键时刻,银行的"自偿性贸易融资"业务为他们解决了难题。原来银行在综合分析了这笔贸易交易各方的实力和信誉后,派专人跟进,对该笔贸易的真实性和业务安全性进行了确认,综合运用货权担保、应收账款担保和账户封闭等风险控制手段,给予了这家公司单笔贸易融资4000万元,促成了该项业务。

资料来源:郭佳萍,杨金池. 贸易融资:"小本做大生意"的秘器 [J]. 中国经济周刊,2005 (23):24-25.

第一节 自偿性贸易融资研究背景

2008年至今,由于欧洲和北美地区等传统中国商品进口大国深陷金融危机之中,致使我国出口贸易大幅萎缩,而与此同时国家出台一系列刺激内需政策,国内贸易规模较国际贸易规模增长的趋势更加迅速。同时近些年,以支付宝为首的互联网金融抢占了部分个人理财业务,对银行的存款业务发起冲击;在个人信贷领域,银行又和马云、马化腾、刘强东、李彦宏、王健林等巨头直面杠上,京东白条等分走了一部分信用消费,同时阿里农村金融、京东黄金等又将目光投向贷款业务。我国商业银行盈利幅度出现明显收窄,2015年五大银行的净利润陷入了"龟速"增长,中国工商银行、中国建设银行和中国农业银行的净利增速甚至已跌破1%,五大行交上了近10年最差业绩。目前,中国银行业承担着12744亿元不良贷款,中国商业银行拨备覆盖率高达181.18%。中国农业银行不良率远超其余四大行,突破2%"生死线"高达2.39%,中国建设银行拨备覆盖率暴跌71.34%,距离监管红线150%仅差0.99%。由此可见我国各大商业银行都面临着严峻的转型问题。因此近年来,股份制商业银行在承认自身与国有银行差距的同时，已经把发展自偿性贸易融资作为一条追赶捷径，个别股份制银行甚至提出建设专业贸易融资银行的口号，国有银行也纷纷涉足这一领域。股份制商业银行实施细分市场策略，产生了专门针对国内贸易的融资产品系列，如"保兑仓""厂商银"三方业务等。某些国际贸易融资方式也被引进国内使用，如国内信用证、国内保理等。可以这样说，现阶段自偿性贸易融资已经被股份制银行视为适合自身发展的特色之路，一个潜力巨大的利基市场。

另一方面，中小企业融资难问题已经严重制约了我国中小企业的进一步发展。据原银监会统计，2008年第一季度各大商业银行贷款额超过2.2万亿元，其中只有约3000亿元贷款落实到中小企业，占全部商业贷款的15%，同比减少300亿元。进入2009年，虽然全国商业银行信贷投放速度和力度都非常大，但投放给中小企业的占比则依然下降。小微企业与个体工商户贡献了60%的GDP，2013年全国GDP为56.8万亿元，假设小微企业与个体工商户部门的债务融资/GDP的合理比例为50%，则潜在需求约为17万亿元，中小企业存在着严重的融资缺口。

自偿性贸易融资业务的本质是银行信贷文化的改变。这项业务最重要的特点就在于其对企业的审贷理念与传统的方式有很大的不同，是银行业改进授信理念，瞄准中小企业市场的一个重要切入点。在美国，中小企业从金融机构获得的债务中91%—94%属于有抵押或担保的债务，其中以应收账款或存货抵押或担保的达到了2/3。业内人士表示，国外银行总收入中有80%来自于自偿性贸易融资务。故笔者认为在世界经济一体化的趋势下，银行已步入细分客户群体时代，无论从国家经济的大局还是自身的发展来看，商业银行都应将中小型企业作为重要的客户群进行研究，开发针对性产品，化解中小企业融资困境。自偿性贸易融资业务既能有效保证银行资金的安全又正好弥补中小企业缺陷，不仅有利于解决中小企业融资困境，也是商业银行自身发展的当务之急。商业银行应大力发展自偿性贸易融资业务，为中小企业提供发展动力，也为自己拓展新的发展空间。

第二节 自偿性贸易融资理论概念

自偿性贸易融资其理论根据是20世纪60年代的商业贷款理论，即真实票据理论或自动清偿理论，主要观点是贷款应集中于短期自偿性贷款，银行可以有效控制风险。贸易融资的概念目前还没有一个各方都认同的定义，许多学者都对此提出了他们自己的看法。下面，我们来了解部分学者关于贸易融资的定义。

王化斌（2003）认为，广义的贸易融资是指银行对进口商或出口商提供的、与进出口贸易相关的一切资金融通，不仅包括下面介绍的全部狭义贸易融资业务，而且包括银行为支持进出口企业顺利开展贸易而提供的打包贷款、流动资金贷款、透支便利、出口退税账户托管贷款、出口买方信贷、出口卖方信贷等除狭义贸易融资以外的其他融资形式，从业务性质看与一般的贷款业务没有本质区别，只是服务对象是从事进出口贸易的企业，资金用途是进出口贸易。张超广（2004）认为，自偿性贸易融资是银行通过对中小企业贸易背景的掌握，按照企业现金流的方向，利用对贸易中物流的控制，或者对贸易关联方的责任捆绑，在有效控制风险的前提下，对中小企业的一种授信。肖莹（2006）认为，贸易融资，顾名思义就是贸易项下的资金融通，是提供营运资金给客户，以便客户完成业务运作周期（Operating-cycle/Trade cycle），其还款资金有赖于客户按期完成业务运作周期后将所收之货款归还银行，对银行而言，是一种自我偿付的放款方式。郭争艳（2006）认为，自偿性贸易融资是根据企业的真实贸易背景和上下游客户的资信实力，以单笔或额度授信的方式，配合银行的结构性短期融资工具和封闭贷款操作，以企业销售收入或贸易所衍生的确定的未来现金流作为直接还款来源的融资业务。自偿性贸易融资业务是一个产品包，主要产品包括货权或动产质押授信业务、商业承兑汇票贴现免担保业务、国内信用证、政府采购封闭授信等。郭宁工（2007）认为，自偿性贸易融资是对传统贸易融资的深化和发展，是指银行依托对物流、资金流的控制，或对有实力关联方的责任捆绑，在有效控制授信资金风险的前提下提供的授信。詹秀娟（2008年）认为，自偿性贸易融资是对传统贸易融资的深化和发展，是指银行依托对物流、资金流的控制，或对有实力关联方的责任捆绑，在有效控制授信资金风险的前提下提供的授信。蒋琳、戴鸿广（2009）认为，贸易融资是指在商品交易中，银行运用结构性短期融资工具，基于商品交易中的存货、预付款、应收账款等资产的融资。同一般流动资金贷款相比，贸易融资具有安全性好、流动性强、盈利性高、兼具规避汇率风险功能等优点，使得其可能成为银企"双赢"的工具，具有广阔的发展前景，同时，也为贸易融资支持中小企业发展奠定了基础。钟俊（2011）认为，所谓的自偿性贸易融资链就是根据企业的真实贸易背景和上下游客户的资信实力，以单笔或额度授信的方式，配合银行的短期金融产品和封闭贷款操作，以企业销售收入或贸易所衍生的确定的未来现金流作为直接还款来源的融资业务。关键点就是指银行依托对物流、资金流的控制，或对有实力关联方的责任和信誉捆绑，在有效控制授信资金风险的前提下进行的授信。郑晓炜（2014）提出，银行根据中小企业以往的交易记录，在能够有效控制风险的前提下，按照企业现金流的方向，通过对中小企业与核心企业的信用捆绑，以及对第三方物流企业的监管，对中小企业进行授信称为贸易自偿性融资理论。

按照巴塞尔协议2004年版192条和193条的解释：贸易融资是指在商品交易中，银行运用结构性短期融资工具，基于商品交易中的存货、预付款和应收账款的融资。对于贸易融资，借款人除将商品销售收入或应收资金作为唯一的还款来源外，在资产负债表上没有什么实质性资产，因此其本身没有独立的还款能力。这种融资的结构化特征弥补了借款人较低信用等级的不足，仍然可以用商品交易中的存货和应收资金向银行获取融资，这就是贸易融资的自偿性特征。融资的风险主要反映在融资的自偿性程度以及贷款人对交易进行结构化设计方面的技能，而不是借款人本身的信用等级。

另外，根据美国商务部资助的加州教育网站的定义，贸易融资是指对单一或一系列重复性交易的融资。一般来说，贸易融资贷款经常是自偿性的，即借款银行规定，所有将获得的销售收入首先用于归还贷款。贸易融资的自偿性特点，对很多小型的或者资本不足的企业至关重要借款银行在核实借款完全用于进出口贸易的情况下，即使已经达到对该类企业的放款限度，银行仍可以对其发放贷款。所有出口的销售收入，首先归银行所有，余款才支付给借款企业。由于银行对该类交易能够严格控制，并且有关于国际贸易保证付款的工具，贸易融资通常比一般流动资金贷款风险更低。所谓的自偿性贸易融资，就是根据企业的真实贸易背景和上下游客户的资信实力，以单笔或额度授信的方式，配合银行的短期金融产品和封闭贷款操作，以企业销售收入、存货或贸易所衍生的确定的未来现金流作为直接还款来源的结性短期融资业务。关键点就是指银行依托对物流、资金流的控制，或对有实力关联方的责任和信誉捆绑，在有效控制授信资金风险的前提下进行的授信。

所以，贸易融资是指对单一或一系列重复性交易的融资，是对传统贸易融资的深化和发展，是指银行依托对物流、资金流的控制，或对有实力关联方的责任捆绑，在有效控制授信资金风险的前提下提供的授信。一般来说，贸易融资贷款经常是自偿性的，即借款银行规定，所有将获得的销售收入首先用于归还贷款。贸易融资的自偿性特点，对很多小型的或者是资本不足的企业至关重要：借款银行在核实借款完全用于进出口贸易的情况下，即使已经达到对该类企业的放款限度，银行仍可以对其发放贷款。所有出口的销售收入，首先归银行所有，余款才支付给借款企业。由于银行对该类交易能够严格控制，并且有关于国际贸易保证付款的工具，贸易融资通常比一般流动资金贷款风险更低。

第三节 开展自偿性贸易融资的意义

自偿性贸易融资主要是基于这样一个理念：只要不是某种市场上的产品的终端客户，就一定存在贸易行为。如果银行能够把握这些连续的贸易行为，就能知道这笔贸易的真实情况背景和上下游客户的规模信誉和实力。

一、有利于满足中小企业的融资需求

传统的做法是对整个企业进行授信，额度授信的评级标准为：行业、企业规模、净资产负债率、营利能力、现金流以及担保方式。这是一种典型的长期还款判断标准，企业还款来源是利润现金流或新的负债或转贷。而目前中小民营企业普遍存在规模小、经营稳定性差、报表不真实等问题，对于银行来说，这些问题导致中小企业资信状况普遍不高，又缺乏相应的担保和抵押物，放贷风险较难控制。加上这样的额度授信评级标准，对于中小企业来说，不仅导致其融资更加困难，也使得银行传统的企业财务技术分析对授信决策的指导意义大打折扣。

自偿性贸易融资方式与传统的不一样，其不再片面强调授信主体的财务特征和行业地位，也不再简单地依据对授信主体的孤立评价作出信贷决策，而是真正注重并结合其真实贸易背景，根据上下游客户的资信状况，简单依据对授信主体的评价以及对企业违约成本的评估做出信贷决策，只要贸易背景真实可靠，中小企业具有生产能力，贸易过程连续严谨，物流环节安全可靠，货物有市场，企业即可获得融资。如一家企业自身的实力和规模达不到传统的信贷准入标准，而其上下游企业的实力较强，贸易背景真实稳定，银行又能够有效控制其资金或物流，这家企业就可以获得该行的信贷支持。通俗地讲就是"傍大款"，即一家中小型企业只要其上下游合作伙伴的实力强大，就照样可以得到银行的授信。在这个过程中，简化了传统融资过程的烦琐程序，降低了融资成本，也不再依赖担保机构和强调财务报表分析、持续的经营记录，融资更加便捷。

自偿性贸易融资源共享是个更为细分市场的做法，银行能系统地提供创新性的金融产品和业务模式，以适应不同客户的差别化需求，可以避免银行产品同质化竞争的恶性后果。对于中小民营企业来说，自偿性贸易融资是一条现实可行的融资之路。例如，可以对以下金融

产品进行组合：货权或动产质押授信业务、商业承兑汇票贴现免担保业务、国内信用证、应收账款转让授信业务和一些其他的创新产品，比如出口退税托管贷款、出口信用险下融资等。自偿性贸易融资业务自1993年首推出来，由以前单一的贸易融资产品到现在多元化贸易融资产品，融资产品多元化使得中小企业有了更多的选择权。大多数自偿性贸易融资产品属于短期业务，这与中小企业贸易周期短、需求频率高、小金额、时效强相适应，中小企业在使用自偿性贸易融资方式融资时，依据贸易周期的长短，配合与之相适应的短期融资，保证了资金专款专用，提高资金周转率，稳定性大大增加，对企业和银行的可靠性也增强。可以说，这些金融产品都是为中小民营企业量身打造的，这应该是一个双赢的结果。

二、有利于有效地控制信贷风险

银行传统的做法是对整个企业进行授信，关注企业的行业、企业规模、净资产负债率、盈利能力、现金流以及担保方式等基本面情况。自偿性贸易融资则从根据企业的真实贸易背景和上下游客户的资信能力，到银行的短期金融产品和封闭贷款操作，对单笔业务进行授信，确保专款专用，再到货物的运输过程中货权的控制，最后到以企业的销售收入或贸易所衍生的确定的资金流作为直接还款来源，层层对资金流和物流的控制，风险监控直接渗透到企业的经营环节。这样就巧妙地避开了从企业的基本面上去控制放贷风险这一雷区。由此看出，从关注固定资产到关注企业的动产和贸易背景，这是一种符合市场的高效率的信贷观念，不但企业得到资金，而且也促使企业做真实的贸易，走规范发展之路。

三、有利于解决信息不对称问题

按传统的信贷理念来看，中小企业融资的一大特点是"信息不对称"。因为大多数中小企业会计制度不健全，财务管理水平低，给银行考察其真实经营情况和资信状况带来了难以想象的难度。同时，多数民营企业法人品行操守的不确定性，也使得商业银行为防范和化解"道德风险"而不得不提高门槛，加之中小企业贷款"小、急、频"的特点也使商业银行的审查监督成本和潜在收益不对称，从而大大降低了其发放贷款的积极性。自偿性贸易融资则不同，其注重：①上游有无生产能力，生产是否正常；②产品有无市场；③物流环节是否安全可靠；④贸易上产品是否销路顺畅。而对以上四方面的考察是现实可行的，能够得到真实的信息。如果四个方面都是良性的，只要任何一个环节能够保证，银行的贷款是没问题的，企业可以得到资金。

四、有利于提高中小企业信用

中小企业在贸易融资过程中，银行对中小企业迟迟不肯敞开大门，造成这种局面的原因是中小企业容易拖欠贷款甚至赖账不还。中国银行行长李礼辉在"如何破解中小企业融资难"国际论坛上指出：在融资渠道受到限制的情况下，中小企业为了自身的生存和发展，往往对金融机构的贷款拖欠不还或少还。所以对银行来说，中小企业业务是一个高成本、高风险的业务。中小企业采用传统的贸易融资方式向银行进行融资时，银行需要对中小企业进行全面的财务账目分析，这是银行贷前考察的核心内容。一半以上的中小企业财务制度不够健全，很多中小企业缺乏足够的经财务审计部门承认的财务报表和良好的连续经营记录，使得审核过程中银行需投入较高的财务分析成本。而自偿性贸易融资方式能够有效地解决该问题。相对于传统的银行融资方式，它淡化审批概念、强化单笔授信的审批理论，强调真实的贸易背景和贸易的连续性，银行的贷款从销售收入中得以直接偿还，具有自偿效应。这一效应，大大降低银行前期审贷中对还贷风险的预期，为企业申贷成功打下基础。由自偿性贸易融资的业务流程可以知道，一旦大、中小企业信誉联盟成立，长期伙伴关系使得信誉联盟各方"长期互动"，不但有助于解决存在于金融机构与中小企业之间的信息不对称问题，而且由于信誉联盟中的大企业的信誉通过特殊的金融产品设计整合到中小企业的信誉之中，这样就提升了中小企业的信用。从而使中小企业容易获得银行融资。

五、有利于实现共赢

在自偿性贸易融资过程中，参与各方均可从中获益。首先，对授信中小企业而言，解决了企业融资规模小、实力弱、资金不足的缺陷，为企业贸易融资引入了新生之道。随着贷款从销售收入中得以偿还，及时还款提高了中小企业的信用等级；更进一步的是，融资使中小企业有足够的资金购买原材料、大型的生产设备，引入了先进的科学技术，提高资金周转率，扩大了生产和销售。其次，对融资银行而言，我国现有银行体系中国有银行、股份制商业银行、城市商业银行等各种性质、规模的银行混合并存，市场竞争激烈而复杂，各银行为了生存和增加收益，不断进行各种融资业务创新。在大型企业融资业务基本掌控在国有商业银行手中的背景下，股份制商业银行、城市商业银行等民营中小银行只能深挖占我国企业总数的98.4%的中小企业市场。自偿性贸易融资方式的应用，降低了投资风险，扩大了业务发展空间，增加了常规经营收入，为银行细分这一市场，实现了可能。最后，对上下游企业而言，将自身的资信、实力捆绑进中小企业的风险控制体系中，会大大增强中小企业对其的贸易忠诚度，为长期稳定的贸易合作奠定了基础，可以有效地降低交易成本，维持了贸易链的稳定性。且随着贸易周期的完成和贷款的偿还，使得上下游企业综合信誉提升，不仅获得产品，还扩大市场空间。由此可见，自偿性贸易融资方式为各大主体带来了预期利益，达到了共赢的效果。

六、有利于上下游企业的风险监控

自偿性贸易融资方式一个很突出的特点是，贷款的依据不是中小企业的资信状况而是根据上下游客户规模、信誉实力，帮助客户借助上下游大型客户资信以单笔授信方式获得的融资。银行通过对整个过程和方案的安排，将各个环节的主体利益更加紧密地联系在一起，实现了风险监控的联动机制。从贷前的风险评估、物权特定化、确定授信额度，到监控物权、掌握资金流向，直至最后结息还贷，整个借贷过程对上下游关联企业的风险监控是银行降低自偿性贸易融资方式下风险敞口的关键。对于银行而言，融资风险分散化、具体化，有利于进一步控制按时还款的风险。

七、有利于增减与贸易周期相匹配的短期融资产品的稳定性

自偿性贸易融资业务自1993年首推出来，由以前单一的贸易融资产品到现在多元化贸易融资产品，融资产品多元化使中小企业有了更多的选择权。但是大多数自偿性贸易融资产品属于短期业务，这与中小企业贸易周期短、需求频率高、小金额、时效强相适应，中小企业在使用自偿性贸易融资方式融资时，依据贸易周期的长短，配合与之相适应的短期

融资，保证了资金专款专用，提高资金周转率，稳定性大大增加，对企业和银行的可靠性也增强。

可见，自偿性贸易融资方式的推出得到了中小企业、银行等各大利益主体的关注，满足了各方的利益诉求。然而，并不是说自偿性贸易融资方式是一种完美的融资方式。现实应用中，这种融资方式也存在一些缺点和不足，这就需要各方利益主体在融资操作过程中结合实际的贸易背景、各方的资信实力等具体因素，灵活加以应用。这里，仅从中小企业的角度列举了几点在应用自偿性贸易融资方式时应该注意的事项。

第四节 贸易融资业务特点

一、融资背景清晰

贸易融资主要以进出口贸易作为背景，除了要求进出口商提供一般的进出口合同、代理进口合同、销售合同作为事先审核的基础背景资料之外，过程中还必不可少涉及银行对贸易单据的审核和处理，事后在外管政策管理中，还有进出口核销作为最后的政策监督。所以，相较于流动资金贷款而言，贸易融资业务具有清晰的融资背景。

二、交易物权相对可控

目前依托信用证和跟单托收两类结算方式为基础的贸易融资业务仍在银行贸易融资业务的占据较高比例。在这两类结算方式下，表明贸易真实性相关单据的传递主要是通过银行进行，且大多数情况下，单据中多包含了代表交易货物所有权凭证的单据。特定的条件下，银行可以通过控制贸易单据来拥有对物权单据及其所代表的货物的所有权。

三、融资期限较短

一般情况下，企业从开立信用证到货物运输至完成销售，或者是从组织货源到完成出口收汇，真正意义上的贸易融资需求1天足以满足，只有在特殊情况会超过1天。

四、融资用途明确

各项融资方式有真实的交易作为背景，而且交易获得的销售收入直接用于还款，整个交易是在一个封闭式的链条里，有效控制了信贷风险。如进口类贸易融资业务直接用于对进口货款的支付或保证支付，出口类贸易融资业务主要用于出口货物的采购加工。

五、还款来源相对明确

进口类贸易融资业务中，还款来源除了企业自有资金外，主要依靠进口货物在完成销售后货款的回笼。出口类贸易融资业务中，还款来源主要依靠该笔出口收汇。因此贸易融资具有较高的自我清偿能力。

第五节 贸易融资与传统流动资金授信的区别

一、还款来源的自偿性

通过操作模式的设计,将授信企业销售收入自动导回授信银行的特定账户中,进而归还贷款或作为归还授信的保证。典型的产品比如保理,应收账款将按期回流到银行的保理专户中。

二、操作的封闭性

实施从出账到资金收回的全程控制,其间既包括对资金流的控制,也包括对物流的控制。典型的产品如动产抵/质押授信业务,客户将授信资金专项用于采购原材料(银行直接代理客户支付给上游供货商),并将采购项下的货物直接抵/质押给银行,以分次追加保证金的方式,分次赎出货物进行销售。

三、以贷后操作作为风险控制的核心

相对降低对企业财务报表的评价权重,在准入控制方面,强调操作模式的自偿性和封闭性评估,建立贷后操作的专业化平台,实施贷后的全流程控制。

四、授信用途的特定化

额度项下的每次出账都对应明确的贸易背景,做到金额、时间、交易对手等信息的匹配。贸易融资与一般流动资金贷款的区别如表 2-1 所示。

表 2-1　　　　　　　　贸易融资与一般流动资金贷款的区别

区别	贸易融资	流动资金贷款
对财务分析的态度	强调操作控制,相应淡化财务分析和准入控制,非常注重资金用途专款专用	注重借款人财务状况及还款能力,对资金的用途及借款人日常经营活动缺乏关注
对企业日常经营活动关注程度	介入到借款人本身经营活动中,通过对其经营的控制获得还款来源,即借款人所提供质押的货物或应收账款以外,即使没有企业资产,银行债权也能够获得清偿	缺乏关注,风险监控仅依赖于每季度一次而往往流于形式的贷后管理
对企业风险动静监控程度	风险监控直接渗透到企业的经营细节,通过单据审查企业是否进行交易,有利于动态把握风险	是对企业相对静态的把握,一笔流动资金出去,关注的是企业整体经营状况
资金用途	每一笔融资都对应每一笔真实的交易,用途明确	流动资金贷款不具体关注企业的资金用途
进入门槛难易	放低门槛但高度重视实际运作对企业控制力	重视进入的门槛,不注重以后的实际经营

续表

区别	贸易融资	流动资金贷款
操作流程	复杂	相对简单
授信考虑关键	注重于控制借款人的货物流、资金流	主要考虑借款人信用等级
授信客户端集中程度	注重将视野扩大到整个产业链（供应链）	专注于单个客户
对风险的整体控制	关注每笔真实业务进行授信，资金封闭式运作，确保业务发生后资金回笼以控制风险	整个企业进行授信，关注其规模、净资产、负债率、营利能力及担保方式等基本情况

贸易融资业务不片面强调授信主体的财务特征和行业地位，也不是简单依据对授信主体的孤立评价做出决策，而是注重结合真实贸易背景下的流程设计对风险控制的作用以及对企业违约成本的评估。因此，如果一家企业自身的实力和规模达不到传统的信贷准入标准，但是其上下游企业的实力较强、贸易背景真实稳定、银行能够有效控制资金流或物流，同样可以获得银行的贸易融资的支持。

以生产型企业单阶段生产周期的资金需求来看，融资需求可能发生在接受订单的同时，因为订单项下所需要的原材料采购预付款很可能超过了企业的自有资金。在此之后的生产阶段，企业一方面产生持有原材料等投入性库存，另一方面不断产生半成品和产成品库存。同时，企业还需要不断向原材料等供应商结清货款，资金需求继续上升，并达到整个周期的峰值。接下来，企业开始向下游发货，产生应收账款。随着应收账款的回流，企业的资金需求也随之回落。与这个过程相对应，银行融资的切入点分三个阶段：采购阶段的预付款融资、生产阶段的存货融资、销售阶段的应收账款融资。

第六节 贸易融资流程设计注意事项

贸易融资自偿性包含以下几个要件：一是债务条款规定银行对融资项下的资产及其产生的收入有相当程度的控制权；二是借款人可以没有其他实质性资产或业务，偿付债务的主要来源首先是融资项下的资产，其次是企业的综合偿付能力；三是自偿性贸易融资项下的资产是第一还款来源；四是结合借款人的资信水平，重点考察这笔融资业务自我清偿的特征以及借款人组织该笔交易的能力，并对该笔业务进行评级。

第一，链条性。贸易至少涉及交易双方，沿交易链的开发经常需要跨越行政区域的限制，系统性开发更要求超越空间限制，介入供应链的核心企业。

第二，专业化。贸易融资业务深入到企业具体的经营活动。因此，融资解决方案的设计必须在充分了解商品属性、结算规则和行业运行规律的前提下展开。

第三，操作控制的严格要求。贸易融资涉及对物流、资金流的直接控制，规范高效的操作是防范授信风险的关键。

一笔贸易融资的原始设计思路就是一单货物贸易在未来确定的时间内所产生的确定现金流的提前变现。在操作上，最初是在出口托收的基础上衍生出来的，即银行将"掌握货权代为收款放行货物"，转化为"掌握货权提供信贷收款还贷放行货物"。以上是发货前融资的标准流程，它还具有货物自担保的意义，即在交易或收款失败时，仍可通过货物变现来达到自偿性。因此，早期的自偿性兼有第一还款来源和第二还款来源的双重意义，并具有以下特征：①融资对象锁定为交易的卖方；②两个还款来源都与货物一一对应；③第一还款来源湮灭时自动激活第二还款来源。

第七节　自偿性贸易融资信贷评审技术

自偿性贸易融资是银行根据企业真实贸易背景和上下游客户资信实力，以单笔或额度授信的方式，提供短期银行贷款服务，以企业销售收入或贸易所产生的确定的未来现金流作为直接还款来源的融资业务。自偿性贸易融资业务不再单独评价企业的信用等级，而是通过整个企业的运营体系进行综合评价。也不再片面地评价单独企业的经营情况和财务收入，而是通过监测企业真实的贸易融资情况。银行通过科学方式改善企业的信用评价等级，把物流供应链，资金流动和信息流动进行综合掌控，把这些内容与企业的信用等级进行捆绑，提升企业的信用评价等级，有利于企业与银行之间进行融资交易。

深圳发展银行同时运用企业主体评级和债项评级两种信贷评审技术，评估中小企业融资信用并做出信贷决策。其中，自偿性贸易融资授信评级、授权管理系列制度是深圳发展银行独立研发的，将中小企业置于供应链之中考量其供应链交易结构、交易细节，分析其债项信用等级的信贷评审技术。与注重资产负债表分析的主体评级技术不同的是，自偿性贸易融资评级紧扣供应链商品交易的自偿性特点，正视多数中小企业的财务缺陷，不单纯考察授信人自身的财务报表和担保手段，转而考察供应链交易方式、交易商品的价值、变现能力、自偿程度、交易双方的交易记录、双方处理交易瑕疵的能力等债项信息。自偿性贸易融资授信制度切合了《巴塞尔新资本协议》中关于专业贷款和商品融资的要求、理念及操作性，居于国内领先地位。

深圳发展银行自偿性贸易融资评级制度借鉴并深化了《巴塞尔新资本协议》中的商品融资评级模型，使其更适合中国实情而具有操作性，如表2-2、表2-3所示。在对应收账款融资的评级过程中，深圳发展银行对授信人的财务实力（授信人资质）要求仅占15%的权重，即只要交易对手资信、担保安排、资产特征、政治和法律环境达到银行要求，普遍存有资产负债表缺陷的中小企业也完全可以从深圳发展银行中取得融资。

表 2-2　　　　　　　　自偿性贸易融资评审表（应收类）

序号	评级指标	权重	指标解释	评分标准	备注
一	政治和法律环境	5分			
1	区域风险（内贸企业适用）	5分			
二	资产特征	20分			
2	债权明晰程度	6分			
3	交易关系稳定性	5分			
4	账龄和账期	4分			
5	授信人坏账率	3分			
6	退货记录	2分			

续表

序号	评级指标	权重	指标解释	评分标准	备注
三	授信人资质	15分			
7	管理行业经验	2分			
8	经验周转能力	5分			
9	营利能力	2分			
10	销售收入变化趋势	1分			
11	货源组织能力	4分			
12	财务披露质量	1分			
四	交易对手资质	40分			
13	交易对手行业特征	8分			
14	交易对手行业地位	15分			
15	资产负债率	8分			
16	应付账款/净资产	6分			
17	销售利润率	3分			
五	担保安排	20分			
18	融资比例	3分			
19	融资用途控制	2分			
20	回款账户锁定	5分			
21	通知确认程序	10分			
22	合计得分	100分			

表2-3　　　　　　　　　　监管当局对商品融资披露的评级

评级指标 \ 等级	优	良	中	差
财务实力				
交易的超额担保程度				
政治和法律环境				
国家风险				
国家风险的环节措施				
资产特征				
流动性和易损程度				
发起人实力				
交易商财务实力				
业绩（包括辅助流程的管理能力）				
交易控制和保值能力				
财务披露质量				
担保安排				
资产控制				
损害保险				

资料来源：根据深圳发展银行资料整理。

第八节 自偿性贸易融资的分类

一、从风险控制体系及解决方案的问题导向维度分类

供应链融资所涵盖的自偿性贸易融资基础产品，从风险控制体系的差别以及解决方案的问题导向维度，分为存货融资、预付款融资和应收账款融资三类。其中，存货融资和应收账款融资是国际上广为接受的融资产品，有着成熟的法律框架和实践基础。而预付款融资可以视为一种"未来存货的融资"，其风险控制的技术手段主要体现在从对供货商的提货权到实际动产控制的转换，以及运输过程中的在途控制。

（一）存货类

存货类自偿性贸易融资是指受信人以其存货为抵押或质押，并以该存货及其产生的收入作为第一还款来源的自偿性贸易融资，主要针对企业存货占用大量流动资金的状况设计，是目前使用最广泛的一种贸易融资形式。对应的授信方式有仓单质押、静态质押、动态质押、汽车合格证监管等。

（二）预付款类——未来货权模式

由于生产商对下游经营者（包括经销商和生产商）实行先款后货的销售政策，下游经营者经营运作的第一套资金主要是预付货款和在途所占用的资金，对银行信用的需求首先表现主要是票据方式的预付货款，解决预付货款和在途资金压力适宜采用先票后货、代理收货人模式。

预付账款类自偿性贸易融资是指以卖方与买方签订真实贸易合同产生的预付账款为基础，为买方提供的，并以合同项下的商品及其产生的收入作为第一还款来源的自偿性贸易融资。而从产品分类而言，预付款融资可以理解为"未来存货的融资"。因为从风险控制的角度看，预付款融资的担保基础是预付款项下客户对供应商的提货权，或提货权实现后通过发货、运输等环节形成的在途存货和库存存货。预付账款类自偿性贸易融资对应的授信方式有：担保提货（未来提货权担保）、先款/票后货、信用证下提货权等。

预付款融资是国内银行供应链金融的特色产品系列，因为国内银行更关注分销商而不是供应商的融资。而核心企业对分销商的财务压力集中在预付而非应收领域。在预付款融资中，国内银行将对核心企业的信用捆绑技术引入对分销商的授信中，如深圳发展银行在2001年推出的先票后货授信、担保提货授信、国内信用证、进口项下货权质押授信等。

（三）应收账款类

针对存在大量应收账款的企业，这些企业的下游客户往往具有一定的规模和实力，在贸易中处于强势地位，银行依托买方的信用，在受让应收账款的前提下给卖方融资。故应收账款类自偿性贸易融资是指以卖方与买方签订真实贸易合同产生的应收账款为基础，为卖方提供的，并以合同项下的应收账款作为第一还款来源的自偿性贸易融资。简单而言，就是借款人以自己应收账款和存货等流动资产的价值作为融资的担保，取得资金用于支持生产和销售活动，融资的还款来源是存货销售或应收款回收产生的现金流，根据借款人不同的信用风险

度,银行对担保性资产实施严格程度不同的控制。最常用的模式就是保理,包括明保理、暗保理、前置型保理等。在保理业务中,卖方将自己的债权转让给银行,从而将应收账款提前变现,以满足自身的资金需要,银行实际上是得到了买方到期将付款的承诺。因此银行在此业务中对买方的规模和资质要求比较严格,这是控制风险的着眼点。

二、从自偿性贸易融资业务授信的使用性质角度分类

根据客户对自偿性贸易融资业务授信的使用性质不同,我们可以将自偿性贸易融资客户的授信额度分客户授信限额、自偿性贸易融资业务专项额度两类。

自偿性贸易融资业务授信是指银行在对该客户的自偿性贸易融资债项情况、自身资信、信用环境以及银行融资风险等因素进行综合评估的基础上,按照一定的方法核定该客户授信限额及自偿性贸易融资专项额度,控制该客户自偿性贸易融资总量的信用风险管理制度。客户授信限额是在重点分析客户业务经营循环、自身资信、银行融资风险等因素基础上,通过判断企业自身的还款能力,来核定银行可能和愿意承担风险的本客户在银行的最高授信额度。自偿性贸易融资业务专项额度是,在重点分析客户自偿性贸易融资项下资产状况、资产流动性与变现能力等因素基础上,通过银行对本项融资业务的结构化设计,采取不同业务操作模式,有效控制资产而核定的本业务专项额度。自偿性贸易融资业务专项额度必须纳入客户授信限额统一管理,可通知客户。

客户授信限额是在主要考察客户产品销售增长计划、自有流动资金、流动资金运营效率、业务经营循环资金周转量、他行授信等因素基础上,采取审慎原则而核定的对该客户的最高授信限额。客户授信限额的核定方法为:客户授信限额 = 经营循环资金周转量 × 130% − 他行授信。式中,经营循环资金周转量 = 应收账款平均余额 + 存货平均余额 + 预付平均余额 − 预收平均余额 − 应付平均余额 + 货币资金平均余额 + 应收票据平均余额;其中,平均余额 = 期初余额/2 + 期末余额/2。

第九节 自偿性贸易融资业务产品的组合运用

一、"1 + N" 供应链金融模式

与供应链中的核心企业("1")有长期稳定贸易关系的中小企业("N")往往相对稳定和可靠,通常可以将核心企业作为银行风险的落脚点。银行可以为核心企业的上游供应商提供保理、票据贴现、订单融资、商业发票贴现等多种形式的产品;为下游客户提供先款(票)后货、保贴开票、国内信用证、保函、设备按揭贷款等多种产品;为核心企业提供结构性存款、协议存款、多方委托贷款、买方贴息、委托贴现等多种理财产品。依照此模式,可在较大程度上解决围绕核心企业的上下游中小企业的融资需求,同时对核心企业扩大业务规模、降低财务和经营成本也起着良好的作用。

在此模式中,该行隐含的理念就是:与核心企业有长期稳定贸易关系的中小企业相对地比较稳定和可靠,在正常运作的情况下,可以将核心企业作为银行风险的落脚点。

二、先款（票）后货 + 保理模式

以煤炭的贸易链为例，煤炭经销商的上游是煤矿，下游是钢铁、电力、水泥、化工等企业，煤炭经销商在向煤矿采购时需要预付货款，向最终客户销售时又不能及时收回货款。针对这种情况，银行设计出将贸易融资中的先款（票）后货和保理组合在一起的业务模式。在这一模式下，银行以经销商为主体，依托煤矿和最终用户的信用，给经销商配载资金，为三家企业都提供了便利，同时也利用贸易链做成了两笔业务，在实现自身收益的情况下牢牢抓住了客户，实现了可持续发展。

三、先票后货 + 票据包买贴现模式

先票后货标准模式前文已述。票据包买贴现是指在签订三方协议的前提下，银行同意由指定代理人代理异地委托人背书并办理贴现，同时将贴现款项打入委托人指定账户的行为。

四、先票后货项下国内信用证 + 票据业务模式

此业务是指在先票后货项下以国内信用证为载体规定供货方相关权利和义务，在符合相应条件下银行才通过票据予以付款的授信业务。通过这样的改进，先票后货业务的应用范围更广了，甚至突破了自偿性贸易融资以大企业为依托的观念，其应用前景不可估量。

通过国内信用证，银行可以在信用证中明确规定卖方应尽的责任和义务，只有卖方按照约定的条件发运货物时，银行才会对其开立银行承兑汇票付款，这样银行就可以避免常规先票后货模式中大部分风险。通过这样的改进，先票后货业务的应用范围更广了，甚至突破了自偿性贸易融资以大企业为依托的观念，其应用前景不可估量。

第十节 中资商业银行贸易融资产品创新趋势

从近几年我国商业银行贸易融资产品创新的内容来看，主要呈现以下特征。

一、以信用证为基础的贸易融资产品向非信用证项下的融资产品转变

长期以来，中资商业银行贸易融资产品创新相当程度上是以信用证为基础的，但根据资料统计，2005 年国际贸易的结算方式 70% 采用的是赊销方式，15% 采用的是信用证方式，7% 采用的是跟单托收方式，其余的结算方式占 8%。因此，汇款方式已成为最主要的国际结算方式，而且比例逐年扩大。尽管 2005 年中国进出口贸易达到 1.4 万亿美元，中资商业银行的贸易融资额却只有 170 亿美元。由此可见，有相当数量进出口企业的贸易融资需求是市场上现有融资产品及服务所不能覆盖的。各中资商业银行在意识到上述问题后，正逐步将贸易融资产品创新向汇出汇款融资、保理融资、应收账款融资等方面拓展，以适应目前新的市场形势。同时，各行对传统产品的业务创新从未停止过。中国中小企业的国内外贸易有很大一部分仍然依赖信用证这种模式。随着中国国内外贸易的蓬勃发展，信用证业务的绝对额仍然每年在向上攀升，因此，传统的信用证、托收等业务仍然具有市场潜力。例如某银行近期推出的凭代理合同开立国内信用证、国内信用证委托代理融资等产品就仍是以国内信用证

为主体的贸易融资产品创新。

二、以价格机制为导向的贸易融资产品创新

伴随着科技手段的进步及国际金融一体化进程的加快，银行贸易融资业务成本趋于下降，利润更趋向平均化。各银行在拓展贸易融资业务方面逐渐提高了综合营销意识和中间业务效益观念，形成了以价格机制为导向的贸易融资产品创新模式。在利率方面，首先，外币贸易融资利率由固定利率转变为浮动利率，各银行在自身外币贸易融资利率底线基础上均具有自主定价权，同时，将不同风险程度的贸易融资产品利率底线进行区别化对待，并利用境外银行外币资金成本低廉的优势，大力开发境内外合作的贸易融资产品，极大地促进了外币贸易融资产品的创新。其次，由于国内保理业务不受人民币贸易融资利率限制，各银行均加大了在贸易融资保理产品方面的创新力度，使人民币贸易融资成本大幅下降，增强了在国内贸易融资市场上的竞争力。在汇率方面，由于2008年以来人民币升值幅度加快，汇率的波动使得各行远期售汇业务大幅增长，加上各银行外币资金拆解成本的下降，使得一系列以规避汇率风险为目的的新型贸易融资产品陆续被投放市场，带动了贸易融资产品创新的发展。

三、以拓展国内贸易市场为特征的贸易融资产品创新

随着我国对外开放程度不断加深，国内国际两个市场衔接更加紧密，推动了国内贸易的现代化进程，使国内贸易持续快速发展，市场规模不断扩大，流通现代化水平明显提高。连锁经营、物流配送、电子商务等现代流通方式快速推进，新型业态不断出现并迅速发展，对国民经济增长的贡献不断增大。在这样的背景下，各商业银行抓住有利时机，大力拓展国内贸易市场，基于不同的结算方式，研发出与国内贸易市场相适应的贸易融资产品，如国内福费廷业务、占用买方额度为卖方提供融资、为投保国内信用险的卖方提供的以信用保险为保证的贸易融资、国内贸易仓单质押、国内综合保理等诸多产品，在极大丰富国内企业融资渠道的同时，促进了国内贸易的进一步发展。

第十一节 制约国内贸易融资发展的因素

> **导入案例**
>
> 一、山东七公司贸易融资骗贷骗取近4亿元汇票
>
> 近日，山东省滨州市中级人民法院二审判决了一起骗取票据承兑案。山东省滨州市博兴县人郭某及其妻子成立了包括淄博永驰汽车销售有限公司（以下简称"永驰汽车"）、山东宏昌达汽车有限公司（以下简称"宏昌达汽车"）等在内的7家关联企业，通过关联企业之间的虚假购销合同，骗取工商银行、齐商银行、山东博兴农村合作银行、农业银行共计3.91亿元，敞口部分为1.8亿元。
>
> 1. 虚假购销合同骗取银行承兑汇票数额共计3.91亿元
>
> 2013年末，博兴县人民法院审理了永驰汽车、宏昌达汽车、山东宏昌达物流有限

公司、青岛银星汽车贸易有限公司、山东省博兴县宏昌达汽车有限公司、山东省博兴县香驰汇鑫物流有限公司、山东省博兴县宏昌达工贸有限公司及郭某等骗取票据承兑罪一案。

郭某等被公诉后,博兴县人民法院于2013年判决上述7家公司及郭某犯骗取票据承兑罪,其中郭某判处有期徒刑四年,并处罚金10万元。一审判决后,郭某不服上诉,其理由之一就是,金融机构对购销合同双方为关联公司、购销合同是否真实应当是明知的,他本人并未用欺骗手段取得票据承兑。2014年8月7日,滨州市中级人民法院二审维持了原判。

郭某利用上述7家公司签订虚假购销合同,骗取银行承兑汇票11次,数额共计3.91亿元,敞口部分数额为1.823亿元。其中工行滨州滨印支行承兑汇票两张,金额共计4000万元,敞口1600万元;齐商银行博兴支行,金额1500万元,敞口750万元;农合行庞家支行金额共计3600万元,敞口1080万元;农行滨城支行办理承兑汇票业务6次,金额共计3亿元,敞口1.46亿元。

其中后一笔承兑敞口到期后未能偿还,由担保企业代为偿还。而前面的3000万元敞口中,担保企业代偿了1000万元,农行垫付了2000万元后,对宏昌达汽车等提起诉讼追偿。截至2014年7月14日,农行已收回1551万元,另收到宏昌达汽车12台半挂油罐车,应不会造成实际损失。

2. 关联企业互倒

郭某等所用的方式并不高明,就是关联企业之间"左手倒右手",签订虚假买卖合同。以数额最大的农行为例,2012年3月20日,郭某以宏昌达汽车公司的名义,在没有真实货物交易的情况下,伪造了该公司与永驰汽车公司的购销合同,以此为由向农行滨城支行申请办理了6000万元的承兑汇票,缴纳保证金3000万元,敞口数额3000万元,到期日2012年9月20日。仅隔一天,2012年3月21日,郭某再次以同样的手段,在滨城支行办理了8000万元承兑汇票,缴纳保证金4000万元,敞口数额4000万元。

另外,郭某实际控制的前述7家企业,仅从名字就能看出一些端倪,"宏昌达"等字号相同的多家公司之前或存在关联。

二、小企业信用证套取贷款

东莞某造纸厂在经营鼎盛期产品主要销往欧洲,但2008年金融危机开始,欧洲经济不景气,企业经营重点从出口转为内销。但银行因为造纸业风险较大,无法获得贷款。

今年春节前后,该企业在香港找了一家造纸原料公司(简称公司A),并做了一份虚假的采购合同。合同约定,该造纸厂向公司A采购600万元人民币原料。随后,该造纸厂拿着合同到当地一家银行申请开立一笔90天的进口信用证,受益人为公司A。银行审核资料无误后,即向公司A付款(以港币结算)。公司A收到钱后,随即通过地下钱庄,将钱结汇成人民币输回给该造纸厂。

所谓进口信用证,就是由银行在一定期限内,代表开证人(即进口商)向信用证受益人(即供应商)履行付款。开证人再在规定期限内向银行还款。

> 90 天的信用证，意味着该企业只要在 90 天内把钱还给银行就行了，相当于做了 90 天的短期融资。由于现在的形势下，小企业通过正常途径已经贷不到钱，因此这种以办理国际业务之名，行套取现金之实的现象非常普遍。很多企业前一天刚还款，第二天又拿着新的合同来开信用证。尽管银行知道企业在钻空子，但由于业务合法合规，银行又能从中赚取手续费、保证金等费用，所以银行做起这项业务来也有积极性。
>
> 文章转自：保理中国　虚假贸易融资案例启示（下篇）http://blog.sina.com.cn/s/blog_43b66e2f0102v08h.html

贸易融资的顺周期行为，放大繁荣与萧条周期，加剧经济的周期性波动，影响国际收支平衡和汇率稳定。我国目前对银行贸易融资业务的监管滞后于贸易融资产品的发展，贸易融资的管理手段欠缺，管理模式滞后，不利于防范金融风险。

一、银行办理融资业务的准入门槛高

现实中各外汇指定银行贸易融资的条件不尽相同，但都有一个前提条件，那就是必须先进行评级和授信，而银行对企业进行评级和授信又都有一定的要求，最基本的是要有一定数量的不动产。但实际情况是，众多出口企业多为中小企业，且大多分布在各县（市）、乡镇，这些企业拥有的厂房、场地因无相应的房产、土地等证件难以符合银行的评级、授信要求，造成企业虽有融资需求，但因不能评级、授信或评级授信额度少，难以得到融资。例如，对于打包贷款，除了要求企业有资信等级较高的银行开立的信用证正本，还需要确认有效的担保（保证或抵押），完全视同流动资金贷款管理，体现不出贸易融资产品的优点。如某生产石油套管的企业向某银行申请出口商业发票融资 100 万美元，银行要求该企业提供土地、房产抵押或第三方企业担保，因企业无土地使用证、房产也无相应的正常手续，不能满足银行的要求，第三方担保也没有落实，故融资申请得不到批准。又如应收账款池融资产品为某银行 2014 年末的创新融资产品，客户准入要求较高，需要企业年进出口额在 1000 万美元以上，中小企业达到这一要求的很少，而符合这一标准的企业目前又没有相关融资需求，致使该产品至今没有实际业务发生。

二、人民币汇率波动增加了融资难度

自人民币汇率改革以来，人民币总体呈升值趋势，对出口企业产生了较大的不利影响。虽然企业可通过采取提前收汇、预收货款、远期结汇、出口押汇、福费廷、掉期交易等规避汇率风险的措施，来降低因汇率变动带来的风险。但对中小企业来说，由于其收汇存在笔数多、金额小、时间不集中和不确定等因素，在实际操作中很难选择金融工具来规避汇率风险，进而增加了经营风险，导致部分企业不敢做长期生意，订单合同日趋短期化。

三、市场贸易融资需求不足

随着我国经济国际化的不断深入，国际经济的起落日益牵动着中国企业的神经，受国际经济大环境影响，市场需求持续疲软，国内实体经济复苏乏力，出口贸易萎靡不振，订单减少，企业融资需求受到抑制。此外，还有一部分客户是由于交易对手所在国家或地区存在一定政治风险，无法申请办理融资。

四、政出多门、管理尺度不一

目前，贸易融资管理主要涉及外汇局、人民银行及银监部门，外汇局对银行贸易融资的管理主要涉及外币贸易融资，具体包括短债指标、担保指标、真实性审核要求等政策；人民银行规定人民币贸易融资不纳入外债、担保指标，对人民币贸易融资监管措施较少；银监部门要求将同业代付纳入表内核算，但对表外业务的风险资本监管要求较低（见表2-4）。贸易融资管理政策"本外币有别、表内外有别"，银行很容易规避。

表 2-4 部分涉及贸易融资的管理政策及银行规避方式表

	涉及贸易融资的政策	管理范围	规避方式及效果
外汇局	《国家外汇管理局关于核定2012年度境内机构短期外债余额指标有关问题的通知》（汇发〔2012〕12号）。①将期限在一年以上的已承兑未付款远期信用证和海外代付纳入短期外债规模管理。②规定开证行开立信用证后续做海外代付的，两者期限合计超过90天将纳入短期外债管理。③规定在期限、金额以及发生时点等方面，海外代付应与货物进口合同存在合理对应关系	只涉及部分纳入短期外债管理的贸易融资	开据90天以下远期信用证和海外代付规避
	《国家外汇管理局关于完善银行贸易融资业务外汇管理有关问题的通知》（汇发〔2013〕44号）、《国家外汇管理局关于完善银行贸易融资业务外汇管理具体操作事宜的通知》（汇综发〔2013〕94号）。①强调企业贸易收支需真实、合法。②明确银行贸易融资真实性审查职责、审核要点及内部管理要求。③明确贸易融资核查分类管理原则和要求。④提出加强监测、核查的原则和要求。⑤明确企业虚假贸易融资的处罚原则	涉及全口径贸易融资	银行真实性审核不尽职
人民银行	跨境人民币融资不纳入外汇短债指标及担保指标管理	没有管理措施	银行大力发展跨境人民币贸易融资，对国内信贷规模调控形成冲击
银监管部门	差异化风险资本约束要求：表外融资风险系数为表内信贷的20%	表内、表外融资管理政策不同	变相提升银行办理表外贸易融资的意愿、境外融资的新型融资模式
	《中国银行监督管理委员会办公厅关于规范同业代付业务管理的通知》（银监办发〔2012〕237号），将海外代付等融资纳入表内核算；风险资本监管要求提高	只涉及境内银行代付，海外代付等同业代付类贸易融资	撤弃海外代付的融资模式，推出境内担保

五、融资套利的风控隐患

贸易融资因其独有的优势受到企业和银行的青睐，一些企业利用短期贸易或利用提单、仓单等货权单证真伪难辨的漏洞直接虚构贸易套取银行信用，企业获得融资款后并不将其用于生产经营或日常周转，而是与其他外汇衍生产品套做或开展长期投资，获取风险套利收益。以"德正系"企业为典型的贸易融资风险爆发，其根源在于"利用贸易融资套取银行资金开展长期投资（如地产、能源、矿山等），获得资产增值收益，以滚动短期融资偿还银行资金"的运作模式在下行经济周期失去了经济基础，一旦资产价格下跌，长期投资收益难以为继，银行授信压缩，风险爆发是必然结果。

第十二节　我国国际贸易融资业务

一、我国国际贸易融资业务发展现状

（一）福费廷业务的需求

福费廷业务中，出口企业可将全套远期票据以无追索权方式出售包买商，不但可以即期收汇，而且将票据托收的费用、汇率变动及进口商资信状况的变化等风险均转嫁给包买商，从而改善财务状况，提升资金运转的效率。福费廷主要提供中长期贸易融资，包买商可以为出口商提供期限为6个月至5年甚至更长期限的贸易融资，特别是适用于金额在100万美元以上，付款期限在3—12年的机电产品和成套设备等资本性货物的出口贸易融资，目前我国机电产品的出口业绩为开展福费廷融资提供了良好的发展机遇和巨大的市场潜力。近年来，我国机电产品出口迅速增加。机电产品出口额从2005年的4267.5亿美元增长到2010年的9334.3亿美元，年均增长率为17%。不仅出口规模迅速提高，机电产品出口结构也在不断改善。如电信设备及零件出口额从2005年的近500亿美元增长到2010年的1000亿美元，年均增幅为18%；交通工具成为我国机电产品出口第二大类商品。2005—2010年，我国船舶、船用设备及其零附件出口额增长超过8倍，年均增幅高达52%，汽车及零部件出口额增长超过3倍，年均增幅高达25%；工程机械及零部件、农用机械等出口增长也较快，起重机工程用机械及其零部件出口额从89.3亿美元增长到228.4亿美元。数据表明，我国福费廷业务面临巨大的市场需求。

（二）国际保理

保理于20世纪90年代初随着国际贸易的发展进入我国，至今已有近20年的历史。在2000年以前，商业银行中只有中国银行和交通银行开办了国际保理业务，且业务规模较小。2000年以后，开办保理业务的银行不断增多，业务量大幅增长，并开始办理国内保理业务。到目前为止，我国已有近20家银行开办保理业务，其中加入国际保理商联合会（FCI）的有18家。根据FCI提供的数据，2000年我国内地的保理业务合计为2.12亿欧元，2008年逾550亿欧元，一跃成为FCI出口双保理业务量全球排名第一的地区，但其中的国际保理仅250亿欧元，占出口总额的2.5%左右。

随着国际贸易竞争的日趋激烈，出口商为扩大出口并力求使自己的商品占领国际市场，除了以高质量、低价格作为竞争手段外，尤其重视在结算方式上向买方提供更有竞争力的贸易条件。以信用证为结算方式，虽然最为保险，但程序复杂，还要占用一笔很大的开证费和信用证保证金，导致使用比例逐年下降，由原来的80%以上下降到目前的不足20%。但若使用非信用证的结算方式，特别是赊销的方式，面临的风险就会很大。国际保理业务能够较好地解决赊销中出口商面临的资金占压和进口商信用风险的问题。另外，新产品的销售和新

市场的开发，也蕴藏着无法预见的风险。国际保理可以通过其客户资信调查系统，来协助出口商了解新的买主的情况并核准买方信用额度，通过买方信用担保服务来弥补有关风险，非常有利于新产品销售和新市场开发。与发达国家相比，我国保理业务的发展潜力仍然较大。据世界银行统计发现，全球保理业务量与GDP之比约为2.93%，在保理业务相对发达的国家和地区，保理业务量可占GDP的6%以上，英国、意大利、中国台湾地区甚至达到了15%。2008年，我国的保理业务量只占我国GDP的1.78%，表明其仍有广阔的发展空间。

二、我国国际贸易融资业务存在的问题

我国国际贸易融资业务的普遍开展始于20世纪90年代中期以后，主要借鉴了国际上经过上百年的发展形成的一套规范的国际惯例做法，在产品模式、相关国际惯例要求、电子网络应用系统方面均较国内贸易融资产品成熟，科技含量高。但从国际贸易融资额在银行贷款余额中的占比就可看出其发展仍然较慢，收入占比也微乎其微，但其也是我国商业银行的一项重要业务。近年来，我国商业银行国际贸易融资业务有所发展，但仍处于起步阶段，在整个银行业务中所占比重较小，主要存在以下问题：

（一）营销模式落后，营销手段单一

目前商业银行实行的是纵向多层级的传统营销模式。上下级行之间、同级行之间、行内各部门之间信息往往难以有效沟通和传递，条块分割现象严重，无法对客户资源和产品资源进行有效整合。就目前而言，各家商业银行为了争取客户，竞相降低条件吸引客户，如减免保证金开证、降低融资利率等，无序竞争降低银行收益的同时又带来了风险隐患。

（二）融资产品单一，缺乏创新

目前，各商业银行办理的业务主要集中为减免保证金开证、打包放款、进出口押汇等传统的信用证项下融资业务，对于福费廷、国际保理、国际贸易融资组合产品等相对复杂的融资产品，大部分银行仍然是一片空白或者办理数量有限。产品创新滞后，新产品推广和整合能力较弱，不能适应市场发展的需要，无法满足客户日益增长的国际贸易融资需求。

（三）商业银行内部缺乏有效的风险防范管理体系

商业银行在贸易融资业务风险控制手段落后，风险管理和审贷理念上存在以下问题：一是在业务理念上仍偏重于传统担保和主体信用，不能合理地区分自偿性和非自偿性国际贸易融资的不同要求，导致在审批自偿性贸易融资时对主体要求偏严，而在审批非自偿性贸易融资时对主体要求实际偏松；二是重审轻查，尤其是自偿性国际贸易融资业务项下，往往在授信审批等环节把握较为严格，但却忽视了贷前调查、操作管理和贷后检查等环节；三是部分为达到审批方便、快速落地的目的，套用自偿性国际贸易融资业务的产品名称或运作方案，但在管理中并未按照自偿性贸易融资业务的管理要求落实，业务流程管理与风险控制措施流于形式，这也是目前发生的贸易融资风险案件的主要原因。总之，虽然各家商业银行建立了国际贸易融资业务操作规程和管理办法，但内控效果并不理想，各个分支机构为完成上级行的任务指标考核，片面追求业务规模，粗放经营，风险隐患较大。基于以上情况，建立区别不同业务属性及业务特点的国际贸易融资产品风险识别标准，并建立健康的贸易融资授信和风险管理文化，仍是商业银行当前面临的重要课题。

(四) 商业银行普遍缺乏高素质复合型的精通国际贸易融资业务的人才

商业银行内部员工知识结构单一，无法满足国际贸易融资产品对国际结算、信贷、法律等知识的要求。人员素质直接影响商业银行的服务质量、产品创新以及风险管理，人才缺乏是银行国际贸易融资业务发展的最大瓶颈。

三、影响外贸企业开展国际贸易融资的因素

(一) 内部因素

1. 企业自身信用状况较差

企业自身信用的高低直接影响到自身的贸易融资资格。首先，外贸企业缺少企业制度，企业制度是否完善是衡量企业信用的重要标准，涉及企业产权关系、组织结构和管理机制。其次，外贸企业缺乏资本。存在固定资产少、流动资产不稳定、无形资产难以估量等问题，使得企业融资后的偿债能力令人怀疑。最后，经营管理不规范，失信行为严重。改革开放40多年来，中国已经从计划经济转变为市场经济，市场对企业信用的要求越来越高，但违约、逃债、产品以次充好的现象依然严重。

2. 风险意识淡薄

国际贸易融资涉及的风险种类相对较多，包含国家风险、利率风险、汇率风险、信用风险等多种风险，而很多外贸企业没有真正认识到各种风险对企业的危害。随着国际贸易买方市场的形成，越来越多的交易开始使用非信用证结算方式。这种商业信用的结算方式风险很高。外贸企业急于达成交易，往往忽略对进口方的资信调查，导致企业应收账款数额大幅提高。中国出口企业的海外应收账款额数字巨大而且增长迅速。随着时间的推移，应收账款收回的难度会越来越大，其中很大一部分将无法追回。

3. 缺乏高素质业务人员

国际贸易发展迅速，国际贸易融资方式日新月异，趋于复杂化，已经从传统、单一的融资手段，发展成为新型、组合式融资手段。在这种情况下，外贸业务人员掌握的知识已经明显跟不上形势，一方面不能有效的利用国际贸易融资手段促成交易、降低自身成本；另一方面由于缺乏对贸易融资中的风险认识，不会规避风险，往往将企业置于高风险的境地，最终蒙受不必要的损失。

(二) 外在因素

1. 国际贸易融资法规不健全

国内金融立法明显滞后于融资业务的发展。国际贸易融资的相关法律还没有将业务当中涉及的诸多权利与责任给出明确的法律界定。当前金融机构对国际贸易融资业务的授信管理未与其他信贷业务的授信管理相区别，很多企业拥有良好的国际贸易业务，但银行没有建立逐笔业务测算风险的管理体系，影响了企业获得贸易融资。

2. 银行贸易融资对象集中，融资方式单一

银行国际贸易融资业务大都集中在大型外贸企业，数量众多的中小外贸企业获得的融资额很少。商业银行在提供金融服务时，需要考虑资产的安全性、流动性、赢利性，无疑大型企业在这些方面具有优势，理所当然成为商业银行发展贸易融资业务的重点。另外，商业银行开展国际贸易融资业务在人员、技术等方面都不具备优势，导致银行提供的贸易融资产

品,仍然以传统的信用证结算与融资相结合的方式为主,如打包放款、贴现、进出口押汇等。虽然这些业务风险较低,但是品种少,且功能单一。福费廷、结构性贸易融资等新型的贸易融资方式开展较少且发展缓慢,难以满足企业的融资需要。

3. 贸易冲突

近年来,贸易保护主义不断发酵,特别是美国总统特朗普上台以来,各国贸易摩擦急剧增加。以中美贸易冲突为例,美国展开 301 调查,对中兴、华为等中国企业下手,对华 2000 亿美元商品加征关税,同时,中国也对美国先后两次加征关税。这种贸易冲突,严重阻碍了双边和多变贸易的开展,是国际贸易发展的重要阻碍。

问题:

1. 什么是自偿性贸易融资理论?
2. 贸易融资理论的特点是什么?
3. 贸易融资与传统流动资金授信的区别是什么?
4. 开展自偿性贸易融资的意义是什么?

第三章 供应链金融模式

第一节 供应链金融的分类

按照融资使用的质押对象分类,供应链金融可以分为应收账款融资、存货质押融资和预付款融资三类。应收账款融资和存货融资是国际上广为接受的融资产品,有着成熟的法律框架和实践基础。而预付款融资可以视为一种"未来存货的融资"。

一、存货质押融资

传统融资模式中,企业向银行贷款一般都需要拿不动产作为抵押,但中小企业不动产缺乏,使得中小企业很难获得银行贷款。而在欧美经济发达国家,中小企业用动产作为抵押向银行获得贷款的模式已经相当成熟。特别是在美国供应链金融服务发展比较好的国家,超过一半的抵押资产来自应收账款和存货为主的动产抵押。

存货质押是指借款人以存货为质物向信贷人借款,为实现对质物的转移占有,信贷人委托物流企业或资产管理公司作为独立的第三方,代为监控和存储作为质物的存货。中小企业可以用来作为抵押的存货包括原材料、半成品、在产品和产成品等。我国《物权法》规定:用做质押的存货范围包括采购过程的原材料、生产阶段的半成品、销售阶段的产品、企业拥有的机械设备等。存货融资利用企业与供应链上下游企业真实的贸易为背景,使中小企业获得银行贷款,扩大了银行传统的业务领域,在风险可控的范围内,有效地降低了中小企业的融资门槛。目前,国际上比较常用的存货质押融资方式主要有三种:仓储融资、信托收据融资和抵押单融资。可以进行存货质押融资的物品构成如图3-1所示。

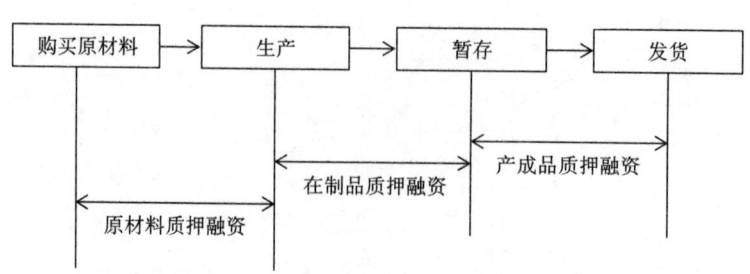

图 3-1 可以进行存货质押融资的物品构成

(一) 仓储融资

借款人将存货放在银行指定的仓库中,由第三方代为管理和保管,借款人销售存货后,购货人直接将购货款支付到借款人指定的银行账户中,银行用购货直接冲减贷款。按照仓库位置不同,仓储融资分为公开仓储融资和就地仓储融资。公开仓储融资是将存货存放在第三方的仓库中,而就地仓储融资是将存货存放在自己货栈的仓库中,银行雇用第三方(通常称为就地仓储管理公司)作为银行的代理人或者直接派出管理人员对存货进行管理。

(二) 信托收据融资

所谓信托收据,是指一种承认借款人代银行持有商品的证书,银行对货物拥有"暂时的法律上的所有权"。借款人利用银行贷款购买货物后,向银行开出信托收据,信托收据规定,银行和借款人是一种委托人和受托人的关系,商品由借款人为银行代为持有,借款人或将货物存入公开仓库,或就地保存但无须第三方参与货物管理。商品销售后,借款人当天将货款转入银行贷款账户。

(三) 抵押单融资

抵押单是一个由第三方定期签发给银行的文书,第三方保证作为贷款抵押品的存货数量的存在。企业的存货通常处于不断流动的状态,但企业一般都会保有一部分存货,第三方能够对企业的销售活动进行跟踪,对企业库存的浮动价值进行跟踪,并保证存货在销售活动结束时会转化为应收账款。实际上,第三方的工作代替了银行工作人员对企业的监管,降低了银行的信贷成本,且由于不需要对存货进行实物上的分离和占有,使企业的经营更具灵活性。

二、应收账款融资

通常情况下,企业经营过程都会存在一定数量的应收账款。在供应链背景下,下游核心企业的经营需要供应链保证持续运转,因而核心企业不会轻易对应付账款完全违约。由于链上成员企业间合作的长期性,链上应收账款的支付相对普通一次交易支付更具稳定性,风险更小,贷款机构因而愿意在供应链模式下提供应收账款融资服务。这种模式很好地盘活了链上沉淀的应收账款,在缓解中小企业资金短缺压力的同时,也满足了核心企业更长时间利用链上资金,创造更多收益的需求。

导入案例

2004年,中国银行江苏省分行为苏州工业园区内的冠鑫光电公司(以下简称"冠鑫公司")提供了应收账款质押贷款业务。冠鑫公司主要从事生产和销售薄晶晶体管液晶显示器成品及相关部件,其上下游企业均是强大的垄断企业。其在采购原材料时必须现货付款,而销售产品后,货款回收期较长(应收账款确认后的4个月才支付)。随着公司成长和生产规模扩大,应收账款已占公司总资产的45%,公司面临着极大的资金短缺风险,严重制约了公司的进一步发展。中国银行江苏省分行详细了解到冠鑫公司的处境后,果断地为其提供了应收账款质押贷款业务,由第三方物流企业为该项贷款提供信用担保,帮助冠鑫公司解决了流动资金短缺瓶颈。

> 案例分析：该案例成功的关键在于应收账款的性质，下游企业是强大的垄断企业，也就是应收账款能否收回关键是下游核心企业的资信，相对于上面的两个案例，银行的风险最小，当然第三方物流企业的担保也是案例中冠鑫公司获得资金的重要条件。随着供应链融资的发展，该类应收账款的融资也可以占用核心企业的授信，无须提供第三方担保，当然这需要征得核心企业的授权。

（一）应收账款融资定义

应收账款融资（Account receivable financing）就是借款人以自己未到期的应收账款作为融资的担保，以应收账款回收产生的现金流为还款资金向银行提出贷款，从而取得资金用于支持生产和销售活动的一种行为。应收账款模式是中小企业将基于供应链交易产生的本质上是债权的应收账款质押给银行，从而取得银行的贷款，进而弥补了因收不到账款造成的现金流缺口。这种模式主要适用于供应链中处于上游的中小企业供应商向下游核心企业供应销售的阶段。应收账款融资是国际上普遍接受的供应链金融的融资方式，已形成较为成熟的框架，并有一定的法律基础。应收账款融资区别于普通商业贷款的最大特点是，前者的还款来源是流动资产变现所产生的特定化的现金流，而后者的还款来源是经营活动所产生的现金流。因此，物流监管者应该更多关注应收账款的质量和价值，关注银行控制权和监管系统，关注银行在扣押状态下变现抵押品的能力，而不是关注收入和资产负债表的信息。应收账款产品设计的关键理念是：借款人的风险并不等于贷款风险。

（二）应收账款融资的特点

1. 还款具有自偿性

应收账款融资已经是国际上广为接受的融资产品，属于资产支持类信贷，借款人以自己的应收账款为融资做担保，还款来源是企业依法回收应收账款的现金流。在应收账款融资下，银行只需要确认应收账款的贸易真实性和账期，关注对应收账款的控制权和应收账款的变现能力，就可以防范借款人的信用风险，实现贷款的安全。

2. 融资期限短

应收账款是企业的短期债权，账期一般小于90天，出质人信誉质量较高的才可以成为融资质押物，且要确定合适的放款率，一般融资额为应收账款面值的50%—90%。

3. 有公开透明的质押物登记公示系统

质押物登记公示的目的是为了在应收账款上建立优先权的先后顺序和抗辩权。应收账款登记公示有利于保护银行的权利，规避法律风险。

4. 操作的封闭性

金融机构实施从出账到资金收回的全程控制，其间既包括对资金流的控制，也包括对物流的控制。典型的动产质押授信业务，客户将授信资金专项用于采购原材料（银行直接代理客户支付给上游供货商），并将采购项下的货物直接抵押给银行，以分次赎出货物进行销售。

5. 授信用途的特定化

应收账款融资下的每次资金贷出，都对应明确的贸易背景，做到贷出金额、时间和交易对手等信息的匹配。

(三) 应收账款融资的分类

应收账款融资的分类方法有两种,一种是按资产分类,另一种是按应收账款流向分类。

按应收账款流向分类,应收账款融资有三种模式,一是应收账款保理,即应收账款的债权人把应收账款售让于专业的金融机构(俗称保理商)并获得融资,保理商负责与应收账款有关的一切事务,并承担损失。二是应收账款质贷款,即企业以应收账款为质押物,向商业银行或专业金融机构申请贷款,并且以应收账款的变现来偿还贷款。三是应收账款证券化,它是一种金融衍生工具,以应收账款的现金流为基础资产,通过金融机构的设计运作,衍生出有稳定收益的证券,并向投资者出售。由于国内金融市场还不够成熟,目前,国内金融机构开展的大都是应收账款的保理业务和应收账款质押融资业务。

应收账款保理(actoring)又称保付代理,是指企业将买卖交易中商品或服务赊销所产生的应收账款转让给保理商,由保理商为其提供贸易融资、应收账款的催收、坏账担保等综合性金融服务的融资方式。目前国内的保理商大多是商业银行。保理实质是融资企业与商业银行达成的基于应收账款转让的协议关系,在这种协议关系中,融资企业将其对下游企业的应收账款债权转让给银行,由受让的银行对融资企业进行贷款授信,融资企业得到融资款项后将其用于扩大生产或其他投资活动,但仍以该应收账款作为对银行还款的第一来源。

应收账款保理就是贷款人直接购买应收账款,不一定拥有追索权。比如,商品车的静态抵(质)押授信中,要求授信对应到一批特定的车辆。通过抵押登记或质押的"出质声明书"中对车辆型号、颜色、发动机号和车架号等的登记来实现。供应链金融应收账款保理模式业务流程如图3-2所示。

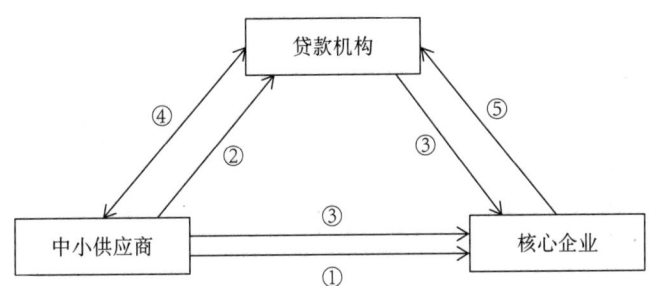

图3-2 供应链金融应收账款保理模式业务流程

①供应链中的上游中小供应商向下游核心企业供货,产生应收账款;
②中小供应商以核心企业确认的应收账款向贷款机构申请保理融资;
③贷款机构和中小供应商分别通知核心企业应收账款债权转移;
④中小供应商向贷款机构转移应收账款债权,贷款机构支付对价,完成融资;
⑤核心企业就该特定应收账款向贷款机构进行支付。

应收账款质押贷款是指企业将其合法拥有的应收账款作为担保物质押给银行,从而获得流动资金贷款融资的服务方式。银行在融资企业违约时可以对质押的应收账款处置,并以所得款项优先受偿。因此,应收账款质押实质是一种权利的质押。与其他担保形式不同,应收账款本身可产生一种自动还款机制,通过收回应收账款而清偿贷款。根据我国《物权法》的规定,在办理应收账款质押业务时,质押合同的当事人要在中国人民银行征信中心的应收账款质押登记公示系统(以下简称"登记系统")办理出质登记。供应链金融应收账款质押贷款模式业务流程如图3-3所示。

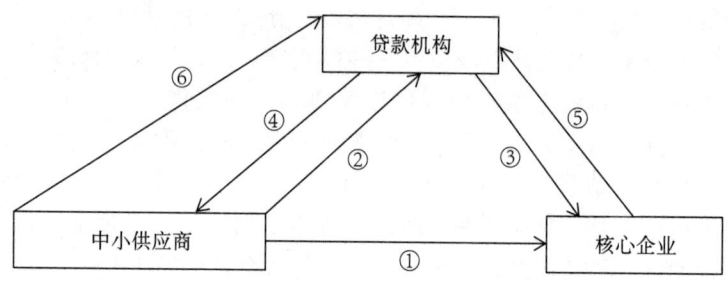

图3-3 供应链金融应收账款质押贷款模式业务流程

①供应链中的上游中小供应商向下游核心企业供货,产生应收账款;

②中小供应商以核心企业确认的应收账款凭证向贷款机构申请应收账款质押融资;

③贷款机构审验核心企业资信和确认应收账款真实性;核心企业承诺将应付账款支付到贷款机构指定账户;

④贷款机构向中小供应商提供贷款融资;

⑤核心企业就该特定账款向贷款机构进行支付,直至该特定账款的支付额足以清偿贷款,该次应收账款质押合同完成并注销;

⑥在清偿过程中,若核心企业未能按时支付,则中小供应商作为主债务人仍负有清偿义务。

若是单笔应收账款质押融资,则融资企业收到应收账款款项后向银行清偿贷款,并注销应收账款质押合同。若是将多笔应收账款进行质押的,可用新产生的应收账款质押取代原先的应收账款质押,以循环使用银行授信融资。应收账款质押是一种创新型担保方式,扩大了企业可用于抵押作担保的财产范围,中小企业受益颇多。另外,虽然企业在质押应收账款时要支付一定的贷款利息和费用,但与传统的担保贷款相比可节省20%—30%的费用,这较大程度地降低了企业的融资成本。

应收账款质押有效促进了商业银行的金融产品创新。过去,不动产担保贷款为银行提供信贷的主流,这其实增加了银行和企业的风险。而应收账款质押的产生,分散了企业以不动产抵押进行贷款产生的风险,使信贷融资从不动产担保为主转变为动产担保与不动产担保并重,这不但有利于提高企业担保资产的利用效率,而且对银行来说有利于拓展业务领域、增加其信贷融资的业务品种,提高金融服务水平。总之,应收账款质押融资适应了竞争和经济发展的需求。在国际上,应收账款质押融资也是一种常见的信贷品种,在许多西方发达国家广泛应用。在国内,中国银行、建设银行、交通银行、招商银行等诸多商业银行均开设了应收账款质押业务。根据相关数据显示,截至2011年底,我国的应收账款质押系统的登记总量已突破50万笔,累计共有8.4万家法人类中小企业获得了总计9万亿元的应收账款融资。

应收账款证券化就是应收账款原始权益人或发起人将向消费者提供产品或服务所取得的应收账款(债权)通过一定的结构性重组,真实"出售"给特设机构(Special Purpose Vehicle),SPV公司以购买的应收账款组合(资产池或资产组合)为担保发行债券,用发行债券取得的收入购买发起人(企业)的应收款,以实现融通资金的方式。运用到的基本原理主要有资产重组、风险隔离和信用增级。

特别地,并非所有的应收账款都可以证券化,只有那些预计能产生稳定现金流、并且符合要求的应收账款才可以证券化。应收账款证券化对应收账款资产池和相关方面有严格要求:应收账款资产池要有统一、清晰、合理的结构;证券化的应收账款应该具有良好的信用记录或具有相对稳定的坏账统计记录,可以用于预测未来类似损失发生概率,以确定固定或循环产生的现金收入流;应收账款的合同条款必须标准化、高质量;应收账款期限要合理;原始权益人对应收账款拥有完全的所有权。应收账款证券化需要较为成熟的资本市场、规模较大、能力较强的机构投资者的参与。而我国资本市场由于起步较晚,目前的发展还不够成熟:机构投资者规模较小、数量偏少;个人投资者由于缺乏必要的专业知识和及时获取信息的能力,无法成为主要的投资者等,这些都将制约我国应收账款证券化的发展。"N+1"供应链中应收账款证券化交易流程如图3-4所示。

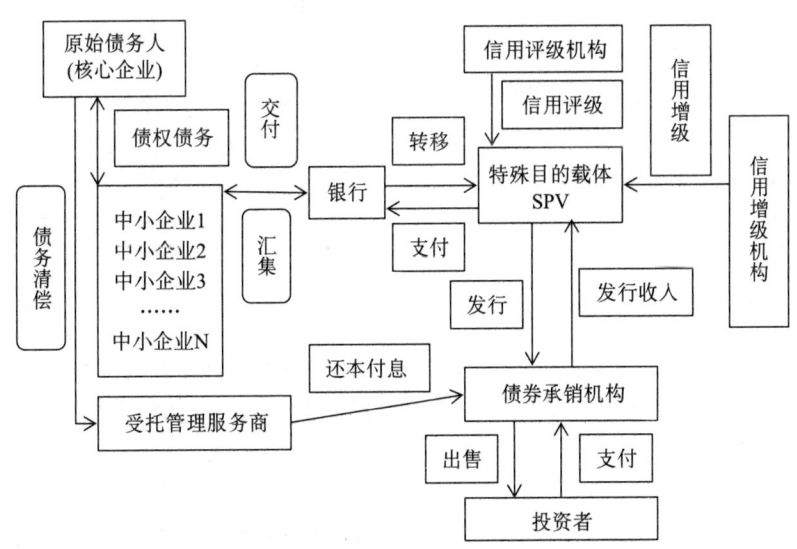

图3-4 "N+1"供应链中应收账款证券化交易流程图

根据供应链上中小供应商企业应收账款特点,运用资产证券化的原理,其应收账款证券化的基本流程是:根据银行提出的标准,N个中小企业把与核心企业相关的应收账款交付汇集到银行,银行提前把证券化收益垫付给中小企业,银行把这些应收账款汇集成资产池之后再把这些应收账款转移给SPV;SPV把这些应收账款进行组合,形成资产池,并聘请信用增级机构、信用评级机构对证券进行信用增级和评级,然后组合后的应收账款作为支持,通过证券承销机构向投资者发行有价证券;投资者购买证券使SPV在资本市场上筹集到足够的资金向银行支付转移应收账款的款项;最后,用资产池中的现金流向投资者清偿本金和利息。

经过这样的操作,企业就可以把自己不流通的存量资产或可预见的未来收入转换为现在的现金流量。这就可以满足企业对现金的现时需求,进行投资扩大再生产或投资一个新项目或补足流动资金缺口维持正常生产。将应收账款证券化是国际上解决应收账款问题的重要途径,是应收账款管理思路和管理手段的重要创新。

按资产分类,一般情况下,应收账款产品可以分为四类:

(1) 特定化资产支持的货款(asset based loan)。这种信贷关系中,贷款人可以密切控制信贷出账不受控资产。贷款人风险控制方式包括融资的资产折扣率（即抵/质押率）、控制企业现金回流以及现场审计。借款人通常需要频繁的出账以满足经营需要，贷款人需要频繁地对信贷进行调整。受控资产主要包括应收账款和存货。由于对受控资产地监控到位，ABL被结构化，这样当贷款必须被清算时，贷款人处置受控资产非常方便。

（2）资产辅助支持的货款（secured lending）。这种贷款地核定基础也是资产折扣率，但对受控资产地监管和控制没有ABL严格，放贷也没有ABL频繁。尽管受控资产主要是应收账款和存货，其他类型地资产也被引入用以支持贷款。贷款人的控制手段通常包括：应收账款账龄的定期核查、定期的存货报告以及不定期的现场审计。贷款和担保协议通常要求由一个合适的被授权人来提供定期报告，以证明支持借款受控资产的信息准确性。借款人比ABL项下有更大的对受控资产的控制权，而且可以支配自己的现金回流。借款者的财务实力通常比ABL的借款人要强，这使银行能够简化管理和控制。

（3）应收账款池贷款（blanket receivables lending）。应收账款和存货以外的资产经常被包括在受控资产中。贷款额度并不与资产折扣率关联，贷款人对担保品很少控制，对受控资产也不正式。受控资产的估值可能仅以资产负债表作为依据。

（4）供应链金融应收账款保理业务。供应链金融保理是将供应链条优势嵌入保理业务中的业务形态。根据具体操作情况的不同，又可以进一步分为直接保理、反向保理、保理池融资以及票据保理融资等。

（四）应收账款融资模式的风险要点

1. 信用风险

银行要开展应收账款融资业务不仅要考虑融资企业的行业风险、行业成熟度和周期性，也要对融资企业的资信状况、下游核心企业的履约和回款能力进行调查，进一步降低风险。

2. 监管风险

重点审查应收账款的真实性和存在性，核实转让手续的合法性和有效性，建立高效率的应收账款管理系统，通过应收账款质押放贷、应收账款回收清还贷款的流程循环对客户主体的销售回款情况进行监控，避免质押率不足的风险。

3. 担保物风险

应收账款融资的担保物是应收账款票据，因此基本不受市场价格波动的影响，但更多考虑的是票据的真实性、有效性和变现能力。

（1）真实性：应收账款的债权债务双方、金额、付款时间和方式、相关基础合同、履行状况等要素必须清晰明确、具体有据并可预期；

（2）有效性：应收账款的债权合乎相关法律法规，可依法转让，且账期未超过规定时间，有效期未超过诉讼时效；

（3）流动性风险：应收账款的变现能力取决于下游核心企业的履约和回款能力，因此考察下游企业的信用状况和财务能力成为风险控制的重点。

（五）应收账款保理与应收账款质押贷款两种应收账款融资模式均基于以下的基本假设

假设一：信贷市场上的金融机构只有银行。中国的大部分中小企业是未上市的企业，所以只能依靠借贷进行融资。

假设二：根据新巴塞尔资本协议对违约的定义，违约既有源自贷款人偿还意愿的违约又有源自其还款能力的违约。由于中小企业大多数为非上市企业,管理模式不同于股份制企业,所以银行审核中小企业贷款时,既有对其还款能力的考虑,也有对企业所有者还款意愿的考虑。鉴于此,本书将还款能力不足造成的违约和贷款者还款意愿造成的违约区别开来。事实上银行会对企业进行信用评级(主要是还款能力)。

(六) 应收账款保理模式、应收账款质押模式两者的区别

两者最主要的区别在于应收账款的债权是否完全转移。在应收账款保理模式下,贷款机构购入供应商的应收账款,供应商与下游买方之间的应收账款债权转移给贷款机构,贷款机构以直接收取应收账款的方式回收其向供应商支付的交易对价。而在应收账款质押模式下,贷款机构并非直接购入应收账款的债权,而是获得优先受偿权,其贷款清偿的主债务人仍是供应商,即贷款机构在信贷主债务人(供应商)未履行清偿贷款的义务时,有权就设立质押的特定应收账款进行处分,并优先于应收账款债权人(供应商)获得处分收益的受偿。由此可见,应收账款的债权完全转让模式相较于应收账款的质押模式,贷款机构获偿的方式相对单一,风险更大。应收账款保理与应收账款质押模式的比较如表3-1所示。

表3-1 应收账款保理与应收账款质押模式的比较

对比项	应收账款质押	应收账款保理
适用范围	企业往来较少,应收账款还款期限较长	与信用状况良好且为供应链核心的大企业有长期合作关系的中小企业
债权转移	不转移应收账款的债权	将债权转移给银行
生效要件	登记公示	通知债务人
服务内容	提供贷款	提供融资方案、应收账款的催收、坏账担保等服务
财务结果	表现为企业的短期负债	不计入负债项
信用基础	融资企业的信用决定第一还款来源	取决于债务企业的信用

(七) 供应链金融应收账款融资模式与传统金融应收账款融资模式对比

供应链金融模式下的应收账款融资是以供应链整体信用共享为基础的,信贷过程中引入了与中小企业相关联的信用较高的核心企业。供应链中的核心企业从上游供应商手中购买原材料,双方签订购销合同。中小企业与核心企业协商将应收账款办理应收账款融资业务,核心企业同意之后,由中小企业(卖方)根据交易文件向银行申请应收账款融资。中小企业发货给核心企业,并将应收账款让渡给银行进行应收账款融资。银行向核心企业核实应收账款的真实性,并通知核心企业应收账款转让。银行根据交易的情况、中小企业的信用状况以及核心企业的信用状况等进行放贷。到期日时核心企业将贷款汇入银行和中小企业共同指定账户,银行扣除贷款数目后将余额转入中小企业(卖方)账户。此时形成闭环的资金流,可以有效地对应收账款进行控制,保证还款来源。两种模式的比较见表3-2。核心企业的引入使得信用主体发生了变化,对应收账款也做了限制,以保证闭环系统的稳定性。传统金融应收账款融资模式如图3-5所示。供应链金融应收账款融资模式如图3-6所示。

表 3-2　供应链金融应收账款融资模式与传统金融应收账款融资模式对比

应收账款融资模式	核心企业参与与否	应收账款债务人	信用主体
传统金融	否	不确定	中小企业
供应链金融	是	核心企业	中小企业与核心企业

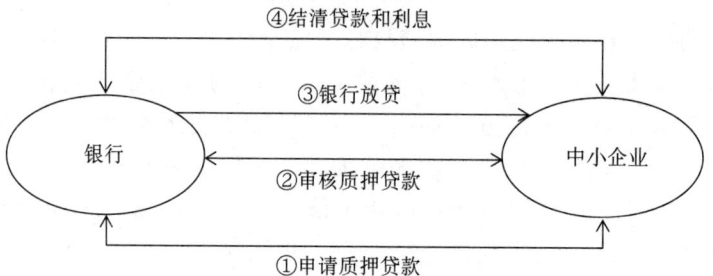

图 3-5　传统金融应收账款融资模式

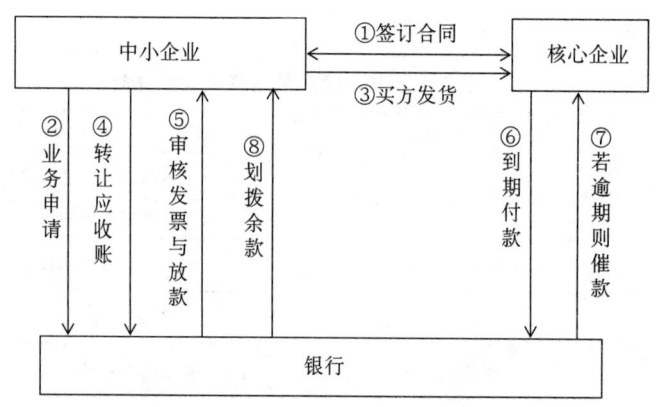

图 3-6　供应链金融应收账款融资模式

相对于传统的应收账款融资模式，供应链金融模式下的应收账款融资有三个显著特征：

（1）参与主体不同。在供应链金融应收账款融资中增加了核心企业。并且核心企业的到期付款成为银行回款的第一来源。

（2）融资的自偿性和闭环性。供应链金融最大的特点就是融资的自偿性。应收账款融资模式的设计保证了融资的自偿性和闭环性，从而可以保证还款来源，降低银行的损失。

（3）对应收账款要求不同。在供应链金融应收账款融资中，应收账款的债务人只限于核心企业。中小企业拥有的其他客户的应收账款不能用来融资，有一定的局限性。

（八）应收账款质押融资与存货质押融资的不同之处

不同之处可以概括为两点。第一，存货质押融资是以固定批次的货物做质押，得到的贷款仍需服务于这笔业务，有"专款专用"的性质。而用作抵押的应收账款代表已经结束的交易，贷款所得资金将用于企业其他业务；第二，开展存货质押业务，对于银行来说，其面临的是质押货物市场价值变动带来的风险。开展应收账款质押业务，风险转变为债务人（零售商）偿还应收账款的比例。应收账款作为还贷的唯一来源。银行既关心贷款利率，又关心应收账款债务人还款的比例。分析应收账款质押，需要综合考虑银行、中小企业（生产商)、中小企业债务人(零售商)三方的博弈。

(九) 供应链应收账款的影响效应

应收账款在回收时间和回收数额上存在着很多的不确定性,因此,如果应收账款迟迟不能收回,就会增加企业的资金占用和资金成本,造成企业资金周转困难,甚至失灵,从而导致生产停滞。一旦应收账款成为坏账、死账,就会导致企业财务状况恶化,因此企业过多的应收账款的存在必将对企业产生诸多不利影响。

1. 降低企业的资金使用效率

由于企业的物流与资金流不一致,发出商品,开出销售发票,货款却不能同步回收,而销售已告成立,这种没有货款回笼的入账销售收入,势必产生没有现金流入的销售业务损益产生、销售税金上缴及年内所得税的预缴,如果涉及跨年度销售收入导致的应收账款,则可产生企业流动资产垫付股东年度分红。企业因上述追求表面效益而产生的垫缴税款及垫付股东分红,占用了大量的流动资金,久而久之必将影响企业资金的周转,进而导致企业经营实际状况被掩盖,影响企业生产计划、销售计划等,无法实现既定的效益目标。

2. 夸大企业经营成果

由于我国企业实行的记账基础是权责发生制,发生的当期,赊销全部计入当期收入。因此,企业的账上利润的增加并不表示能如期实现现金流入。会计制度要求企业按照应收账款余额的百分比来计提坏账准备,坏账准备率一般为3%~5%。如果实际发生的坏账损失超过提取的坏账准备,会给企业带来很大的损失。因此,企业应收账款的大量存在,虚增了账面上的销售收入,在一定程度上夸大了企业经营成果,增加了企业的风险成本。

3. 加速企业现金流出

赊销虽然能使企业产生较多的利润,但是并未真正使企业现金流入增加,反而使企业不得不运用有限的流动资金来垫付各种税金和费用,加速该企业的现金流出,主要表现为:①企业流转税的支出。应收账款带来的销售收入,并未实际收到现金,流转税是以销售为计算依据的,企业必须按时以现金交纳。企业交纳的流转税如增值税、营业税、消费税以及城市建设税等,必然会随着销售收入的增加而增加。②所得税的支出。应收账款产生了利润,但并未以现金实现,而交纳所得税必须按时以现金支付。③现金利润的分配,也同样存在这样的问题。另外,应收账款的管理成本、应收账款的回收成本都会加速企业现金流出。

4. 对企业营业周期有影响

营业周期即从取得存货到销售存货,并收回现金为止的这段时间,营业周期的长短取决于存货周转天数和应收账款周转天数,营业周期为两者之和。由此看出,不合理的应收账款的存在,使营业周期延长,影响了企业资本循环,使大量的流动资金沉淀在非生产环节上,致使企业现金短缺,影响工资的发放和原材料的购买,严重影响企业正常的生产经营。

5. 增加了应收账款管理过程中的出错概率

企业面对复杂的应收款账户,核算差错难以及时发现,不能及时了解应收款动态情况以及应收款对方企业详情,造成责任不明确,应收账款的合同、合约、承诺、审批手续等资料的散落、遗失有可能使企业已发生的应收账款该按时收回的不能按时收回来,该全部收回的只有部分收回,能通过法律手段收回的,却由于资料不全而不能收回,直至到最终形成企业单位资产的损失。

三、预付款融资

很多情况下,企业支付货款之后在一定时期内往往不能收到现货,但它实际上拥有了对这批货物的未来货权。预付账款融资模式是指中小企业以预付账款向上级供货商购进自身生产经营所要的原材料,将其以质押方式交给银行,从而获得生产经营活动中所需资金。在这种模式中,融资购货的中小企业不必一次性支付全部货款,即可从指定仓库中分批提取货物并用未来的销售收入分次偿还金融机构的贷款;上游核心供应商将仓单抵押至金融机构,并承诺一旦下游购货商出现无法支付贷款时对剩余的货物进行回购,即预付款融资模式是指在供应商承诺回购的前提下,下游经销商向银行申请以卖方在银行指定仓库的既定仓单为质押的贷款额度,并有银行控制其提货权为条件的融资业务。

在供应链上游企业在承诺回购的情况下,下游企业融资商可利用企业的预付账款进行融资。融资企业以转向预付账款下的货物作为质押向银行申请贷款,并由银行控制其货物提货权的融资业务。贷款金额以预付账款下的质押货物的价值额度为贷款限额。预付账款融资业务的参与方除了银行、供应链上游的供应商、下游的融资企业以外还需要有仓储监管第三方的参与。贷款企业的质押货物必须放在银行指定的仓库内,由银行对质押货物进行有效的控制。融资企业通过还款获取货物的提货权,从而减小了企业一次性付清贷款的资金压力。从银行的角度来看,在整个的融资过程中,不仅获得了利息收入,开拓了客户资源,而且由于供应链上游企业采取的回购、货物质押等措施的保障,降低了银行进行贷款发生信用违约时所承担的风险。

预付款融资可以理解为未来存货的融资,其本是基于未来存货(即提货权)的质押融资。这是因为从风险控制的角度看,它的担保基础是预付款项下客户对供应商的提货权,或提货权实现后通过发货、运输等环节形成的在途存货和库存存货。

提货权质押融资,这是指客户通过银行融资向上游支付预付款,上游收妥后即出具提货单,客户再将提货单质押给银行,之后客户以分次向银行打款方式分次提货。

对于一些销售状况非常好的企业,库存货物往往很少,因此融资的主要需求产生了等待上游排产及发货的在途周期。这种情况下,如果买方承运,银行一般会指定中立的物流公司控制物流环节,并形成在途库存质押;如果卖方承运,则仍是提货权质押。

货物到达买方后,客户可向银行申请续做在库的存货融资。这样,预付款融资成为存货融资的"过桥"环节。

目前,国内银行该类业务主要是针对分销商的融资。事实上,核心企业对分销商的财务压力集中在预付而非应收领域。在预付款融资中,国内银行将对核心企业的信用捆绑技术引入对分销商的授信中,如深圳发展银行在2001年推出的先票后货授信、担保提货授信、国内信用证、进口项下货权质押授信等。三类供应链金融融资模式对比如表3-3所示。

表3-3 三类供应链金融融资模式对比

	预付款融资	存货质押融资	应收账款融资
参与者	上游供应商、银行、融资企业、TPL	融资企业、银行、TPL	买方、卖方银行
融资对象	下游制造商、分销商	任何节点企业	供应商(卖方)

续表

	预付款融资	存货质押融资	应收账款融资
融资企业所处的生产期间	欲购货物进行生产、销售	有稳定存货的任何期间	卖出货物，等待收款
质押物	欲购买的货物	仓单或存货	应收账款（债权）
融资用途	弥补采购资金的不足，获得大批量定购的折扣，稳定货源	质押资产获得流动资金，盘活存货	提前将应收账款变现，缓解资金压力

案例分享

重庆永业钢铁集团有限公司是一家钢铁加工和贸易民营企业，由于地域关系，永业钢铁与四川攀枝花钢铁集团一直有着良好的合作关系。永业钢铁现有员工150多人，年销售收入超过5亿元，但与上游企业攀钢相比在供应链中还是处于弱势地位。永业钢铁与攀钢的结算主要是采用现款现货的方式。2005年永业钢铁由于自身扩张的原因，流动资金紧张，无法向攀钢打入预付款，给企业日常运营带来很大影响。2005年底，永业钢铁开始与深圳发展银行（以下简称"深发展"）接触。深发展重庆银行在了解永业钢铁的具体经营情况后，与当地物流企业展开合作，短期内设计出一套融资方案由物流企业提供担保，并对所运货物进行监管，深发展重庆银行给予永业钢铁4500万元的授信额度，并对其陆续开展了现货质押和预付款融资等业务模式，对永业钢铁的扩大经营注入了一剂强心针。在取得深发展的授信以后，当永业需要向攀钢预付货款的时候，深发展会将资金替永业付给攀钢，或替永业开出银行承兑汇票。与深发展合作以来，永业钢铁的资金状况得到了极大改善，增加了合作钢厂和经营品种，销售收入也稳步增长。

案例分析：该案例成功的关键首先在于融资的预付账款用途是向攀钢购进原料，银行的融资是直接付给攀钢，这就是在供应链的链条上借助核心企业的资信为下游企业进行了融资。其次在于当地物流企业同意为其授信额度提供担保，并对所运货物进行监管，使银行可以降低信贷风险，在融资时通过第三方获得了物权控制。

四、业务的简单组合

国内供应链金融的初期发展，正是静态存货融资、单笔应收账款转让、三方协议下的先票后货等业务零散应用的阶段。此后，银行逐渐发现了业务组合的方法，将其运用于贸易链的片段之中，并形成涉及多个企业的组合融资方案。

（一）存货融资项下应收账款

初始的存货融资要求以现金方式赎取任何押给银行的货物，但是客户销售可能给下游提供了账期，导致赎货保证金不足。在这种情况下，银行可以有选择地接受客户销售产生的应收账款，代替赎货保证金。这样，融资的资产支持变成保证金、存货和应收账款的结合。

（二）信用证项下货权质押转保理

信用证项下未来货权质押授信在单据到达后，要求客户打入保证金赎取单据，但客户可以选择转为存货押续做押汇。但是，客户也有可能在货没到港之前就已实现销售，这时可以转为保理方式续做押汇。

（三）商票承兑汇票贴现后转开信用证

在对进口代理商的授信中，如果代理商开证额度不足，授信风险控制的重心又落在终端买家身上，可以要求终端买家向代理商开出商业承兑汇票，银行给予代理商贴现后，以贴现资金作为全额保证金再开出信用证。这样，代理商和终端买家作为票据当事人对票据承担连带责任，引入双方之间的事实担保。同时，银行获得了全额保证金的负债收益。在必要的情况下，银行还可以要求以信用证项下的单据作为进一步的质押，要求终端买家付款赎单。

第二节　按照风险控制及解决方案的问题导向分类

如图3-7所示，按照风险控制体系及解决方案的问题导向维度，供应链金融可以分为基于货权控制的供应链金融、基于债权控制的供应链金融、基于核心企业连带关系的供应链金融三类。

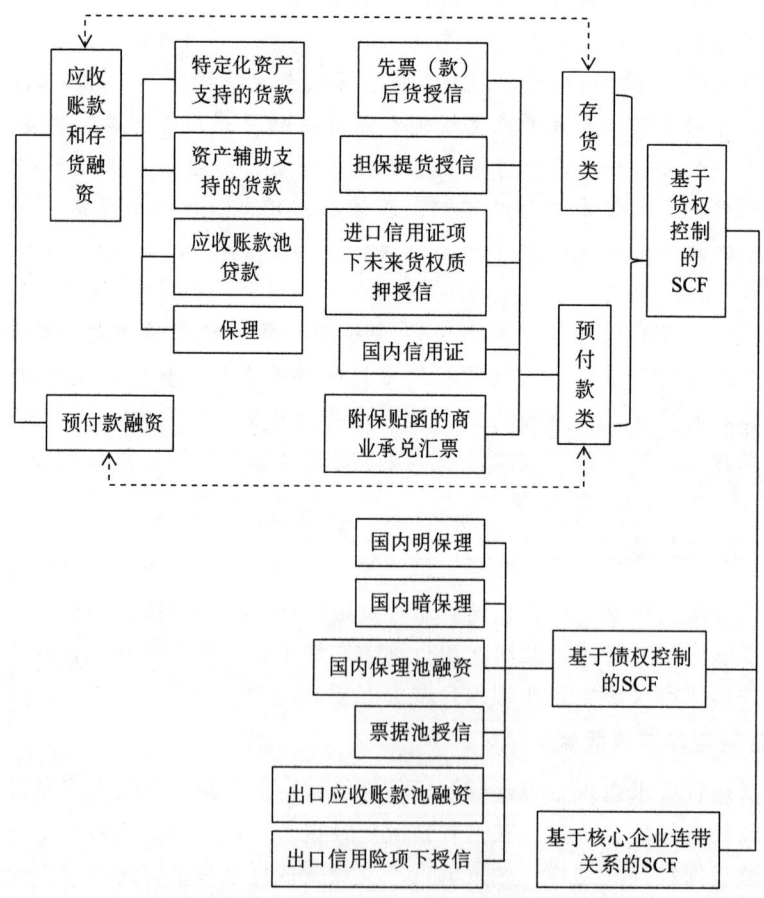

图3-7　供应链金融业务按风险控制及解决方案的问题导向的分类示意图

一、基于货权控制的供应链金融

基于货权控制的供应链金融又可以分为存货类和预付款类。

(一) 存货类产品

1. 静态抵质押授信

静态抵质押授信是动产及货权抵质押授信业务的最基础产品，它是指客户以自有或第三人合法拥有的动产为抵质押的授信业务，又称为"特定化库存模式"。以特定化库存、第三方监管模式为例，企业将货物存放在银行认定有监管资质第三方仓库中，银行对货物的品种、质量和数量、价值等进行认定后，按照设定的质押率对货物的价值进行打折，在取得质权后，将相应的信贷资金发放给企业；企业在每次提货前将相应保证金存入银行，以保持银行风险敞口与质物相应的比例关系。但银行委托第三方物流公司对客户提供的抵/质押的商品实行监管时，抵/质押物不允许以货易货，客户必须打款赎货。静态抵/质押授信业务流程如图3-8所示。

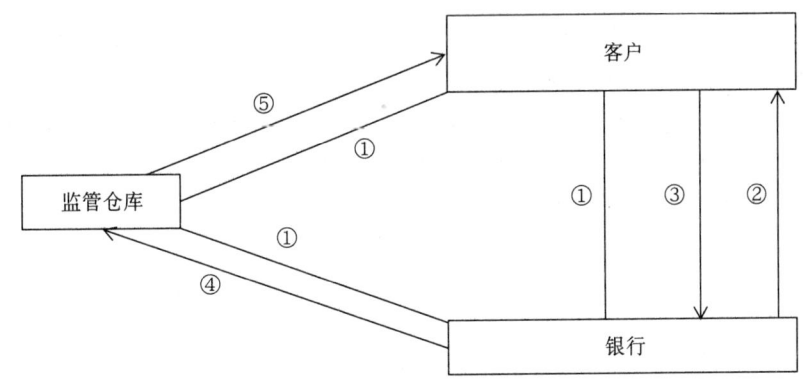

图3-8　静态抵/质押授信业务流程

①在《三方仓储监管协议》下，客户向监管方交付抵质押物；
②在确认抵质押设定成立的前提下，银行向客户放款；
③客户根据提货的需要，向银行存入提货保证金；
④银行根据提货保证金的数额，向监管方发出发货指令；
⑤监管方向客户释放部分抵质押物。

风险要点：抵质押商品的市场容量和流动性；抵质押商品的产权是否清晰；抵质押商品的价格波动情况；抵质押手续是否完备。

根据质押物所对应的仓单的数量又可将静态质押模式划分为单一仓单质押和多仓单质押。单一仓单抵质押是指在单一仓单质押模式下，只有当融资企业在银行制定的账户中存入足够的资金以后，银行才通知第三方物流企业解除对质押物的监管。多仓单抵质押是指多仓单质押是与单仓单质押相对应的概念。在多仓单质押模式下，在融资企业需要存货进行日常的生产经营活动，向银行提出要求，将用于质押的存货分成多份，每份质押物有一个与之相对应的银行账户。当融资企业缴足一个账户的金额后，银行解除该账户所对应的质押物的监管，通知第三方物流企业向融资企业放货。

静态抵质押适用于除了存货以外没有其他合适的抵质押物的客户，而且客户的购销模式为批量进货、分次销售。相对来说，静态抵质押授信是货押业务中对客户要求较苛刻的一种，更多地适用于贸易型客户。利用该产品，客户得以将原本积压在存货上的资金盘活，扩大经营规模。

这种融资模式一定程度上缓解融资难问题，但是这样的质押融资方式对于质押物的要求非常严格，一般是质押物的价值波动小，而且是在市场上容易变现的产品。对于银行而言，抵/质押物的变现能力相对较强，在动产浮动抵押在国内尚没有法律依据的《物权法》颁布之前阶段，该产品最符合质押中有关特定化的法律要求。同时，该产品的保证金派生效应最为明显，因为只允许保证金赎货，而不允许以货易货，而赎货后所释放的授信敞口可被重新使用。

2. 动态抵/质押授信

动态抵/质押授信是静态抵质押授信的延伸产品，是基于静态质押融资模式的创新与改进，它是指客户以自有或第三人合法拥有的动产为抵质押的授信业务，又称为"核定库存模式"。具体而言，是指银行处于风险的考虑以及贷款的方便，针对质押物的价值设定了最低限度，允许在限额以上的商品出库，融资企业在生产经营过程中确保存货的价值不低于这个限度，但是与静态质押融资的不同点在于当质物价值低于最低限额时融资企业除了可以通过补充资金来换取货物还可以通过补充货物充当新的质押物的方式达到目的。该产品适用于库存稳定、货物品类较为一致、抵质押物的价值核定较为容易的客户。同时，对于一些客户的存货进出频繁，难以采用静态抵质押授信的情况，也可运用本产品。该产品多用于生产型客户。动态抵/质押授信业务流程如图3-9所示。

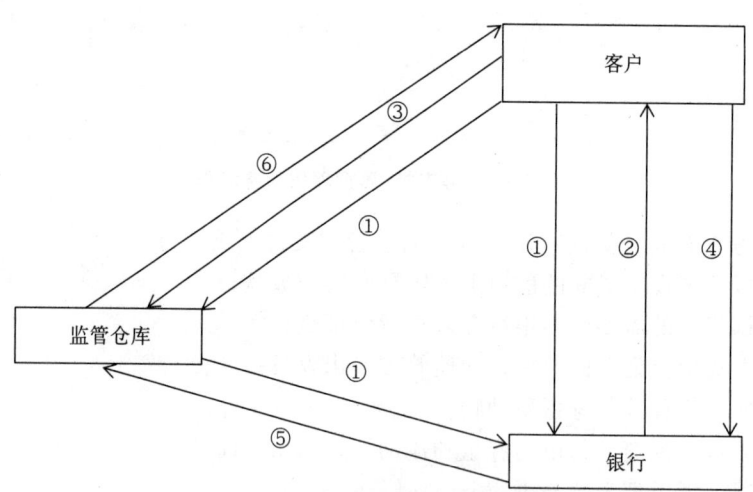

图3-9 动态抵/质押授信业务流程

①在《三方仓储监管协议》下，客户向监管方交付抵/质押物；
②在确认抵/质押设定成立的前提下，银行向客户放款；
③在抵/质押最低限额之上，客户根据需要，向监管方任意提货；
或者：
④在抵/质押最低限额之下，客户根据提货的需要，向银行存入提货保证金；
⑤银行根据提货保证金的数额，向监管方发出发货指令；

⑥监管方向客户释放部分抵/质押物。

风险要点：静态抵/质押授信的相关风险要点；货物价值必须易于核定，以便仓库等物流监管方操作；以货易货过程中防止滞销货物的换入。

动态抵/质押又可以分为循环抵/质押、置换仓单抵/质押、信用或保证金置换仓单抵/质押、动态控制存量下限抵/质押。循环抵/质押是指银行考虑到维持融资企业的日常经营活动，或者根据融资企业提出的要求，在存货质押期间，融资企业在保证银行的债权所对应的质押物价值不变的情况下，用相同数量的产品替代原有的质押物的质押模式。置换仓单抵质押模式与循环质押模式有相似之处，融资企业为了维持自身的正常的经营活动，可以使用新的仓单置换原有的用于质押的仓单，银行通知第三方物流企业释放原有仓单所对应的质押物，且融资企业在进行置换仓单时，应保证置换后的仓单与原有的仓单在价值上保持一致。信用或保证金置换仓单抵质押是指，在存货抵质押期间，融资企业因为自身经营活动的需要，可以在保证银行的贷款所对应的价值不小于原来的质押仓单的价值的前提下，用增加保证金或者提供新的信用担保的方式来替代原有的质押的仓单，银行释放原有质押仓单对应价值的质押物。

动态抵质押授信使融资企业和银行获得了双赢。对于客户而言，由于可以以货易货，因此抵/质押设定对于生产经营活动的影响相对较小。特别对于库存稳定的客户而言，在合理设定抵质押价值底线的前提下，授信期间内几乎无须启动追加保证金赎货的流程，因此对盘活存货的作用非常明显。同时其可以根据质押物价值的变动以及生产的需要不断调整质押额，以便获得最大的效益。对银行而言，该产品的保证金效应相对小于静态抵/质押授信，但是操作成本明显小于后者，因为以货易货的操作可以授权第三方物流企业进行。且通过设定最低额，在质押物价值不足最低额可以要求融资企业增加质押量，降低了银行面临质押物价值波动所面临的风险。

通过以上两种融资方式的分析可以发现，静态抵/质押授信与动态抵/质押授信这两种融资方式都属于现货质押融资模式，二者的共同之处在于都是借款企业利用合法的质物向商业银行获得相应比例的授信额度，并且由受商业银行委托的第三方物流企业对质物进行监督管理。而这两种融资模式的区分是根据对质物监管方式的不同即当质物价值低于既定最低授信限额时，融资企业能否通过向商业银行缴纳保证金还是只能以补充足够质物的方式继续获得授信额度来鉴定的。

案例分享

深圳市财信德实业发展有限公司（以下简称"财信得"）是一家从事国内商业批发、零售业务的贸易公司，成立于1998年，注册资本1000万元，是内蒙古伊利牛奶上市公司（以下简称"伊利股份"）在深圳地区的总代理。财信德作为一家成立时间较晚、资产规模和资本金规模都不算大的民营企业，他们的自有资金根本不可能满足与伊利的合作需要。同时他们又没有其他可用作贷款抵押的资产，如果再进行外部融资，也非常困难，资金问题成为公司发展的瓶颈。此时财信德向当地民生银行提出以牛奶作为质押物申请融资的业务需求。在了解财信德的实际需求和经营情况、并结合其上游供货商伊利股份，民生银行广州银行经过研究分析，大胆设想，与提供牛奶运输服

> 务的物流企业合作，推出了以牛奶作为质押物的仓单质押业务。物流企业对质押物提供监管服务，并根据银行的指令，对质押物进行提取、变卖等操作。银行给予财信德综合授信额度3000万元人民币，以购买的牛奶做质押，并由生产商伊利股份承担回购责任。该业务自开展以来，财信德的销售额比原来增加了近2倍。这充分说明了供应链金融服务能够很好地扶持中小企业，解决了企业流动资金不足的问题，同时也有效控制了银行的风险。
>
> 案例分析：该案例成功的关键首先在于民生银行业务创新，同意用牛奶作为质押物对企业进行授信，牛奶属于容易变质的食品，因此操作过程中物流企业的积极配合也是密不可分的，在银行、物流企业、贷款客户的共同努力下，才有可能实现供应链融资的顺利开展。

3. 标准仓单质押授信

（1）标准仓单的含义

标准仓单是指符合交易所统一要求的，由指定交割仓库在完成入库商品验收、确认合格后，签发给货主用于提取商品的，并经交易所注册生效的标准化提货凭证。

标准仓单是一份承载商品交易所信誉担保的物权凭证。由于标准仓单的标准化程度高，商品交易所对其制单、物品品质、单据流通、仓储管理、信用评级、资产定价、风险预警等全程严格监管，使标准仓单具有较高的流动性。

（2）标准仓单的特点

标准仓单具有以下特点：由指定交割仓库签发给货主；标准仓单的生成通常需要经过入库预报、商品入库、验收、指定交割仓库签发和注册等环节；标准仓单经交易所注册后有效；标准仓单采用记名方式，标准仓单合法持有人应妥善保管标准仓单。

（3）标准仓单质押授信的含义

标准仓单质押授信是指银行以借款企业自有或有效受让的标准仓单作为质押物的授信业务，根据一定质押率向借款企业发放的短期流动资金贷款。或者说，标准仓单质押授信是指客户以自有或第三人合法拥有的标准仓单为质押的授信业务。在借款企业不履行债务时，银行有权依照《担保法》及相关法律法规，以该标准仓单折价或以拍卖、变卖该仓单的价款优先受偿。标准仓单质押授信的期限原则上不超过1年，且不超过出质标准仓单的有效期。如需超过的，则必须能够做到将质押的标准仓单在失效前由交易所换开新的标准仓单，并办理质押合同变更和质押登记手续。

该产品适用于通过期货交易市场进行采购或销售的客户，以及通过期货交易市场套期保值、规避经营风险的客户。对于客户而言，相比动产抵质押，标准仓单质押手续简便、成本较低。对银行而言，成本和风险都较低。此外，由于标准仓单的流动性很强，也有利于银行在客户违约情况下对质押物的处置。

（4）标准仓单质押业务特点

标准仓单质押对于企业（银行客户）和银行而言，都有成本低、风险低的优点。相比于动产抵（质）押，标准仓单质押手续较简便、成本较低。

第一，准入条件较低，手续较简便。不管是大型企业还是中小企业均可申请标准仓单质押业务。

第二，规避经营风险。对于企业（银行客户），这项业务不仅满足企业融资的需求，还可以满足企业规避经营风险的需求。对于银行，标准仓单流动性强，属于短期流动资金贷款，而且易于在客户违约的情况下对质押（标的）物进行处置。

第三，期限可长可短，仓单可以置换。

(5) 标准仓单质押融资流程

第一步，授信的申请借款申请人除需提交法人营业执照、经审计的财务报表、经年检的贷款卡等信贷业务常规资料外，尤其要提交如下材料：由期货交易所注册的标准仓单或《标准仓单持有凭证》的原件，商品交易合同和增值税发票原件。

第二步，信贷审查。

标准仓单质押融资的信贷审查可比照一般授信业务进行，但首先要查看标准仓单的真伪。在具体审查时，重点关注融资期限及质押率这两点是否合理。

融资期限一般不超过6个月，最长不超过1年。注意标准仓单质押融资的期限不能超过交易所规定的该标准仓单的有效期。

贷款质押率要根据借款人信用登记和仓单对应商品的性质差异来确定，不同的借款人及不同的标准仓单，其质押率也有所不同。

审查用作质押的标准仓单是否已作担保、挂失或转让，对应商品所有权是否有争议或已被法律封存。

相应约束条款是否齐全。比如，为防范借款人所质押的标准仓单的市值跌破贷款本息，一般在贷款协议中都有相应条款对借款人的提款行为进行限定。

第三步，质押登记。

信贷审批通过后，银行要及时进行质押登记。标准仓单的质押登记由对标准仓单进行注册的交易所办理，交易所办理质押登记后应向银行出具书面确认文件，并在文件中明确在质押期间出质的标准仓单不得挂失、补办。对于纸质标准仓单，出质人应将质物移交银行，银行应由专人负责接收、登记、保管。如果授信机构在交易所有席位，则可通过非交易过户将借款人合法持有的标准仓单移交到该席位下。如果银行在交易所内没有席位，则需要移至与银行开展合作的期货经纪公司名下。

第四步，贷款发放。

银行在收到交易所的质押登记成功的回执后，可根据内部放款流程及要求办理放款手续。如果授信品种为银行承兑汇票、信用证、保函等表外业务，则要确认授信申请人已在银行开立保证金账户，并存入一定数额的保证金。如为单纯的贷款业务，则需确认借款人已在银行开立相应的账户。对于出现以下情况之一的借款人，银行仍不能发放贷款：借款人未经允许擅自从事期货交易；从事与其生产经营范围不相符合的商品期货品种；借款人因期货交易造成严重亏损；借款人超出生产能力或经营能力卖出或买入期货合约；借款人将资金拨付给其所属企业或拆借其他企事业单位从事期货交易；发生拖欠银行贷款本息等信用违约事件的。

第五步，贷后管理。

首先，银行应加强标准仓单质押融资业务的统计与监测工作，做好贷款档案的归集整理与日常管理，尤其做好标准仓单的保管工作。为确保贷后管理工作的顺利开展，银行安排专人负责技术性较强的工作，如需要专人负责质押仓单市值的监控工作，也需要专人负责质押仓单的处置与变现工作。其次，仓单质押期间，经银行应设置单笔标准仓单质押贷款的警戒线、处置线，指定专人每日日终对质押仓单的市值变动情况进行跟踪监测，评估借款人出质仓单的总市值，计算期货合约市值与贷款本息的百分比，建立风险监测日报，并关注期货市场的重要信息及重大情况，正确、及时地处理标准仓单质押贷款业务中出现的各种预警事宜。

第六步，贷款偿还。

贷款到期后，或贷款虽未到期但借款人提出提前归还贷款申请并经银行同意后，借款人需清偿全部贷款本息。确认贷款本息入账后，银行办理质押物退还手续，并向交易所发送仓单注销指令。如果借款人不能如期清偿贷款本息，则银行贷款协议规定对质押的标准仓单进行处置，用处置所得资金偿还银行贷款。

（6）标准仓单质押授信的优势

总的来说，相比较前面的两种存货质押融资，对银行而言，由于质押的货物已经经过交易所的检验和认证，无须在委托第三方物流公司对质押物进行检验，降低了银行的管理成本，同时经交易所认证的仓单的流动性很强，使得在融资企业违约时，银行可以与期货经纪公司沟通后，委托期货经纪公司迅速将质押物变现以减少银行本身所面临的违约风险等。对融资企业来说，一是通过交易所可以规避货物的价格波动等风险；二是通过标准仓单申请融资时手续变得更加简单快捷，同时成本也较低。

4. 普通仓单质押授信

普通仓单质押授信是指客户提供由仓库或其他第三方物流公司提供的非期货交割用仓单作为质押物，并对仓单作出质背书，银行提供融资的一种银行产品。相比较标准仓单，普通仓单的验收的主体不是期货交易所，而是第三方物流公司进行验收并开具的普通仓单，这样的仓单需要融资首先融资企业将仓单背书给银行，银行再根据实际的情况授信给融资企业。普通仓单质押授信操作流程如图3-10所示。

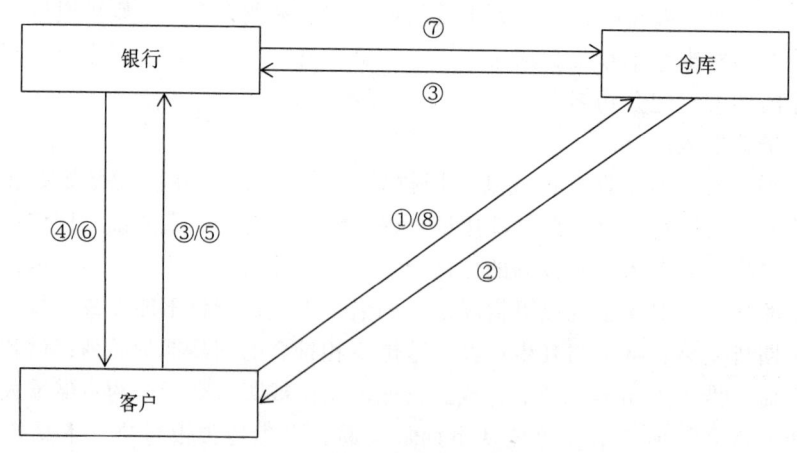

图3-10 普通仓单质押授信操作流程

①客户向仓库交付货物，申请制作仓单；
②仓库向客户出具仓单；
③客户向银行提交仓单并作出质背书；

④银行向客户提供授信出账；
⑤客户向银行存入追加保证金；
⑥银行向客户释放仓单；
⑦银行通知仓库释放仓单项下货物；
⑧客户凭仓单向仓库提货。

风险要点：应建立区别于动产质押的仓单质押操作流程和风险管理体系；鉴于仓单的有价证券性质，出具仓单的仓库或第三方物流公司需要具有很高资质；应与仓单出具方约定挂失和补办仓单的流程；可质押的仓单必须具有流通性、文义性和独立价值等特点，不宜接受以出货单、存货单等类似凭证进行的质押；必须在仓单上设置出质背书；与仓储企业签订协议中约定，仓储企业对贷款企业留置权的行使，不应优先于质权。授信业务特点如表3-4所示。

表3-4 授信业务特点

融资业务模式	质押物状态	优点
静态抵质押授信	不得以物易物，只有在还款后方可赎回抵质押物	适合我国《物权法》关于质押物的特定要求；融资的效应明显
动态抵质押授信	可以以物易物；在最低限额以后可以赎回；在低于限额时需要补充	融资企业可根据生产经营的需要灵活处理质押物
标准仓单质押授信	以标准仓单申请融资	对银行而言，标准仓单的流动性强，易于变现，同时成本和风险降低；对融资企业来说，融资的手续简便，融资成本也更低
普通仓单质押授信	以普通仓单申请融资	对银行而言，仓单背书给银行，从而可以降低银行的成本和风险；对融资企业来说，融资的手续简便、快捷

延伸阅读

一、质押标的物综合分析

1. 质押标的物特点

质押属于担保物权中的一种，具有以下特点。

（1）质押标的物质量可控

在质押融资，特别是存货质押等动产质押中，债务人（或借款人）的存货等质押标的物交给债务人或物流企业监管。债务人或物流企业"占有"质押标的物，负有妥善保管质押财产的义务。

因此，质押标的物通常是一些容易保管，质量比较稳定的物品，而易腐烂、易燃、易爆等存货不易于作为质押标的物。

质押标的物的这一特点在标准仓单质押中，体现的最为明显。标准仓单所对应货物的等级、质量、有效期等系列指标，由交易所统一制定标准。标准仓单中，质押标的物的品质是透明的、可控的。标准仓单质押减少了因为质押标的物质量衡量标准不一致、质量下降等产生的纠纷，降低了质权人的风险。

(2) 大多数质押标的物价格波动小

无论对于债权人来说，还是对于债务人来说，都希望质押标的物价格波动小，减少质押风险。对于债权人来说，在债务履行期内占有质押标的物，当债务人不履行到期债务或者发生当事人约定的实现质权的情形，债权人有权就该动产优先受偿。虽然"质押财产折价或者拍卖、变卖后，其价款超过债权数额部分归出质人所有，不足部分由债务人清偿"（《物权法》第二百二十一条），但是价格的波动增加了债权人收回贷款的风险。对于债务人来说，也倾向于将价格波动小的物品用于质押。例如，价格波动造成的物品贬值，物品市场价格走势上涨时转移给债权人，当债务履行期届满后，质押标的物价格走低，这种情况下，债权人产生了经济损失，失去了市场的主动性。

(3) 质押标的物适用性广

质押标的物适用性比较广泛。分析银行与产业合作的供应链金融业务中，质押标的物可以是原材料、零部件、半成品或产成品，例如铜精矿（原材料）、阳极铜板（半成品）、阴极铜板（产成品）、钢材、粮食、煤炭、PTA（对苯二甲酸）、塑料原料（例如PVE、PP、PE、PS、AB）、机电设备、电子产品等；合作的典型企业包括中石油、中石化、充煤、冶金矿产、电力等能源行业，鞍钢等钢材行业，格力电器等家电、电子通信行业，燃油电厂、炼厂、燃油贸易商，汽车、粮食、机电、化工、交通运输产业、港务造船行业等。质押物选择对于供应链金融业务的风险控制至关重要，供应链金融业务中质押物选择主要应该考虑质押物的变现能力和销售能力，可以使用供应商选择经常采用的层次分析法（AHP）进行定性与定量相结合的选择。

2. 质押标的物管理

(1) 质物的真实性

确保质物的真实有效是供应链金融运作的前提和保障。在存货质押融资业务中，必须为所有权明确的动产，如借方企业所拥有的生产原料、存货、商品等可流动的货物。而在仓单质押融资业务中要防范仓单的假冒，具体措施包括指定印刷、固定格式、预留印鉴、由指定专人送达等，并在协议中声明。在核实质物真实性方面物流企业可以提供有关的服务，如查询、证明及担保等。

(2) 质押商品管理

为了防范和控制风险，现实中一般选择价格波动小、易变现、易保管的商品作为质物。在复杂多变的市场环境下，商品价格的波动和变化等情况更加频繁，因此针对不同质物商品分别进行细化管理是十分有必要的。贷款价值比是借方企业在其商品质押后能够得到的借款金额与其商品的评估价值的比值。显然，贷款价值比的高低对银行控制贷款风险和提高客户满意度产生直接的影响。制定恰当的贷款价值比的关键是掌握商品的一般价值情况和变化的价值情况。对于大型的物流企业来说，掌握着大量的行业交易信息，如商品每天的到货数量、库存数量、销售数量等。它们往往比银行掌握更多的宏观与微观经济信息。物流企业可以向银行等贷款机构提供动产质押商品价值的历史资料分析、定期的商品价值报告，特别是减值报告等，帮助银行和借方企业确定质押商品的范围和估价、贷款价值比、贷款期限和变现等级内容。

(3) 质押商品监管

质押商品的监管是存货质押融资中非常重要的环节之一。动产质押为担保物权而非用益物权，质权人没有对质物的使用收益权。质权人占有质物，目的在于限制出质人使用或处分质物。具体的内容可以在信贷合约中约定。物流企业受银行委托对质物商品进行监管，根据信贷合约要求制订存货管理的具办法等，银行可以定期或不定期地进行监控。

在实践中，常用的监管方法是冻结该项资产，这样操作简便、易于控制。首先，借方企业要与银行认定的物流企业（或仓库）签订"仓储协议"，明确商品的入库验收和养护要求，指明商品在入库后即开具专用动产证明，同时明确专用动产上所标明商品已属抵押给银行的货物，在出库前必须征得银行同意。其次，物流企业要书面承诺银行，保证质押商品手续完备，账物相符；且在质押期间无银行同意不得向借方企业或第三人发货；不以存活方（即借方企业）未付有关保管费等为由阻挠、干涉、妨碍银行行使质权等。但是，对于借方企业而言，存货往往占用的企业资金较多，而且存货周期短、周转速度快，冻结存货会影响借方企业的业务。针对这样的情况，目前一些金融机构如深圳发展银行推出"追加部分保证金赎出部分质押物"等方式以满足借方企业正常经营需要，顺利解决其融资和资金占压等问题。在信贷合约中，银行要与借方企业签订"账户监管协议"，明确借方企业要在该银行开立专用监管账户，补充相应数量的保证金或者将该动产项下的商品的销售回笼款按比例打入该账户。物流企业应根据不同情况，对货物出库、销售等环节向银行提供监管服务。

(4) 质押商品处置

在存货质押融资中，质押商品的处置也是一项重要的内容。质押商品的处置通常有如下两种情况。一是贷款还未到期，由于市场价格下跌，银行通知借方企业追加风险保证金，对方仍未履行追加义务的，物流企业可接受银行的委托，对尚未销售的商品尽快实现销售，收回贷款本金。二是贷款到期，但监管账户内的销售回笼款不足以偿还贷款本息且无其他资金来源作为补充，物流企业可接受银行委托对储存的相应数量商品实行销售处理，直到收回贷款本息。

以上两种处置方式和有关要求均需在贷款前以书面的形式与借方企业作出明确的约定，其中折价处理的平仓限额是信贷合约设计的关键内容之一。这里，物流企业一方面可以协助银行进行质押商品拍卖以收回资金，另一方面也可以提供质押担保等服务。

(5) 质押商品信息管理

供应链金融业务是一种典型的多方参与、优势互补的业务形态。为了有效地推进业务地开展，应该广泛地采用信息系统技术。一方面可以加快参与各方地信息交流，简化作业环节，缩短作业时间；另一方面，专业化地信息技术地运用，例如货物实时跟踪监控等，也确保了质押物的安全，有利于银行控制风险。

二、质押与抵押的区别

质押与抵押最大区别就是抵押不转移抵押物，而质押必须转移占有质押物，否则就不是质押而是抵押。质押由于实施了转移占有，担保物的安全性和完整性能够得到有效保障,担保物权更容易实现。

质押与抵押的区别在于:①抵押的标的物通常为不动产、特别动产(车、船等);质押则以动产为主。②抵押要"登记"才生效,质押则要"占有"才生效。③质押无法质押不动产(如房产),因为不动产的转移不是通过"占有"实现,而通过"登记"实现。④抵押只有单纯的担保效力,而质押中质权人既支配质物,又能体现留置效力。⑤抵押权的实现主要通过向法院申请拍卖,而质押则多直接变卖。质押与抵押监管的区别如表3-5所示。

表3-5　　　　　　　　　　　质押与抵押监管的区别

对比项目	质押	抵押
最大区别	必须转移占有质押物	不转移抵押物
标的物	以动产为主,无法质押不动产	通常为不动产
生效条件	要"占有"才生效	要"登记"才生效
法律效力	既支配质物,又能体现留置效力	只有单纯的担保效力
抵(质)押权的实现	多直接拍卖	通过向法院申请拍卖

资料来源:周启清,孟玉龙,胡昌昊等.供应链金融理论与操作技术[M].北京:中国商务出版社,2017.

(二)预付款类产品

1. 先票(款)后货授信

先票(款)后货授信是存货融资的进一步发展,它是指客户(买方)从银行取得授信,在交纳一定比例保证金的前提下,向卖方支付全额货款;卖方按照购销合同以及合作协议书的约定发运货物,货物到达后设定抵质押,作为银行授信的担保。或者说,先票/款后货授信是指由银行为客户提供授信向上游厂商支付全额货款,厂商按照三方协议约定发货,在货物到达后转为现货抵质押,银行根据保证金存入情况逐步向客户释放抵质押物。即先款(票)后货的操作模式,指在卖方提供退款或付款条件的情况下,银行对卖方指定经销商(买方)提供一种专项授信额度。

在实践中,一些热销产品的库存往往较少,因此企业的资金需求集中在预付款领域。同时,该产品因为涉及到卖家及时发货、发货不足的退款、到货通知以及在途风险控制等环节,因此客户对卖家的谈判地位也是操作该产品的条件之一。

先款(票)后货的操作模式由于交易的商品和资金流都是封闭运作的,可以保障买方和卖方资金和商品的交易安全,且三方联动,银行增加授信业务,经销商(买方)扩大订货增加销量,生产厂(卖方)间接获得融资、增加销量和提前收到货款,最终实现多赢。即对客户而言,由于授信时间不仅覆盖了上游的排产和在途时间,而且到货后可以转为库存融资,因此该产品对客户流动资金需求压力的缓解作用高于融资。其次,在银行资金的支持下的大批量采购中,客户可以在交易时从卖方处得到折扣优惠,而且有可能提前锁定商品采购价格,防止涨价的风险。对银行而言,可以利用贸易链条的延伸,进一步开发上游核心企业业务资源。此外,银行通过争取卖方对其销售货物的回购或调剂销售条款，有利于化解客户违约情况下的变现风险。对银行的另一个好处在于，由于货物直接从卖方发给客户，因此货物的权属要比存货融资模式更为直观和清晰。先票/款后货授信业务流程如图 3-11 所示。

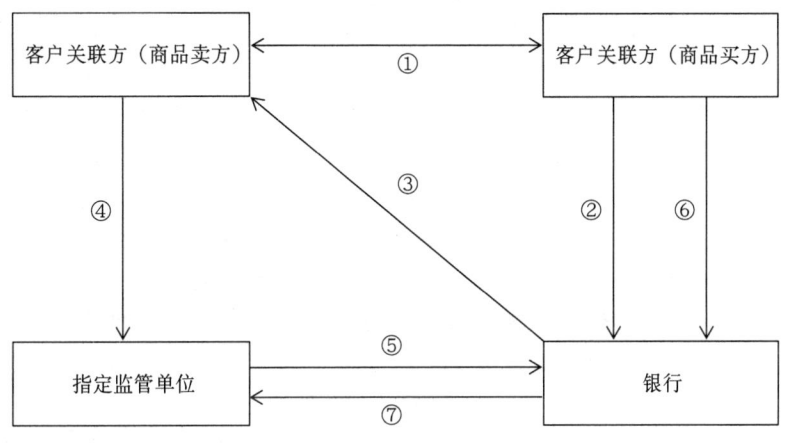

图 3-11　先票/款后货授信业务流程

①客户（商品买房）与客户关联方（商品卖方）签订贸易合同；
②客户向银行交纳一定比例的保证金；
③银行向客户提供授信出账，并直接用于向卖方的采购付款；
④卖方发货，直接进入监管方的监管仓库；
⑤客户根据经营需要，向银行补充保证金；
⑥银行根据补充保证金的量，通知监管方向客户释放部分抵质押物；
⑦客户向监管方提取部分抵质押物。

风险要点：对上游客户的发货、退款和回购等履约能力要进行考察；在途风险的防范和损失责任的认定；到货后的交接入库环节。

有时采购商为了获取较低的采购价格，会在淡季给上游的供应商支付货款，以支持上游生产所需的流动资金。采购商采取一次性付款方式，获得了大批量采购的折扣，在与供应商价格谈判上处于优势地位。采购商可以锁定一个优惠的价格，在生产或者销售需要时向供应商分次提货。担保提货（先票后货延伸品，类似于保兑仓）就是这样一种融资模式，它是客户先向银行交纳一定的保证金，银行则给予客户向供应商采购所需的全额货款。供应商在收到货款后出具全额提单作为授信的抵质押物。然后，客户在生产或销售需要时分次向银行提交提货保证金，银行再分次通知供应商向客户发出货物。

案例分析

钢材（包含建材、板材、管材等）产品属性和交易方式共同决定了适宜采用先票后货质押融资模式。陕西本地的龙钢以及下游很多经销商都是银行争相营销的对象。钢铁生产厂家在销售环节基本都要求经销商预付款，预付款方式大多采用三个月的银行承兑汇票。经销商在银行申请先票后货质押获得银行融资，然后以银行融资支付给上游钢铁生产厂家预付货款。

钢材销售环节需要大量资金，近年来钢材经销环节利润率越来越低，经销商盈利很大程度上依靠走量，因此对资金的需求更是强烈。国家对钢铁行业进行关停并转完成后现存的钢铁生产厂家都是实力雄厚的大型企业，而钢材经销商则大多数是中小民营企业，在交易中与钢厂的议价能力很低只能被动接受钢厂的条件：每个月钢铁生产厂家对经销商的进货量都有要求和考核，每月20日左右经销商就要向钢厂打下个月进货的预付款，预付款占用了经销商较多资金。下个月经销商支付了全部货款后钢厂才会发货。钢材经销商下游建筑企业一般会随工程进度向经销商要货、也随工程进度向经销商结算货款，经销商销售环节无疑也占用了较多资金。

先票后货质押项下，钢材经销商与钢铁生产厂家签订购货合同后，即可以该合同向银行申请专项用于支付钢厂预付款的融资。银行经审核同意后向经销商签发银行承兑汇票，收款人必须是与经销商签订购货合同的钢铁生产厂家。然后银行直接将银票邮寄或交付钢厂，钢厂收到银票后向钢贸商发货，货物进入银行指定的第三方监管仓库，钢材入库之后质押银行，自此开始所质押钢材的出库必须经过银行的书面同意，否则仓储方不可以任何理由释放。此后，钢贸商销售这部分质押货物时，需要首先向银行缴存赎货保证金，银行收到赎货保证金后向仓储方发出指示放货。这一业务的优点在于：①放大了钢厂的销售额，提高产品市场占有率；②钢贸商容易获得银行融资从而扩大销售规模；③仓储方业务量放大；④钢厂与经销商合作更加紧密；⑤使银行向中小企业客户提供融资成为可能。

资源来源：史蓉. DY银行西安分行发展供应链融资研究［D］. 西北大学，2012.

2. 担保提货（保兑仓）授信

一些特殊的贸易背景下，比如，客户为了取得大批量采购的折扣，采取一次性付款方式，而厂家因为排产问题无法一次性发货；或者，客户在淡季向上游大款，支持上游生产所需的流动资金，并锁定优惠价格，然后在旺季分次提货用于销售。再者，客户和上游都在异地，银行对在途物流和到货后的监控缺乏有效手段。这时就需要担保提货的方式开展业务。

担保提货是先票/款后货产品的变种，它是客户（买方）交纳一定保证金的前提下，银行贷出全额货款供客户向核心企业（卖方）采购，卖方出具全额提单作为授信的抵（质）押物。随后，客户分次向银行提交提货保证金，银行再分次通知卖方向客户发货。卖方就发货不足部分的价值承担向银行的退款责任。该产品又被称为"卖方担保买方信贷模式"。

该业务具有很多优势。对客户而言，大批量的采购可以获得价格优惠，淡季打款、旺季销售的模式有利于锁定价格风险。此外，由于货物直接由上游监管，省去了监管费用的支出。对卖方而言，可以实现大笔预收款，缓解流动资金瓶颈。同时，锁定未来销售，可以增强销售的确定性。对银行而言，将卖方和物流监管两个变量合二为一，简化了风险控制的维度。同时，引入卖方发货不足的退款责任，实际上直接解决了抵/质押物的变现问题。此外，该产品中核心企业的介入较深，有利于银行对核心企业自身资源的直接开发。担保提货（保兑仓）授信业务流程如图3-12所示。

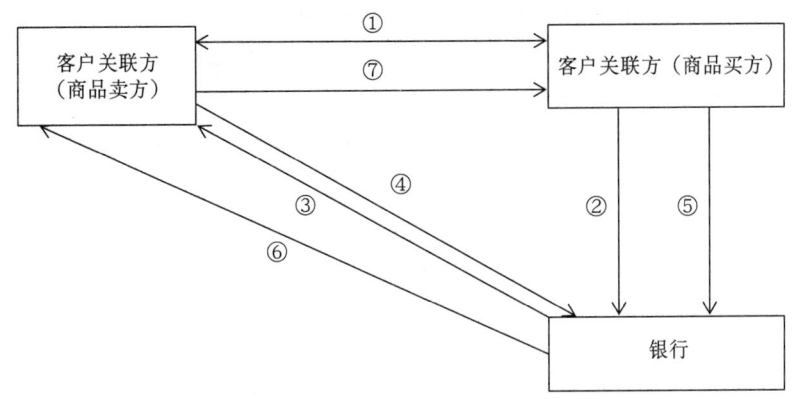

图 3-12 担保提货（保兑仓）授信业务流程

①客户（商品买房）与客户关联方（商品卖方）签订贸易合同；
②客户向银行交纳一定比例的保证金；
③银行向客户提供授信出账，并直接用于向卖方的采购付款；
④卖方向银行出具提货单用于质押；
⑤客户根据经营需要向银行追加保证金；
⑥银行通知卖方根据追加保证金的金额向客户发货；
⑦卖方向客户发货。

风险要点：核心企业的资信和实力的评估；防止核心企业过度占用客户的预付款，并挪作他用；银行与核心企业之间操作的有效对接。

3. 进口信用证项下未来货权质押授信

未来货权质押授信是指银行向暂时缺乏足够采购资金的申请人提供货款，以未来可取得的货权和该货权项下的货物抵达指定交货地点后对其动产实物进行抵质押作为担保方式，流动资金贷款、银行承兑汇票、信用证等短期融资产品直接支付于上游核心厂商而进行的融资业务。而进口信用证项下未来货权质押授信，是预付类常用的融资模式，是指银行根据客户的申请，在进口商根据授信审批规定交纳一定比例的保证金后，为进口商开出信用证，并通过控制信用证项下单据所代表的货权来控制还款来源的一种授信方式。货物到港后可以转换为存货抵质押授信。该产品特别适用于进口大宗商品的企业、购销渠道稳定的专业进口外贸公司，以及需要扩大财务杠杆效应、降低担保抵押成本的进口企业。

对客户而言，在没有其他抵质押物品或担保的情况下，只需交纳一定的保证金，即可对外开证采购，客户可利用少量保证金扩大单次采购规模，且有利于获得优惠的商业折扣。对于银行来说，由于放弃了传统开证业务中对抵质押和保证担保的要求，扩大了客户开发半径，同时，由于控制了货权，银行风险并未明显放大。进口信用证项下未来货权质押授信业务流程如图 3-13 所示。

①客户（商品买房）与客户关联方（商品卖方）签订贸易合同；
②客户向银行交存一定比例的保证金；
③银行为客户提供授信，开出信用证；
④出口商按照合同约定装运货物，并向银行提交合格单据；
⑤客户补足保证金，

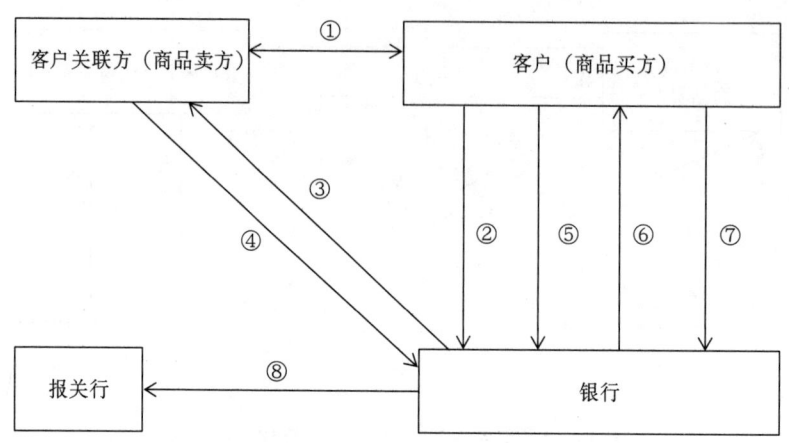

图 3-13 进口信用证项下未来货权质押授信业务流程

⑥银行放单；

或者：

⑦客户申请办理进口押汇；

⑧银行指定报关行报关，并将货物置于指定监管方监管之下，办理动产质押手续。

风险要点：关注不同类型的单证对货权控制的有效性；根据不同情况，为在途运输购买以银行为受益人的保险；叙做押汇的情况下，关注到货到入仓监管之间衔接环节的货权控制；做好客户弃货情况下的应急预案。

4. 国内信用证

国内信用证业务是指，在国内企业之间的商品交易中，银行依照买方（客户）的申请开出的，凭符合信用证条款的单据支付货款的付款承诺。

国内信用证可以解决客户与陌生交易者之间的信用风险问题。它以银行信用弥补了商业信用的不足，规避了传统人民币结算业务中的诸多风险。同时，信用证也没有签发银行承兑汇票时所设的金额限制，使交易量更具弹性，手续更简便。此外，客户还可以利用在开证银行的授信额度来开立延期付款信用证，提取货物，用销售收入来支付国内信用证款项，不占用自有资金，优化了资金使用效率。卖方则按规定发货后，其应收账款就具备了银行信用的保障，能够杜绝拖欠及坏账。

对于银行而言，国内信用证相比于先票/款后货以及担保提货，规避了卖方的信用风险，对货权的控制更为有效。同时，银行还能够获得信用证相关的中间业务收入。国内信用证业务流程如图 3-14 所示。

①买方向开证行（买方开户银行）提交开证申请书，申请开立国内信用证；

②开证行受理业务，向通知行（卖方开户银行）开立国内信用证；

③通知行收到国内信用证后通知卖方；

④卖方收到国内信用证后，按国内信用证条款规定发货；

⑤卖方发货后备齐单据，向委托收款行（通常是通知行）交单；

⑥延期付款信用证项下，卖方可向议付行（通常是通知行）申请议付；

⑦委托收款行或议付行将全套单据邮寄开证行，办理委托收款；

⑧开证行收到全套单据、审查单证相符后，向委托收款行/议付行付款或发出到期付款

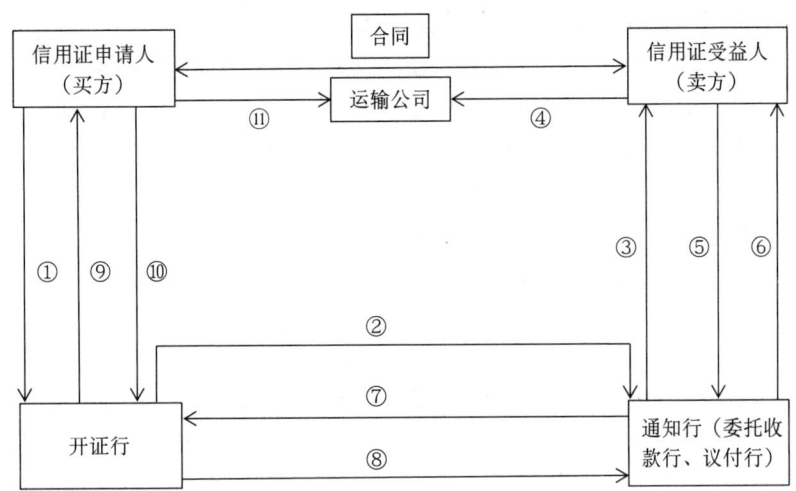

图 3-14 国内信用证业务流程

确认书；

⑨开证行通知买方付款，并将单据交予对方；

⑩买方凭符合信用证条款的单据向开证行付款；

⑪买方办理提货事宜。

风险要点：货权单据选择的法律有效性；跨行操作关注不同银行间国内信用证管理办法的差别；与交易双方明确争端解决的参考制度和办法。

5. 附保贴函的商业承兑汇票

商业承兑汇票保贴业务，即预审贴现额内，银行承诺针对某些承兑人承兑的商业汇票办理贴现，也就是给予承兑人保贴额。附保贴函的商业承兑汇票实际上是一种授信的使用方式。但是在实践中，由于票据当事人在法律上票据责任的存在，构成了贸易结算双方简约而有效的连带担保关系，因此可以当作独立的产品使用。

该产品对交易双方的利益在于，免除了手续费，且贴现利率一般而言低于贷款，因此融资成本较低；由于银行保贴函的存在，对出票方形成了信用增级；不用签署担保合同等其他文件，使用简便。对银行的好处在于，可以控制资金流向；收票人贴现时才产生银行的风险资产；票据责任形成的隐形连带担保，降低了操作风险和操作成本。

附保贴函的商业承兑汇票可以从两个层面来理解其产品特性：当银行授信给与出票人时，是一种预付款融资；当银行授信给与收票人时，即给与一个贴现额度，则是一种应收账款融资，即票据化保理。

二、基于债权控制的 SCF

(一) 国内明保理

国内明保理是指银行受让国内卖方（客户）因向另一同在国内的买方销售商品或提供服务所形成的应收账款，在此基础上为卖方提供应收账款账户管理、应收账款融资、应收账款催收和承担应收账款坏账风险等一系列综合性金融服务。若应收账款转让行为通知买方并由买方确认则为明保理。该产品适用于有应收账款融资需求或优化报表需求的国内卖方。同时,买方的商业信用和付款实力应该符合银行的相关要求。

对银行而言,受让应收账款相当于获得了一个自偿性的还款来源,将资产业务与客户的购销活动自然对接,更易于为客户所接受,同时也创造了向客户的下游延伸业务触角的渠道。此外,银行还可以获取保理费等中间业务收入。

对于客户而言,转让应收账款可以获得销售回款的提前实现,加速流动资金的周转。此外,客户无须提供传统流动资金贷款所需的抵质押和其他担保。在无追索权的转让模式下,客户不但可以优化资产负债表,缩短应收账款的周转天数,还可以向银行转嫁商业信用的风险。

对银行而言,受让应收账款相当于获得了一个自偿性的还款来源,将资产业务与客户的购销活动自然对接,更易于为客户所接受,同时也创造了向客户的下游延伸业务触角的渠道。此外,银行还可以获取保理费等中间业务收入。国内明保理业务流程如图3-15所示。

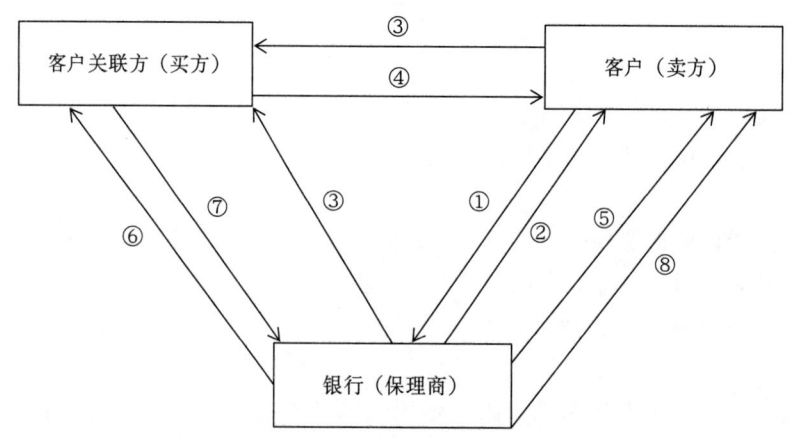

图3-15 国内明保理业务流程

①客户在额度内向银行申请应收账款转让;
②银行受让应收账款;
③银行与客户共同通知买方;
④买方对应收账款及转让事宜进行确认;
⑤银行向客户发放融资款;
⑥应收账款到期日前银行通知买方付款;
⑦买方直接将款项汇入银行指定账户,银行扣除融资款项;
⑧余款划入客户账户。

风险要点:买卖双方的贸易背景的真实性;应收账款的存在性和可实现性;应收账款转让手续的合法性、有效性;回款账户的锁定。

(二)国内暗保理

在应收账款转让过程中,银行受让卖方应收账款的行为不通知买方的业务称为暗保理。除了明保理对客户带来的好处之外,暗保理手续更为简便。而且,由于不需要通知买方和要求买方确认,对于一些不愿意向买方披露自己融资信息的客户,或由于买方过于强势而不愿配合银行要求的相关手续的情况,暗保理的方式特别适用。

除了明保理产品的风险点外,暗保理业务还需要落实以下要点:由于买方没有确认应收账款债权,因此需要其他认定方式;应收账款是否存在不可转让的特别约定;应收账款是否已经转让给第三方。

(三) 国内保理池融资

"池融资"业务于2008年初由深圳发展银行提出,是指企业将日常经营中琐碎、零散、小额的应收款、背书商业汇票、出口退税申报证明单据等聚集起来,转让给银行,银行为相应的企业建立相应的账款"池",并根据"池"容量为企业提供一定比例的融资,企业可随需而取,将零散账款快速变现,由国内保理池融资、票据池授信、出口应收账款池融资业务组成。保理池融资其实是应收账款融资的拓展,是指金融机构会肯据所有授信的中小型企业的应收账款额度总和来构建一个资金池,金融机构按照账册上面计算出来的应收账款余额提供给某些中型、小型企业。这一产品往往比较适合那些应收账款余额比较稳健且交易记录优良的中型、小型企业。

国内保理池融资是指将一个或多个国内的不同买方、不同期限和金额的应收账款全部一次性转让给银行,银行根据累积的应收账款余额给予融资。该产品适用于交易记录良好且应收账款余额相对稳定的中小企业。对客户而言,在应收账款特定化、一对一的保理中,对象分散、发生频繁、期限不一致的应收账款常常无法获得融资,而保理池的方式对每个买家采用一次性转让通知的方式,不仅简化了手续,而且充分挖掘了零散应收账款的融资功效。对银行而言,同样简化了操作手续、降低了操作成本。同时,银行利用这一产品锁定所有销售回款回笼到本行,可以获得最大化的结算存款沉淀。

本产品的风险控制要点在于:要建立高效率的应收账款管理系统,对客户的销售回款情况进行监控;要设置保理池的结构化比例限制;要规定应收账款入池的有效单据要求,保证应收账款的真实性。

(四) 票据池授信

票据池业务是银行向客户提供的票据托管、委托收款、票据池授信等一揽子结算、融资服务。票据池授信是指客户将收到的所有或部分票据做成质押或转让背书后,纳入银行授信的资产支持池,银行以票据池余额为限向客户授信。票据池授信包括票据质押池授信和票据买断池授信。

本产品适用于票据流转量大、对财务成本控制严格的生产、流通型企业;同样适用于对财务费用、经营绩效评价敏感并追求报表优化的大型企业、国有企业、上市公司。

对客户而言,票据池业务将票据保管和票据托收等工作全部外包给银行,减少了客户自己保管和到期托收票据的工作量。而且,票据池融资可以实现票据拆分、票据合并、短票变长票等效果,解决了客户票据收付过程中期限和金额不匹配的问题。对银行而言,通过票据的代保管服务,可以吸引票据到期后衍生的存款沉淀。而以银行承兑汇票作为质押的票据承兑,是一项低风险的资产业务。

该产品的风险在于银行对票据真实性的查验,须防止假票、克隆票等,此外还要实施严格的金额与期限控制、台账管理。同时,票据池融资的基础应该以银行承兑汇票为主,对商业承兑汇票要谨慎接受。

案例分析

1. 企业基本情况

九州通医药集团股份有限公司是全国知名的医药批发商,公司注册资金为1亿元,年销售额超过50亿元,公司在全国医药流通企业中排名靠前。公司始终以中西药材及医药设备作为主要经销对象,与国内外优秀医药生产厂建立了长期供应关系。公司销售回款多是银行承兑汇票,但由于金额不能配对,因而九州通医药集团公司一般都是将收到票据办理贴现,然后以现款支付给上游医药厂家。由于九州通医药集团是货物流通行业,单笔交易利润微薄,仅仅依靠每年庞大的交易量及较高的现金周转效率赚钱,该公司迫切希望能够降低费用。

2. 银行切入点分析

兴业银行经过分析认为,九州通医药集团股份有限公司不愿意承担较高的贴现费用,尤其是商业承兑汇票,贴现成本过高。银行可通过票据质押开票业务,进行票据适度改造,降低财务费用。银行虽然工作量较大,但可以获得相当量的存款收益,同时可以利用票据关联营销其上游企业。

3. 融资方案

九州通医药集团股份有限公司办理了2亿元银行承兑汇票质押开立银行承兑汇票业务。通过以票易票,九州通医药集团股份有限公司获得了可观的存款利息,银行获得了稳定的存款沉淀。银行操作以票易票的原则:长期银行承兑汇票变短期银行承兑汇票(捆绑买方付息票据、代理贴现)、短期银行承兑汇票变长期承兑汇票、商业承兑汇票变银行承兑汇票(捆绑买方付息票据、代理贴现)。九州通医集团票据综合解决方案流程如图3-16所示。

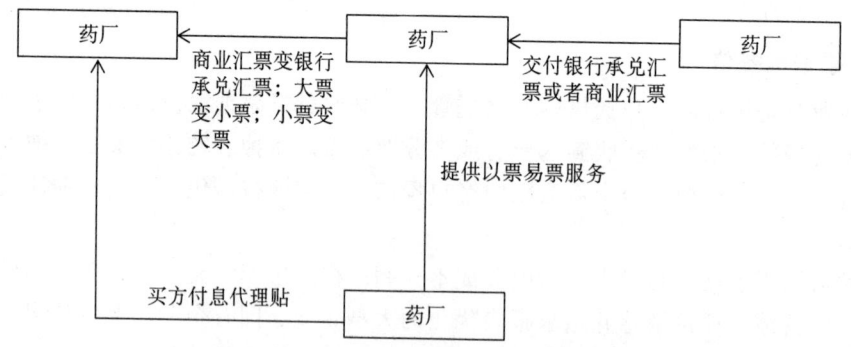

图3-16 九州通医集团票据综合解决方案流程

①九州通医药集团提交持有40多张银行承兑汇票及商业承兑汇票,承兑汇票入库,签订质押合同。②九州通医药集团向银行提供上游医药企业签订的货品采购合同。③不同的卖家,办理不同的票据结算方式。对于强势药厂,银行为九州通医药集团办理长期银行承兑汇票变短期银票业务,同时捆绑买方付息、代理贴现两种产品,支付贷款。对于弱势药厂,银行为九州通医药集团提供短期银票变长期的银票业务,支付

货款。④九州通医药集团与银行签订商业汇票银行承兑协议,九州通医药集团签发票据银行加盖汇票专用章。⑤银行承兑汇票到期前,九州通医药集团会采用下面的方式来兑付。长期银行承兑汇票变短期银承,九州通将足以支付汇票金额的存入银行用于兑付,并置换质押在银行的银行承兑汇票。短期银票变长期银票,九州通医药集团将足额现金存到银行,或用短期票据托收回来的资金用于解付未到期的票款。

资料来源:贺鹏. 兴业银行供应链金融风险控制研究[D]. 华中科技大学,2013(04).

(五)出口应收账款池融资

出口应收账款池融资,是指银行受让国际贸易中出口商(客户)向国外进口商销售商品所形成的应收账款,并且在所受让的应收账款能够保持稳定余额的情况下,结合出口商主体资质、经营情况、抗风险能力和应收账款质量等因素,以应收账款的回款为风险保障措施,向出口商提供融资的短期出口融资业务。也可以说,出口应收账款池融资是客户将多个国内不同买方、不同期限和金额的应收账款打包转让给银行,银行根据累计的应收账款余额给予客户授信。兴业银行认为,应收账款池质押授信业务,是指申请人将其一定期间内所拥有的多笔、分散的合格应收账款汇聚集合,批量质押给兴业银行,兴业银行综合考虑申请人资质、经营状况、抗风险能力和应收账款池质量等因素,以应收账款池回款作为主要还款来源和保障,根据应收账款池余额一定比例提供的授信融资以及应收账款池管理业务。

产品适用于经常性发生出口贸易,具备一定主体资质和出口业务规模的中小企业,此类企业须拥有优良的出口收汇记录,保持稳定的应收账款规模,且出口融资需求旺盛,银企配合意愿强。

对客户来说,将连续、多笔、单笔金额较小的应收账款汇聚成"池",整体转让予银行,可以将分散的应收账款资源集中起来发挥作用,向银行申请融资,补充流动资金不足。出口应收账款包括出口商采取赊销(O/A)、托收(D/P 和 D/A)、信用证(L/C)等多种结算方式产生的应收账款。出口应收账款池融资业务流程如图 3-17 所示。

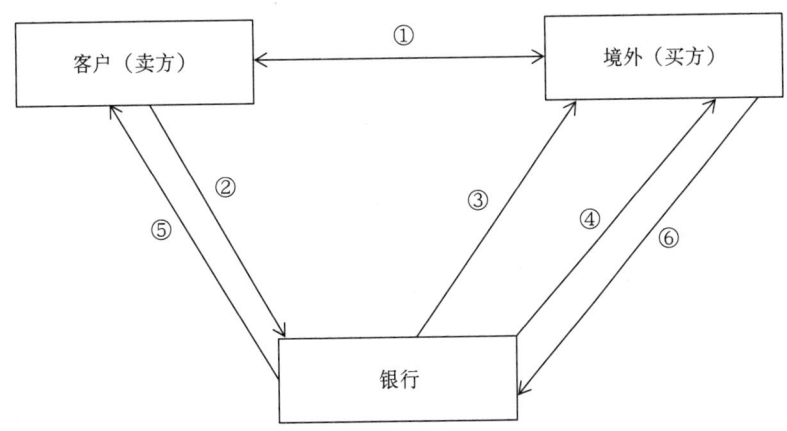

图 3-17 出口应收账款池融资业务流程

①买卖双方签订贸易合同,卖方(出口方)向境外买家提供赊销;

②客户积累应收账款（连续向银行交单），并办理应收账款转让手续；
③银行接受应收账款转让，向买方通知转让事宜和回款路径；
④银行代客户将单据寄送至境外买家；
⑤银行在额度内向客户提供授信出账；
⑥境外买方将款项按通知路径汇至银行回款账户，回款或偿还贷款，或划入客户结算账户（符合池结构管理比例时）。

风险要点：池融资的风险控制理念是大数法则，因此对池结构中应收账款金额应实行上限管理、交易对手应符合分散的原则；原则上入池的应收账款项下的出口商业单据寄送环节应由授信银行操作；对进、出口商之间的支付习惯、结算记录以及客户配合银行操作的意愿等要作一定了解。

（六）出口信用险项下授信

信用证项下未来货权模式对于进口的融资需求，可以采用信用证项下未来货权模式，以解决信用证开证和在途的资金占用问题。这也是目前国内商业银行采用比较多的三方协议模式和信用证。

出口信用险项下授信是指已投保出口信用保险的客户将赔款权益转让给银行后，银行向其提供短期资金融通，在发生保险责任范围内的损失时，保险公司根据相关规定，按照保险单规定理赔后应付给客户的赔款，直接全额支付给融资银行的业务。该产品适用于出口到高风险地区、或向不了解的进口商出口的情况下购买了出口信用保险的客户，且特别适合采用赊销方式进行结算的客户。

对客户而言，该产品填补了在出口发货与收汇期之间的现金流断层。同时，一些地方政府还对投保出口信用险的企业提供保费补贴，客户在额外支出有限的前提下，大大降低了收汇风险。

对银行而言，该产品规避了来自进口商的信用风险，收汇风险和贷款损失风险也随之降低。此外，根据原银监会的批复，贷款银行在计算资本充足率时，中国信保提供政策性信用保险的贷款的风险权重为0；而在进行贷款分类时，中国信保承保的贷款逾期超过90天但仍在合同规定的理赔等待期内的，可视为正常贷款。出口信用险项下授信业务流程如图3-18所示。

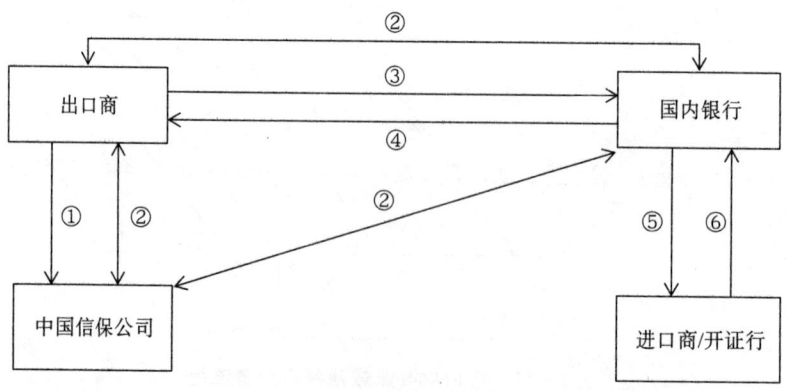

图3-18 出口信用险项下授信业务流程

①客户向保险公司投保出口信用险;
②银行、客户和保险公司签定"权益转让协议";
③客户向银行提交出口单据,并申请授信出账;
④银行向客户提供出账;
⑤银行向进口商/开证行提示单据;
⑥进口商/开证行到期付款。

风险要点:关注客户出口正常收款的汇路是否指向授信银行;注意保险免赔条款可能对授信回收带来的影响;注意赔款转让协议中,应约定保险公司对保单责任范围内发生的赔款直接支付授信银行;在以非信用证方式结算方式下的信险融资业务也必须由授信银行审单、寄单。

表 3-6 各种融资类型的抵(质)押物

供应链金融类型	抵(质)押物	供应链金融类型	抵(质)押物
先票(款)后货授信	到达货物	票据池授信	收到的所有或部分票据或转让背书
担保提货(保兑仓)授信	卖方出具全额提单	出口应收账款池融资	出口应收账款
进口信用证项下未来货权质押授信	信用证项下单据所代表的货权	出口信用险项下授信	已投保信用保险的赔款权益
国内信用证	银行依照买方(客户)申请开出的符合信用证条款的单据	静态抵(质)押授信	商品存货
附保贴函的商业承兑汇票	附保贴函的商业承兑汇票	动态抵(质)押授信	动产
国内明保理	应收账款	标准仓单质押授信	标准仓单
国内暗保理 国内保理池融资	应收账款 多方多期应收账款	普通仓单质押授信	非期货交割用仓单(设置出质背书)

三、基于核心企业连带关系的供应链金融

(一)基于连带责任保证方式

连带责任保证方式的供应链金融业务是指以核心企业(或厂商)为风险控制主体,以下游经销商与核心企业签订真实贸易合同将产生的应付账款为基础,通过核心企业的连带责任保证,为下游经销商提供的定向用于支付核心企业采购的融资。当供应商或经销商到期不履行与银行签署的还款协议时,核心企业无条件代为归还。在此方式下,银行可不监控物流。简而言之,就是核心企业对上游企业在银行授信提供连带责任保证。连带责任保证下的供应链金融业务流程如图 3-19 所示。

连带责任保证模式主要适用于两种情况:一是对上游供应商。一般核心企业能够掌握供应商提供的货品或应支付账款的情况下才愿意提供担保。如大卖场在供应商货品已基本售完但未结算资金的情况下,可能愿意以应收账款为依托,对供应商提供担保。二是对下游经销商。一般适用于核心企业与下游企业合作非常紧密,希望帮助下游企业提高融资能力,以快

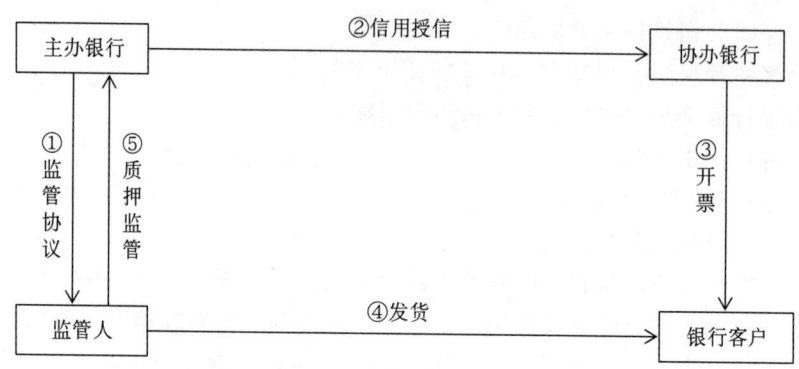

图 3-19 连带责任保证下的供应链金融业务流程

速提升市场份额,常用于机械、电器、商贸等行业。如在机械行业内,某些核心企业对经销商设置的准入门槛相对较高,经销商属独家代理,且利润较高,违约成本也比较高,或核心企业希望借经销商快速占领市场,这个时候,他们就愿意为经销商在银行融资提供担保。

(二) 核心企业承诺方式

1. 定向付款模式

定向付款方式是指以核心厂商为风险控制依托,以核心厂商与其上游供应商签订真实原材料供应合同为基础,以已发货产生的应收账款或采购、生产、销售后将来产生的远期销售收入为第一还款来源,并辅之以核心厂商确定的购买付款承诺为保证,为其上游供应商提供融资业务。

其基本流程如下:

(1) 银行与核心企业及供应商商议操作模式,确定相关协议。

(2) 银行收集核心企业的资料,分析并确定核心企业的支付能力。

(3) 供应商与核心企业签订供应合同,并将供应合同文本提交银行。

(4) 银行为供应商核定授信额度,与供应商签订"贷款合同"或"银行承兑汇票协议",核心企业应当签订确定购买付款承诺函等文件。

(5) 银行发放贷款或者为供应商办理银行承兑汇票,供应商用于采购。

(6) 供应商按照计划向核心企业提供商品或劳务服务,核心企业支付的销售回款进入供应商在银行的指定账户。

(7) 银行扣出货款归还贷款或者货款资金进入银行承兑汇票保证金账户。

定向付款模式的供应商多是中型规模企业,与大型核心客户有着长期合作关系,这些供应商具有规模适中、产品质量稳定、经营管理完善、供应效率较高等突出优势,大型核心企业客户一般愿意向银行提供确定购买的付款承诺支持供应商融资,以便其进一步提高供应质量、提高产能。

定向付款模式的风险控制要点有两个。一是调查核心客户的资信,详细了解以前核心客户对此类合同的付款情况,银行信贷资金安全建立在核心客户正常履约付款的基础上。二是需要引入货权控制,通过监控物流确保货物按照合同送达核心厂商,基础交易得到完整履行,应当选择规模较大、管理规范的大型物流公司来协助银行管理货物。

石化公司 B 的定向付款

1. 业务主体

(1) A 公司

A 公司成立于 2001 年 9 月，注册资本 5000 万元，总资产约 1.5 亿元，2005 年销售额 3 亿元。企业性质为民营企业，现有员工 15 人。A 公司一直与石化公司 B 保持业务合作关系，是该石化公司指定的燃油采购及委托加工企业，主要进口印度尼西亚和俄罗斯的燃料。委托某化工进出口股份有限公司在银行开证。

(2) 石化公司 B

石化公司 B 为大型企业，目前年处理原油生产能力 800 万吨，由于多种原因，长期以来生产能力不饱和，目前接近 90%。

(3) 银行 C

银行 C 为一家中小商业银行的分支机构，正在尝试开展供应链金融业务。

2. 业务操作

本次进口燃油数量为 3 万吨，开证金额约 1200 万美元，所需全额保证金（按溢装 10%）计约 10450 万元人民币。申请人自筹资金比例不低于 60%，敞口部分由银行为其贷款，最高金额为 4000 万元。

(1) 授信：银行向 A 公司提供授信 4000 万元，期限 1 年，60% 保证金，授信敞口 4000 万元，满足单次进口燃油最高 3 万吨资金需求。

(2) 委托开证：A 公司将全额贷款划入代理进口商（某化工进出口公司）在银行开设的账户，再转为保证金，信用证自开证至最迟付款日约 50 天。开证后，邮轮到港时间 10—15 天，收货人指定为银行。

(3) 货物监管：银行与港口外轮代理有限公司签订货物监管协议。油船到港后，外代公司签收船东签发的银行为收货人的货物到港通知（NOR），并附该公司的证明传真至银行，外代公司必须在接到银行的货物放行通知的传真后才能通知港口卸货过驳，由江轮运至石化公司 B。

(4) 卸货条件：油船到港后，如 A 公司在银行监管账户内资金已覆盖贷款本息，银行即通知外代公司卸货；若 A 公司在银行监管账户内的资金不能覆盖贷款本息（无论敞口多少），则石化公司 B 必须向 A 公司签发付款承诺函，银行派人与 A 公司到石化公司 B 签收付款承诺函，即通知外代公司卸货。

(5) 额度循环：自信用证开出至邮轮到港的平均周期为 20 天，额度每月循环一次。

3. 风险控制措施

(1) 与外代公司、某化工进出口公司分别签署监管协议及账户托管协议，并由专门部门出具法律意见。

(2) 所开立的信用证条款中必须含有货到港并检验无瑕疵后付款的内容。

(3) 提单的收货人必须为银行。

(4) 石化公司 B 向银行出具无瑕疵的付款承诺。

资料来源：李金龙，宋作玲，李勇昭等. 供应链金融理论与实务 [M]. 北京：人民交通出版社，2011.

2. 核心企业退款保证模式

核心企业退款保证模式是指银行应经销商申请,根据经销商与核心企业签订的"购销合同",为经销商办理银行承兑汇票,专项用于向核心企业支付货款。经销商缴存保证金赎货,银行累计通知核心企业发货的价款不超过保证金账户余额,如此滚动操作,直至银行承兑汇票敞口全部覆盖,若经销商到期未能足额付款,核心企业承诺无条件将票据敞口款项退还。

核心企业退款保证模式有如下典型特点:一次授信,滚动付款,分批发货;利用核心厂商关联营销众多的经销商;核心厂商作为风险控制责任主体;通过票据由主办银行传递等措施,实现对核心企业的深度营销。

其基本流程如下:

(1) 银行、核心厂商、经销商签订"三方合作协议"。

(2) 银行为核心厂商核定授信额度(退款承诺担保额度),并为经销商核定银行承兑汇票额度。

(3) 银行为经销商出具银行承兑汇票,并直接交付核心厂商(经销商不经手)。

(4) 经销商缴存保证金,银行通知核心厂商发送与保证金等额的货物,直至银行承兑汇票敞口全部填满。

对核心企业来说,核心企业退款保证模式一则能够提前锁定订单,合理规划产能;二则通过经销商间接进行融资,降低融资成本;三是能够在市场销售稳定的情况下,提供适度的赊销融资。对经销商来说,核心企业退款保证模式能够扩大销售规模,锁定销售资源,获得较好的返点。

(三) 回购担保方式

1. 见货回购担保

见货回购担保是指除满足见证回购担保的基本条件外,核心客户回购前提条件是货物及相应的跟单资料完好。在此方式下,银行可委托专业仓储公司监控货物,并要求借款人足额保险,物权凭证必须由签发人直接移交银行。

其业务流程如下:

(1) 银行和核心企业(或称核心厂商)、经销商、厂商仓储公司商议操作模式,签订"四方合作协议"。

(2) 银行为核心厂商核定授信额度(退款承诺担保额度),并为经销商核定银行承兑汇票额度(经销商本身的资信弱化,充分考虑经销商执行单笔交易的真实资金需求即可)。

(3) 根据单笔交易合同,经销商签发以核心企业为收款人的银行承兑汇票,银行办理承兑。

(4) 根据"四方合作协议"(或"三方合作协议")规定的条款,经销商在银行存入一定保证金,核心企业将等额货物发至指定的仓储方仓库(或买方)。在有仓储公司参与的情况下,货物从仓储方出库必须凭加盖银行预留印鉴的《发货通知书》。

(5) 经销商分次存入银行承兑汇票保证金,仓储方根据银行出具的"发货通知书"向经销商发放等额货物。当银行承兑汇票保证金为100%,释放全部货物,并循环操作。

(6) 根据"四方合作协议"(或"三方合作协议")的规定,在银行承兑汇票到期前,经销商提货金额不足银行承兑汇票金额,核心企业回购货物,并将回购款汇入银行指定账户。

> **广州恒大钢铁的见货回购担保**
>
> 1. 企业基本情况
>
> 广州恒大钢铁有限责任公司是广州地区规模最大、实力雄厚的大型钢铁经销企业之一,年销售额超过80亿元,公司在全国有20余家经销商。公司销售模式:产品从武钢、宝钢等大型钢铁厂提货,然后批发销售给二级经销商,其中山东新源钢铁公司为其在山东地区的主要经销商,销售额超过5亿元。
>
> 2. 银行切入点分析
>
> 某银行经过分析后认为,钢铁属于大宗原材料,资金交易量大,交易链条清晰,客户关联性稳定,变现性较好,适于银行深度发展。广州恒大钢铁有限责任公司的二级经销商都经过精心挑选,有着稳定的销售渠道,平均销售额在3亿—5亿元,有着一定开发价值。广州恒大钢铁有限责任公司为促进本公司经销产品销售,愿意向其二级经销商提供见货回购担保,即当二级经销商使用银行承兑汇票付款后,如果销售不畅,没有能力在银行承兑汇票到期前全额解付汇票,该公司愿意见货后退款。
>
> 3. 银企合作情况
>
> 某银行授信为广州恒大钢铁有限责任公司提供1亿元见货回购担保额度,其7家大型经销商在银行办理票据融资,总计金额2亿元(包括50%保证金)。通过该链式融资,吸收钢铁经销商大额的银行资金沉淀,其中山东新源钢铁公司在银行办理2000万元的银行承兑汇票。
>
> 资料来源:李金龙,宋作玲,李勇昭等. 供应链金融理论与实务[M]. 北京:人民交通出版社,2011.

2. 见证回购担保

见证回购担保是指核心企业对经销商未售出库存货物进行全数回购,回购价格按照原始发票价格,回购金额应当覆盖银行授信风险敞口余额,回购标准是仅提交物权凭证,无论库存货物实物是否实际移交,物权凭证必须由签发人直接移交商业银行。

其业务流程如下:(以汽车经销行业为例)

(1)经销商或贸易商与核心企业(生产厂商)签订"购买协议"。
(2)向银行存入保证金,签订相关协议。银行与经销商签订承兑汇票协议。
(3)向核心企业(生产厂商)交付银行承兑汇票,生产厂商交付经销商商品。
(4)银行掌控汽车合格证。
(5)经销商缴存保证金,银行按比例释放汽车合格证。

> **华仕汽车销售公司的见证回购担保融资**
>
> 1. 企业基本情况
>
> 四川华仕汽车销售服务有限公司是大型汽车经销企业,注册资本3000万元,属于民营企业。四川华仕汽车销售服务有限公司是奥迪品牌在四川的总代理,同时是一汽

大众当地一级代理商之一,年销售汽车超过1万台,销售额超过20亿元,公司在全省共有60多家零售网点,占有超过30%的市场份额,属于本地领先的汽车经销商。公司管理规范,资金流量较大。为进一步抢占市场份额,公司准备从一汽大众买入一部分奥迪品牌轿车。

2. 银行切入点分析

四川华仕汽车销售服务有限公司销售汽车多年,有着成熟的销售网络,愿意配合银行提供有效风险控制措施。某银行经过分析认为可以提供见证回购担保融资。四川华仕汽车销售服务有限公司办理相应保险,并将汽车合格证质押给银行,银行委托一家专业的物流公司进行监管,要求四川华仕汽车销售服务有限公司在60天内必须赎货,银行可以获得一定的存款收益。

3. 银企合作方案(如表3-7所示)

表3-7　　　　　　　　　银企合作方案

申请人名称	四川华仕汽车销售服务有限公司		
融资形态	未来货权项下预付账款融资		
具体用途	限用于向一汽大众销售有限责任公司支付预付货款		
授信金额	2000万元	授信期限	12个月
授信品种	银行承兑汇票	单笔授信融资期限	不超过6个月
质押物	大众奥迪系列汽车	货权形式	非标准仓单
监管人	某外运四川公司	质押方式	静态
仓库位置	成都市金牛区四川华仕4S店	货押形态	未来货权
仓库性质	四川华仕自有仓库	赎货期	60天
监管方式	输出监管	质押率	80%
盯市依据	中华商务网	保证金	20%
出账价格	发票价格与市场价格中低者	跌价警戒线	5%

资料来源:李金龙,宋作玲,李勇昭等. 供应链金融理论与实务 [M]. 北京:人民交通出版社,2011.

四、产品的系统集成

对供应链融资的产品元件和产品模块进行有机整合,形成服务于供应链和交易链集群企业的系统性解决方案,就是供应链融资产品系统集成的过程。

广为业界采用的供应链产品系统集成就是深圳发展银行提出的所谓"1+N"模式。即在商业银行和核心企业(即"1")的统筹安排下,针对供应链不同片段的交易结构及其衍生的融资需求关键节点,选择性地对核心企业上下游的供应商和分销商(即"N")提供授信。这种融资以提高整个供应链的融资便利性和降低融资综合成本为导向。

(一)融通仓

融通仓是一种物流和金融集成式的创新服务,融通仓运作的基本原理是:生产经营企业先以其采购的原材料或产成品作为质押物或反担保品存入第三方物流开设的融通仓,并据此获得合作银行的贷款,然后在其后续生产经营过程中或质押产品销售过程中分阶段还款。第三方物流企业提供质押物的保管、价值评估、去向监管、信用担保等服务,为银行融资提供部分环节的操作代理。融通仓模式的实质是基于现货的质押融资。融通仓的目的是用资金流盘活物流，同时利用物流拉动资金流，从而帮助中小企业解决融资问题，弥补供应链运营中的资金缺口，实现供应链上多方共赢。根据第三方物流企业的信用程度以及担保形式的不同，融通仓融资模式又可以按两种不同的基本运作模式。融通仓融资模式的基本业务流程如图3－20所示。

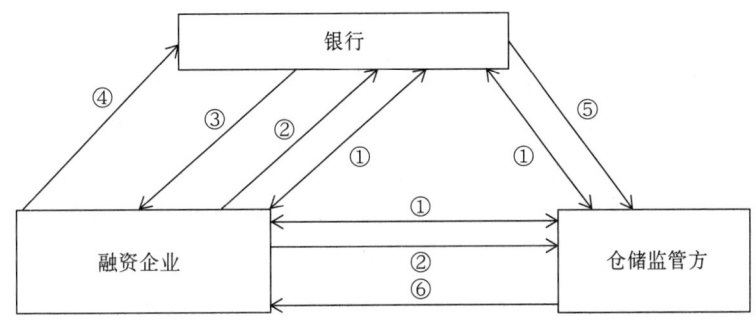

图3－20　融通仓融资模式的基本业务流程

①融资企业向银行申请办理融通仓业务；审查通过后，银行和融资企业签订相关的贷款协议，并与仓储监管方签订仓储监管协议；

②融资企业向银行交纳贷款总额既定比例的初始（违约）保证金，并将用于质押的存货交付给仓储监管方；

③银行根据相应的质押率给融资企业发放贷款，融资企业用于生产经营；

④融资企业向银行补充部分保证金；

⑤银行根据融资企业所补充保证金的数量占贷款总额的比例，通知仓储监管方向其释放质押担保物总量相应比例的货物；

⑥融资企业向仓储监管方提货，用于生产经营，并将所得销售收入继续补充保证金，直至保证金数量与银行的贷款收益相同。

融通仓融资模式的风险要点：

参与主体的选择风险。不仅要考虑中小企业的各项静态指标，更要对业务能力和业务量进行考察，了解其生产和销售情况，降低道德风险和逆向选择的可能性；同时，加强与物流公司的信息沟通和监管力度，以防监管方与融资企业联合骗贷，威胁信贷资金的安全。

监管和操作风险。银行与物流企业之间的信息不对称、监管能力的缺失等会大大增加内部操作风险的可能性，无法对担保质押物进行有效的控制，进而造成银行的巨大损失。

担保物风险。融通仓的担保物是融资企业的存货，与保兑仓的担保物风险具有相似性。

法律风险。即质押的担保物和质押行为是否合法合规，是否合法占有，产权是否清晰明确，是否有相关的权属证明；银行应该避免有争议的、无法行使物权的或通过走私等非法途径取得的物品成为担保物。

市场价格风险。存货往往是流动性资产，其市场需求和价格受到多种因素的影响而呈现不稳定性，若质押货物迅速贬值，将严重影响融资企业的正常交易，从而无法偿还银行贷款，并最终威胁银行的资产安全。

流动性风险。担保物多为流动性较差的存货，当融资企业违约时，担保物短时间内难以变现,或变现价值低于银行授信敞口余额,从而造成银行贷款损失。

质量风险。若担保物的质量不稳定,或对环境要求高,不易储藏保管,则可能导致其价值减损,给银行带来损失。

1. 质押担保融资

质押担保融资是指银行作为融资的提供方、第三方物流企业作为融通仓服务提供商、客户作为资金的需求方和质押物的提供方,三方签订融通仓融资合作协议;客户在合作银行开设专门账户,并成为融通仓服务提供商的会员企业。客户采购的原材料或待销售的产成品放入融通仓,形成质押,同时向银行提出贷款申请;第三方物流企业负责进行货物验收、价值评估及监管,并据此向银行出具动产质押证明文件;银行根据贷款申请和价值评估报告酌情给予客户发放贷款;客户照常使用和销售其融通仓内产品;第三方物流企业在确保客户销售资金回笼至其在合作银行开设的回款账户的情况下予以放货;客户以其销售所得还贷。如果客户出现贷款违约,银行有权从质押物中优先受偿。这一运作方式对融资规模要求比较小、融资期限比较短、融资需求较为迫切,对于原材料购入与产成品销售周期性较长、排产和销售季节性较强的企业较为适用。融通仓质押担保融资模式流程如图3-21所示。

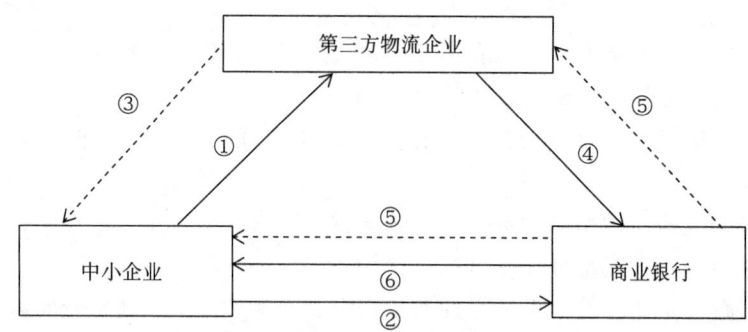

图3-21 融通仓质押担保融资模式流程

① a. 资质证明;b. 提供存货到融通仓。
② a. 为自身开设特殊账户;b. 提交融资申请。
③ a. 提供物流服务;b. 收集企业基本信息;c. 存货验收、评估、监管。
④ a. 融资方案;b. 质物监管证明;c. 价值评估报告;d. 存货变动情况。
⑤ 信用评价。
⑥ 提供信贷。

2. 信用担保融资

信用担保融资是指银行根据第三方物流企业的规模、经营业绩、运营现状、资产负债比例及信用程度,授予第三方物流企业一定的授信额度,第三方物流企业再根据与其长期合作客户的信用状况,分解授信额度给自己的客户,并为客户向银行提供信用担保,同时以被担保企业存放在其融通仓内的货物作为反担保。信用担保融资是以存储在融通仓内的货物作为质押品或反担保品保障融资企业信用的。在此业务模式下,一方面融资企业信用状况的审查由物流企业来负责,可简化贷款银行的贷款程序。另一方面融通仓内的质押品或反担保品既为融资企业作了信用担保,也可给信用状况较好的企业提供更多、更便利的信用服务,第三方物流企业自身的信用担保风险也可得到控制。融通信用担保融资模式流程如图3-22所示。

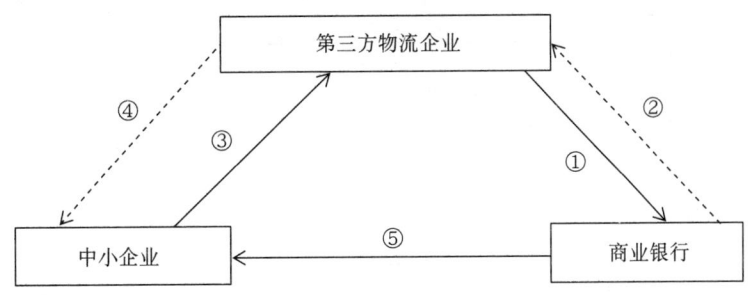

图 3-22 融通信用担保融资模式流程

① a. 提交额度申请资料；b. 为中小企业担保证明。
② a. 信用评价；b. 发放信贷额度。
③ a. 资质证明；b. 融资申请。
④ a. 为企业提供基本信息；b. 收集企业基本信息；c. 进行信用评价；d. 额度授信。
⑤ 提供贷款。

质押担保融资模式与信用担保融资模式最主要的区别是信用担保融资是银行把贷款贷给物流企业，物流企业再分别授信于各融资企业。质押担保融资是银行直接授信于融资企业。质押担保融资中商业银行、物流企业、融资企业签订长期合作的三方协议，融资企业以存货作质押，物流企业监管货物，商业银行提供贷款给融资企业。

（二）保兑仓

保兑仓模式，主要发生在供应链中小企业向上游大企业采购的阶段，针对解决的是供应链下游中小企业在原料采购阶段的资金短缺问题。一方面，中小企业有采购需求，但资金短缺，无法完成采购则无法继续满足下游客户订单；另一方面，大企业往往利用自身在供应链中的强势地位，要求中小企业预付货款，这进一步加剧了中小企业资金周转的困难。

保兑仓融资模式，也称为"厂商银"业务，是基于上下游和商品提货权的一种供应链金融业务，该业务主要是生产商、经销商、仓库和银行通过签署四方合作协议，以银行信用为载体，以银行承兑汇票为结算工具，由银行控制货权，卖方（或仓储方）受托保管货物并对承兑汇票保证金以外金额部分以货物回购作为担保措施，由银行向生产商（卖方）及其经销商（买方）提供的以银行承兑汇票的一种金融服务。它以供应链上游的核心大企业承诺回购为前提，以下游购货方的中小企业预付款项下的提货权为担保，以贷款机构指定物流机构的特定仓单向贷款机构申请质押贷款，并由贷款机构控制其提货权为条件进行融资。实际分析时，可以将保兑仓融资理解为供应商承诺回购，融资企业将供应商在银行指定仓库中的既定仓单作为贷款额度，向银行申请贷款，由银行直接控制提货全款，而银行具有提取货物的权利。

该融资模式涉及供应链中上游供应商、下游制造商（融资企业）和银行、仓储物流监管方，实现了多方共赢的目的。从融资企业角度看，这一模式满足了上游销售企业与下游采购企业之间的交易实现经济批量的同时，为下游的中小企业提供了杠杆采购，使其不必一次性支付全额货款，而是按自身的产销量，分批支付货款、分批提取商品，从而有效缓解了下游中小企业短期资金压力。从银行的角度分析，这一模式不仅可以进一步挖掘客户资源，同时开出银行承兑汇票既可以由供应商提供连带责任保险，又能够以物权作担保，进一步降低了所承担的风险。保兑仓融资模式如图 3-23 所示。

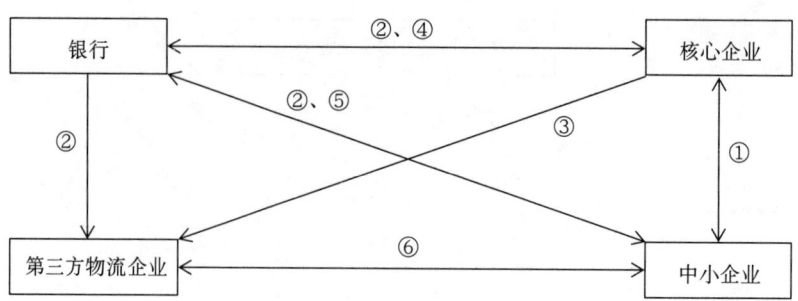

图 3-23 保兑仓融资模式

①核心企业与融资方（中小企业）之间相互签订商品购销条约；

②经过仔细地审查后，银行、核心企业、中小企业、第三方物流企业四方签订合同，约定以保兑仓模式融资，中小企业保证资金用于专项购买核心企业商品，核心企业对回购和商品质量作出保证，第三方物流企业履行仓储监管职责；

③核心企业一次性发货给第三方物流企业，第三方物流企业将仓单交给核心企业；

④核心企业将仓单交付给贷款银行，商业银行获得仓单以后，开立以中小企业为出票人、核心企业为收款人的银行承兑汇票，再将银行承兑汇票交付给核心企业；

⑤中小企业缴纳初次承兑保证金（一般大于等于总额的30%）和承兑的手续费，获得部分仓单；

⑥中小企业将仓单交给第三方物流企业，第三方物流企业凭仓单发货；

⑦重复第⑤步、第⑥步，直至融资方（中小企业）将银行承兑汇票和保证金之间的差额完全支付完毕，才能将存放在第三方物流公司处的质押物提清。当汇票到期或保证金账户余额不足，而中小企业不履约时，核心企业按约定进行回购。

保兑仓融资模式的风险要点：

（1）中小企业的信用风险。银行对中小企业的提供授信以融资企业和核心企业之间的贸易背景为前提，如果融资企业的贸易合同本身存在问题，融资款项很可能用于与产品生产无关的领域中，款项无法收回便不能偿还银行贷款，银行便遭受损失。中小企业在预付款模式下进行融资，银行会要求其交纳一定融资金额比例的保证金，剩下的融资额度以仓单作为担保，一旦中小企业出现违约或者经营不善，商业银行便会产生坏账。

（2）核心企业的信用风险。融资企业通过该种模式获得融资后，向核心企业支付预付账款，核心企业对融资企业进行发货，如果核心企业不能履行合约，可能会导致供应链的资金流断裂，影响银行贷款的偿还。但是，核心企业一般都是信誉度高的企业，在获得预付款后能够做出相应的发货义务和质量保证，之后第三方进行评估，融资企业进行提货，信用风险相对较小。

（3）第三方物流企业的信用风险。在保兑仓融资模式中，物流企业作为商业银行的信托责任人承担了一部分银行的工作，主要负责监管货物，其信托责任的缺失主要表现在两个方面，第一个是信息不对称引起的银行信贷风险，物流企业为了自身利益提供给银行假的数据，但是银行却无从得知，根据物流企业提供的信息提供授信，给银行带来了信贷风险，第二个是物流企业本身承担不了货物监管的工作，由于公司内部的管理缺失或者操作失误，造成银行和融资企业遭受损失的风险。

(4) 操作风险。在保兑仓融资模式中,参与主体是最多而且流程复杂的融资业务,目前我国物流行业的发展不是很完善,可能会出现工作人员不专业,仓储监管方对质押物的审查不严格,出现违规操作,在对质押物的价值评估中,由于评估方法不科学造成的估值不准确,损害了银行的利益。

(5) 质押物的选择和监管风险。质押物的选择对供应链信用风险有很大影响,质押品的价格波动情况,质量好坏以及变现能力都是选择时主要考虑的因素。质押物的监管一般来说由第三方物流企业来进行,因此,商业银行选择物流企业是非常关键的环节。质押物的监管风险主要来自物流企业的流程设计、公司内部的制度以及管理情况。如果物流企业的流程设计存在漏洞或者管理不善,对整条供应链也有很大的影响。银行与物流企业之间的信息不对称、信息滞后带来的决策失误,造成了质押商品的监管风险。

五、创新

随着电子信息、互联网技术的成熟与普及,供应链的信息化、智能化水平得到大幅提高,生产效率水平也随之大幅提高,传统的供应链金融服务模式很快出现了"短板",供应链金融服务的线上化应运而生。

(一) 网上国内信用证 (如图 3-24 所示)

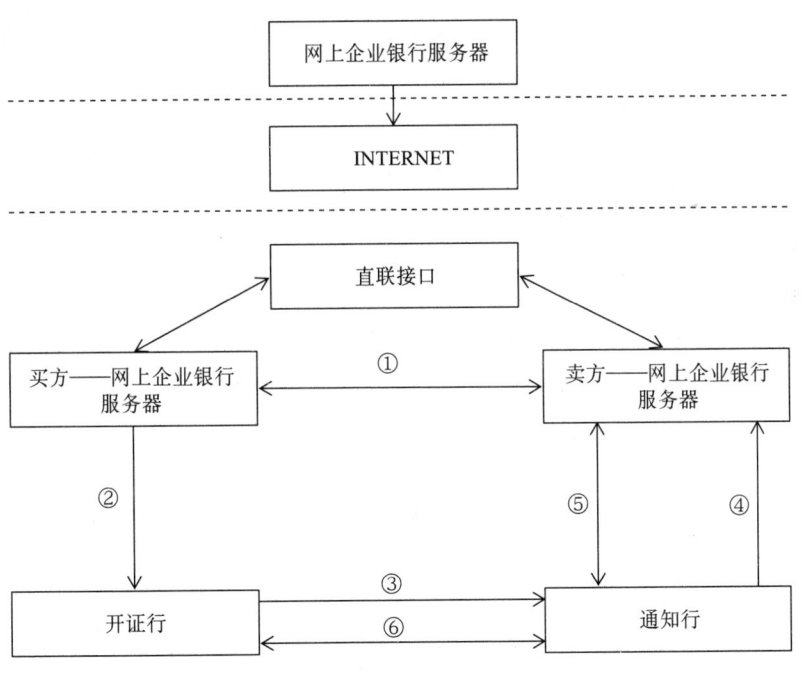

图 3-24 网上国内信用证

①签订贸易合同;
②网上申请开证;
③联网开证;
④来证通知;
⑤交单、议付、质押等项下授信;

⑥托收、偿付。

（二）电子商业汇票的特征

1. 纸质票据：易遗失、损坏和遭抢劫；假票、克隆票屡禁不止；查询、邮递、保管、处理、流转等成本和期限最长六个月，融资成本高；人工携带、邮寄方式托收，交易方式落后；人工操作错误、不规范所引起纠纷；资金和票据交割不同时。

2. 电子商业汇票：记载和流通全部电子化，不易丢失、损坏和遭抢劫；集中登记、托管在系统之内，保证唯一性、完整性；以电子签名代替签章，证明当事人的真实意思表示，安全性高；全流程电子化处理、实时传递，瞬间到达；付款期延长至最长一年，票据流转加大；可以跨行、跨区域流通、支持票、款在线同时交割；提示付款取代委托收款，到期快速收款、在线查询出票人、承兑人支付信用信息。

（三）网上保理

数据共享的账款管理平台，买卖双方均可主动发起应收应付款录入，对方及时可见，节省信息传递成本和工作量；详细的应收应付款信息管理工具，完备的电子台账，全面记录应收应付账款信息；网上确认应收账款债权转让；账款到期及逾期自动提醒功能，有效协助企业财务管理；支持所有保理业务种类，包括有追索权、无追索权、公开型、隐蔽型、融资性及非融资性保理等；支持不同到期日的应收款打包转让，融资期限可以突破单笔应收账款金额和期限的局限，降低企业融通资金的难度；网上申请传递速度更快，及时获取资金，提高应收账款转让效率。

（四）反保理

反保理作为供应链金融的一种形式，近来受到越来越多的关注。这种形式已经被许多国际大公司，如雀巢、麦德龙和沃尔沃所采用。反保理也包括应收账款的销售。但是保理是由销售方发起的，然而当信用债务人通知保理商即将到来的应收账款时，反保理交易被发起。只是主要过程是"反向的"。由于信用债务人明确证实了应收账款，所以可以优化协调风险和定价。事实上，债务人可能承担支付保理并直接与供应商解决任何运营问题（如产品质量、交货延迟或发票错误）的法律义务。反保理可以使所有当事人受益，因此经常被认为是一个"双赢"的概念。在不影响自身金融资源的情况下，核心企业可以提高其供应商的流动性。由于大公司经常获得低于其供应商的短期借款利率，所以这些额外的流行性可带来更多的竞争利率，而这个利率优于供应商独自获得的利率。贸易折扣、保理、反保理的比较如表3-8所示。

表3-8　　　　　　　　贸易折扣、保理、反保理比较

	贸易折扣	保理	反保理
资格	所有发票	所有发票	已验证的发票
出资	在买方（核心企业）倡议下	在供应商倡议下	在买方（核心企业）倡议下
总出资额	100%发票现金	部分发票现金	部分发票现金
利率	依据供应商情况来定	依据供应商情况来定	依据买方（核心企业）情况来定
支付	即刻	限期	限期

续表

	贸易折扣	保理	反保理
对工作所需现金的影响	可忽略	没有	没有
财务权益	折现值（但包括现金流出）	没有	折扣的百分比
安排其他供应商	慢（依据每个供应商的适应性）	没有	快

案例分享

一、大型商业零售企业供应商融资案例

1. 案例背景

某大型综合性商业零售企业A，作为我国商业零售龙头企业之一，连续多年获得中国连锁百强称号，其上游有大量存在稳定合作关系的供应商，在A企业自身业务发展壮大的过程中，越来越重视与供应商之间的共同成长，培育长期合作伙伴，以实现巩固供应链、增强市场竞争力的目标。但供应商大多为中小企业，规模较小，对A企业的销售存在一定的回款账期，资金流动性较差，难以通过自有资金扩大经营规模，存在较大的资金需求，但却因为没有足够的抵质押物而难以从银行获得融资。

因此，A企业希望通过与招商银行的合作，寻找为其上游供应商提供融资的渠道，从而使得采购渠道更加稳定。

2. 招商银行融资解决方案（如图3-25所示）

针对A企业供应商规模差异，银行提供如下几种融资解决方案：

核心供应商——订单贷

中小型供应商——池保理

小型供应商——定保理、应收账款质押

供应商在银行的帮助下盘活应收账款，增加流动性，使A企业的采购环节更加稳固

A企业、供应商、银行三方共赢！

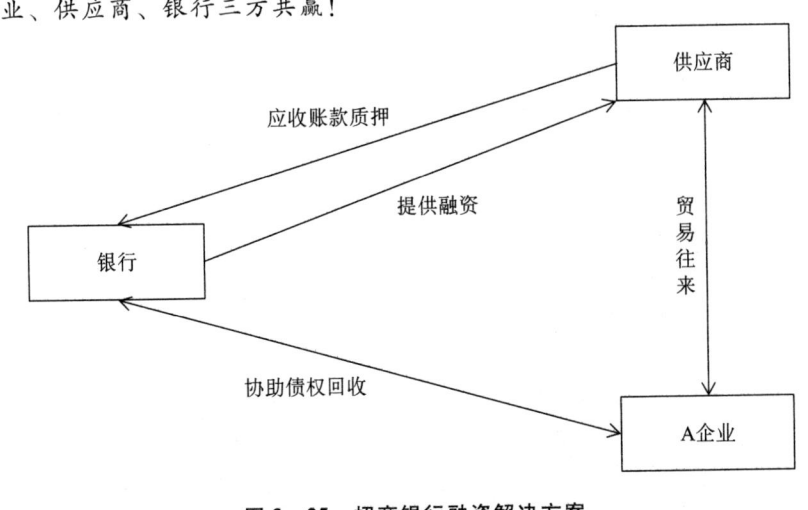

图3-25 招商银行融资解决方案

二、大型服装企业下游经销商融资案例

1. 案例背景

A 企业为某大型品牌服装上市企业,实力雄厚、品牌知名度高,在全国各地有大量代理 A 企业品牌服饰的下游经销商,并且与 A 企业建立了长期的合作关系,经销商信誉良好。A 企业为了鼓励和支持品牌经销商,拓展销售渠道,支持销售业绩增长在一定条件下给予经销商一定的信用额度,在额度内 A 企业可先发货,经销商实现销售回款后即支付欠款。但是这样的操作方式使得 A 企业自身的应收账款资金回笼较慢、资金占用比例较高。

因此 A 企业希望协助经销商从银行获得融资,从而减少自身的资金占用。

2. 银行融资解决方案

银行根据 A 企业及下游经销商融资需求提供 1+N 融资解决方案(如图 3-26 所示):借款人为经销商,银行根据经销商与 A 企业之间的真实贸易背景,及双方签订的订货合同,给予经销商一定的融资额度,用于向 A 企业采购,A 企业承担一定担保责任。通过订单融资方式,A 企业提前实现销售收入,减少资金占用,降低自身的负债水平,美化报表;同时使经销商的资金实力增强,订单额增加。

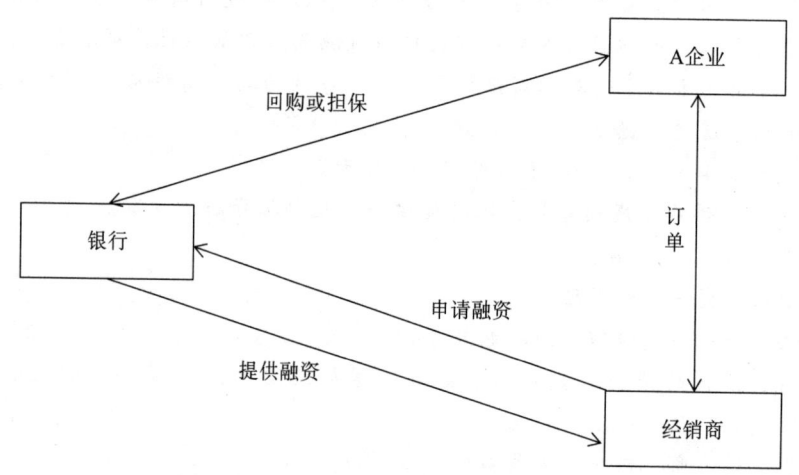

图 3-26　A 企业及下游经销商融资解决方案

问题:

1. 请简述一种供应链融资模式?
2. 应收账款融资模式的风险要点是什么?
3. 请简述融通仓融资模式的业务流程及其风险要点?
3. 保兑仓融资模式的业务流程与风险要点是什么?

第四章 "1+N"供应链金融模式

我国的商业银行自进入 21 世纪才开始涉足供应链金融业务,当时并没有形成统一的、明确的业务模式。直到 2003 年深圳发展银行在国内率先提出了"1+N"的供应链融资业务模式。2007 年深发展银行供应链融资授信额度超过千亿元,累计扶持 2000 多家中小微企业。随后,国有银行和其他股份制银行紧随其后,积极探索发展供应链金融融资新模式。如中国银行在供应链金融业务上已经推出融信达、融易达和通易达等一系列融资产品;中信银行开展新一代电子供应链金融,提供电子化、网络化及自动化的供应链金融服务,功能涵盖供应链管理、订货计划管理、融资管理、风险预警等众多方面。目前,各供应链金融主体不断对"1+N"范式的供应链金融业务模式进行不断完善和创新,形成从链到面的延伸,使供应链各企业联系更为密切,对于最优化供应链整体效益和各企业共同合作成长意义重大。

第一节 "1+N"供应链金融模式的发展背景

2008 年金融危机对世界经济造成的损害至今犹存,各国企业遭受不同程度的撞击,美国的格林银行破产倒闭,希腊债务危机蔓延,以至拖累整个欧盟。全球化为各国经济来往带来便利的同时也增大了经济危机的风险。传统的企业只考虑企业内部的问题,追求自身利益最大化。现在的企业慢慢开始意识到仅自身得到利益,忽略合作伙伴的利益,很难得到长久发展。外部环境的不稳定,消费者个性化需求的增长,加大了企业把握市场的难度。企业为了更好满足需求必须不断开发新产品,产品种类增长的速度远大于产品需求总量增长的速度,这给企业在营销、生产及产品开发设计等方面带来了巨大压力。企业必须依靠新的思维方式来进行管理。世界经济的进一步融合已经大势所趋,企业面临的竞争不仅包括国内市场还有来自国外的竞争对手。在市场全球化的过程中,没有哪个企业能够通过服务满足所有消费者对产品、价格和质量的特殊需求,这些需求需要多个企业共同合作。企业间的纵向合作借助日新月异的信息技术变成相互依存的关系。此时,企业存在的价值在于尽可能地寻找可信的合作伙伴,提高自身的竞争力。企业不仅关注自身的内部利益还会考虑合作伙伴的切身利益,使得整体的利益达到最大化。这种先进的管理经验和思想迅速传播,正逐渐改变着企业合作与竞争的方式,企业以供应链内部的形式与合作伙伴有序合作,以供应链整体的形式对外竞争。供应链将各企业连接一起,形成了规模效应,降低了产品成本,提高了竞争力。随着社会化生产方式的不断深化和企业竞争的不断加剧,个体企业之间的竞争逐渐向供应链之间的竞争转变,统一供应链内部各方相互依存。

国外"1+N"供应链金融模式是在全球化背景下以及国际分工协作的框架下产生的。

发达国家的许多大型跨国公司生产外包的形式在全球范围内寻找成本最优的区位，在最大限度内降低生产成本，并通过赊销的方式进行供应链上下游的结算，这直接导致了银行业务的边缘化，针对这种情况，银行不得不寻找突破口。同时，由于供应链上的成员企业各自分散融资，存在供应链整体财务成本不能形成经济的问题，增加了产品成本。因而，银行与这些核心跨国公司共同投入供应链融资系统解决方案的建设，由核心跨国公司提供担保，给予供应链上成员企业一定的授信额度，统一解决成员企业的融资问题，降低供应链整体的融资成本，对银行而言，可以重新赢得客户；对跨国公司而言，能够进一步降低生产成本，提高产品竞争力。

把核心企业作为直接和常规的切入点也是国际银行业的一般做法。为了在新的国际分工框架下密切与老客户的关系，并对客户所在供应链成员分散融资带来的财务成本、现金流困境做出积极地应对，国际性银行以与核心企业共同提供供应链融资主体解决方案地方式，重新开发了客户关系管理的新型模式。

国内"1+N"供应链金融模式最早由深圳发展银行于2003年提出。为支持中小企业发展，2005年7月深圳发展银行正式确定公司业务面向中小企业和贸易融资战略转型后，贸易融资投放力度迅速加大。"1+N"模式围绕核心企业，服务上下游中小企业。"1+N"模式是该行自主创新的公司业务新模式。"1"为供应链中的核心企业，通常为规模较大、资金雄厚、竞争力强的大型企业；"N"为供应链中围绕核心企业的上下游配套中小企业群。此模式改变了过去银行对单一企业主体的授信模式，而是围绕某"1"家核心企业，全方位地为链条上的"N"个企业提供融资服务，通过相关企业的职能分工与合作，实现整个供应链的不断增值。"1+N"模式从核心企业入手研判其整个供应链，不仅将资金有效注入处于相对弱势的上下游配套中小企业，解决供应链失衡问题，激活整个"链条"的运转。而且将银行信用融入上下游企业的购销行为，增强其商业信用，改善其谈判地位，使供应链成员地位更加平等，促进中小企业与核心企业建立长期战略协同关系，提升供应链的竞争能力。2006年底，中国银行与苏格兰皇家银行就供应链融资展开合作，围绕这一业务发展的需求和前景，研讨了买方和供应商的驱动和准入、装船前（后）融资模式、IT平台开发和客户支持模式等内容。中国工商银行则利用沃尔玛公司的优良信用，对其供货商提供从原材料采购、产品生产到销售全过程的融资支持。

国际银行业自始至终主要解决的是"1"的问题，即全球化外包安排下，供应链成员的融资瓶颈对供应链稳定性和成本的影响。通过这个问题的解决，银行得以深入参与"1"的供应链运行，在稳定与"1"的业务关系的同时，培育新兴市场的客户群。反观国内的情况，供应链金融的前期突破口是"N"。为了给众多中小企业为代表的"N"融资，银行与"1"和"N"之间的三方协议方式被引入。近年来，尽管"1"作为有效的风险控制变量和业务开拓突破口的价值被逐渐发现，但对大多数银行来说，"1"仍是市场营销的中介手段，目标客户群仍然指向"N"。

供应链金融主要从核心企业入手研究整个供应链，将资金有效注入处于相对弱势的上下游配套中小企业，以解决中小企业融资难问题。供应链金融以供应链上下游企业之间的交易项下的资金流、物流和信息流为依托，以交易项下的未来现金回笼作为还款保障，由商业银行向企业提供资金支持，满足企业综合金融服务需求。这种融资模式在深圳发展银行内部被称为"1+N"供应链金融模式，其中"1+N"中的"1"是指供应链中的核心企业，"N"

是指核心企业上下游的供应链成员企业——中小企业。在过去几年中，这一模式被学者们不断赋予经济学和管理学的丰富内涵，并在各家银行推广供应链金融的实践中被广泛演绎。

第二节 供应链生态系统提供的融资友好界面

供应链的运营思想形成便很快被运用到实践当中，它改变了以往单个企业的管理与运营方式。在供应链管理的初级阶段，企业开始考虑外部收益，尽可能满足所有企业的利益需求，从而使供应链各方达到平等互利。在遇到风险时，供应链各企业会紧密合作探索应对措施；在产品生产的过程中，各方会尽量考虑发挥所长，降低成本；在资金链紧张时，供应链各方既可以链内融资，又可以抱团互相担保向外界融资。

供应链的运营与传统的单个企业的管理与经营具有明显的差异性，这些差异主要可以归结为供应链的竞合性、多向链接和信息共享。

（1）竞合性。供应链是一种伴生关系的企业集群，而其中的每个成员都有各自的利益函数。在利益最大化的驱动下，供应链成员间存在竞争关系。但另一方面，在整个供应链条上，任何企业要实现利益最大化，必须以整条供应链的价值增值和各合作伙伴共赢为基础。因此，企业间的竞争将向着有利于供应链整体目标实现的方向发展。企业间的竞争与合作相互依存，此时竞争是良性的企业竞争，不会形成恶性循环式你死我活的竞争局面。这种竞争可以促进企业内部管理的优化和技术的进步。如果一旦某个企业心存不良损害他人利益达到自身利益的最大化，它就有可能被这条供应链抛弃。同样，企业间的合作，也会高于其他形式的合作。由于供应链要求各企业各有所长，充分发挥自身某一环节的优势，这种有目的合作形式的互补往往更能加深企业的感情。如果某一企业出现问题会影响到整个供应链的效益和声誉，合作就会面临破裂的危险，问题企业很可能会付出惨重的代价。高昂的机会成本促使企业进行良好的竞争和合作，久而久之便会形成良好的商业氛围，对于破坏这种有序市场环境的企业，将会受到严重惩罚。

（2）多向链接。供应链各节点企业往往分布在不同的行业和领域，且各节点可能归属于多条供应链，部分功能复杂的节点还可能构筑以自己为核心的供应链，从而形成多向链接、网状交错的多维结构。供应链在市场当中不是孤立的存在，多条供应链相互交织形成供应链网，复杂有序的供应链网将各企业联系在一起，核心企业则可成为功能强大的节点，实力较差的中小微企业将被串联到网上，较大规模的企业可能连接起较多的供应链。不断成长起来的企业或规模较大的企业，也可以逐渐成为新的节点向外延伸，甚至形成以自己为核心的供应链。当然核心企业也有可能会因为经营不善失去节点的部分或全部功能，那么此条供应链可能将会崩溃或者形成其他企业主导的供应链。不管供应链内部企业如何变化，无数条以大企业为核心架构的供应链形成的网络把所有企业联系在一起，供应链各企业的多向链接性，为企业的生存营造一个良好的氛围。

（3）信息共享。一个高效运行的供应链体系要求建立一个高度集成的信息共享平台，通过这一平台，所有的节点企业能够迅速地掌握上下游各节点的库存状况、生产计划以及市场需求预测等信息，从而及时准确地调整自身的经营计划。信息化程度高的供应链通过电子商务平台，合理分配并调度整个供应链的采购、生产、物流、销售、资金结算等工作。企业的交易离不开信息的传递，信息真实有效快速地传递是完成产品交易和深化合作的基本前提。在我国现代社会文化中，只有永远的利益，没有永远的朋友的商业合作模式尚未完全打破。在双方合作谈判中，由于信息的不对称，各自总以当前的自身利益最大化考虑，缺乏有效的沟通和对彼此的不了解，难免在以后的合作中不欢而散。双方难以形成相互依存的利益关系，进一步合作的阻力仍然很大。供应链的管理及有效运营要求供应链中的各企业信息共享，在信息几乎完全对称的情况下，企业间才会更加地信任彼此，合作才会更加紧密和长久。在互联网技术成熟的今天，信息传递的成本大大降低，企业的沟通更加迅速，供应链各方获取彼此的信息更加准确快捷，企业可以根据上下游企业的需求和自身的状况，制订有效的生产计划，有效避免生产不足或产品挤压的情况。信息共享是供应链有效运营的基础，信息流的传递将企业联系在一起，彼此信息透明共享提高了供应链运营的效率。

供应链运营的上述特征，显示了供应链成员之间在交易、利益和信息方面的强关联性，这种关联性为银行提供了对成员企业进行批发式销售的基础。在银行的传统信贷过程中，银行总偏向于大企业、大集团，对于中小微企业不屑一顾。当然这种局面的形成，原因是多方面的。但归因于一点，还是由于银行对中小微企业不了解，贷款成本较高，贷后监督较为麻烦，企业违约成本较低。供应链的运营特征，为中小微企业的融资提供新思路，有效解决了传统银行的贷款顾虑和中小微企业自身规模的局限性。

首先，供应链生态环境提供的信息汇集（information pooling），有效降低了银行对授信企业的信息获取成本。而节点间的交错信息，则提供了信息印证和信息甄别的机制。更为重要的是，核心企业作为信息"集散中心"，其与银行的高度配合，为银行的贷前和贷后提供了关键性的信贷决策依据。处于供应链中的各方企业往往需要依托核心企业才能更好地生存，核心企业就要对自己的合作伙伴知根知底，通过对上下游企业的信息收集，核心企业就可以对自身的经营制定计划。同时在银行授信和信用担保方面，核心企业更愿意为其提供服务。信息的充分获取和核心企业的信用担保为银行授信打通了绿色通道。银行贷前评估的机会成本大幅度减少，贷后监督的繁杂程序大大简化，供应链良好的生态环境为银行、上下游企业及核心企业营造一个健康可持续的生存发展空间。

其次，供应链多层次的"树状"结构，为银行的客户开发提供了延展空间。由于某一供应链的成员可能也是另一供应链的成员甚至核心成员，银行对一个供应链的开发可能触发对其他供应链开发的"开关"，由此带来业务开发的多米诺骨牌效应。对中小企业客户群而言，结合信息采集成本的降低，这种业务营销的规模经济，往往从根本上解决中小企业信贷市场的成本收益倒挂问题。目前，我国绝大部分企业是中小企业，随着银行20余年的发展，大企业、大集团的战略已经不能完全适应现代社会的变革。影子银行的快速发展和电商的迅速崛起，正一步一步吞噬银行的利润，中小企业群对于银行等金融机构几乎都是一片广阔的"净土"，谁能最大程度地挖掘这类群体，一定程度上是占据竞争优势的关键。供应链的存在一方面对这种竞争起到"催化"作用，一方面优化了资金的配置效率。

此外，核心企业对供应链整体运行效率的关切，提供了核心企业向银行推荐安全客户的有效激励。而成员在关联利益下构建的合作博弈框架，加大了每个受信企业的信贷违约成本。在这个过程中，原先银行与中小企业之间借贷的直接委托代理关系，通过核心企业的介入，进一步派生出银行与核心企业之间的准委托代理关系，即银行委托核心企业对中小企业进行监督和约束，以此增加中小企业的违约成本，同时增加一个信贷跟踪的观察窗口。在供应链中的核心企业最为关切供应链运行的效率，核心企业通过对上下游企业的了解，协调各方使供应链的整体收益最大。核心企业实时掌握上下游企业的运营情况，即为银行授信提供便利又为链内融资提供依据。核心企业在这一过程中起信用担保和跟踪观察的作用。

从核心企业的角度来看，生产工序上的相互衔接使供应链呈现出生物链的特征，即大企业在生产环节上很依赖上下游供应链成员，因为某一外包环节的脱节将会导致供应链运行节奏的停顿。核心企业与中小企业在生产上的紧密联系，使知识通过生产过程传播给中小企业，而信用是属于企业隐性知识的范畴，故在价值链上和供应链上会逐步形成以核心企业信用为主导的信誉链，信誉经过综合、外化、内化和社会化的过程，使信誉链内企业在共享的同时，能与链外企业相互感染，使边际信誉度不断提高，从而形成信誉的"乘数效应"（魏守华，2002）。

这种效应不仅使得供应链全体成员共同超越了银行的信用评审门槛，同时也为银行提供了沿着链条低成本顺次开发的自然通道。这样，供应链生态系统提供了一个面向融资的亲和界面。

第三节 "1+N"供应链金融模式的成员结构及其作用

"1+N"供应链金融模式的成员主要是核心企业"1"和上下游中小企业"N"构成，两者根据自身特点扮演者不同的角色。供应链如同人体中的大动脉血管，核心企业就像运输效率高动脉血管的节点，协调人体不同器官所需大量血液和能量的配置，上下游中小企业如同多而密的毛细血管，为人体的器官提充足的能量。核心企业和中小企业各自分工合作，撑起人体机能的网络架构。

一、"1+N"供应链金链模式的核心企业"1"

"1+N"供应链金融模式中，核心"1"可以是经济实力雄厚、信用良好的龙头企业和大型跨国企业，还可以是信誉高、实力强或政策性的担保公司，亦可以是规模大、发展繁荣的专业市场。无论是企业或担保公司或专业市场，能够成为核心，都具有的共同特征是自身发展好且信誉高，能够为上下游中小企业或者配套的中小企业提供担保，协助其得到银行授信，帮助其解决发展过程中的融资难题。近些年来，供应链的运作方式正逐渐取代纵向一体化的发展方式，被许多核心企业"1"所使用，无论是国内还是国外的企业，通过供应链的分工合作方式，将低附加值的部分外包给中小企业完成，将自身精力更多的投入于技术、品牌、创新等核心能力的提升上，这些核心能力往往具有高附加值。

二、"1+N"供应链金链模式的中小企业"N"

"1+N"供应链金融模式中，"N"指的是与核心企业"1"存在稳定的供应链合作关系的中小企业。中小企业由于规模小，缺乏固定资产，财务数据不规范，信用水平低等原因，难满足银行的授信要求，普遍面临着融资能力弱、融资成本高的问题。相对来说，在供应链的合作关系中，核心企业处于强势地位，中小企业在参与供应链合作过程中，为核心企业完成生产加工环节的外包任务，这对于缺乏专利技术、缺乏市场的中小企业来说，能够充分发挥自身的专业优势，促进发展。在逐步发展过程中，但却面临着资金需求量增加，融资难、融资成本高的问题。因而通过"1+N"供应链金融模式，能够缓解中小企业发展过程中的融资难题。

三、供应链融资中核心企业的角色与作用

供应链运作和管理的诸多信息汇聚于核心企业，是供应链管理的信息交换中心；核心企业掌控着供应链中主要产品的生产、销售，极大地影响着其他企业的生产销售进程，是物流调度中心；伴随着物流运转，供应链中大部分资金也集中于核心企业进行结算和调配，核心企业成为资金结算中心和协调中心。

（一）信用担保者

中小企业规模小、信誉低，缺乏可用于抵押的资产，难以从银行获得贷款。然而核心企业实力雄厚、信誉好，受到银行信赖。供应链融资中，银行不再只关注融资企业本身，而立足于供应链整体，将核心企业纳入进来，考虑真实的贸易背景。这样供应链被视为一个整体，核心企业的资信被注入其中，为中小企业做了信用增级，帮助他们获得资金。此外，签订融资合约时核心企业做出的回购承诺等也为中小企业提供了担保，降低了银行的风险，满足中小企业的融资需求。

（二）监督者

核心企业参与供应链融资中，虽然能促进整条供应链的发展，从中受益，但必须承担一定风险，有可能遭受损失。例如，在保兑仓融资模式下，若融资企业（上游的供应商）无法还清贷款，由于核心企业提供了回购承诺，则核心企业必须回购部分甚至全部质押的货物。核心企业为了降低自身的风险，保证供应链的正常运行，就必须在日常运营中保持应有的警惕性，关注上下游企业的经营活动，关注物流、信息流和资金流的流动，警惕异常情况。

（三）额度调配者

现实中，很多银行都采取"一次授信、集中配置"的方式进行供应链融资业务。银行的授信不再具体到供应链中的各个中小企业，而是对整条供应链进行授信，将授信额度分配的权利授予核心企业。相较于银行，核心企业更加了解供应链中各企业的情况，清楚具体的交易情况，能够根据实际需要为各企业配置授信额度。此外，还有一些由核心企业主导的供应链融资业务，不再需要链外资金。核心企业充当金融机构，利用链内资金开展融资业务，为上下游企业分配授信额度。

四、供应链融资中中小企业的角色与作用

供应链金融是多方共赢局面的缔造者，供应链融资中收益最大的应该是上下游中小企业。正是有了中小企业融资难的问题限制了自身发展和羁绊了大企业精化分工合作的步伐，因此供应链融资中中小企业扮演着重要的角色。

（一）风险分担

当金融危机发生时，供应链中的一些企业（包括核心企业）可能会蒙受巨大损失，此时供应链就有可能面临崩溃的危险。供应链中没有或较少遭受损失的众多中小企业可以为其

提供一定量的资金或提供一些技术、人力等必要的帮助,共同度过危机。另外,有些中小企业位于多条供应链中,遭受损失的中小企业可以将风险分摊到不同链上,可以减少某条链中企业的压力。

(二)信用增信

上下游中小企业由于自身规模小,一次性交易量少,但交易频率高、生产方式灵活、变通能力强是大企业不具备的优势。在银行授信评估中,核心企业与中小企业的交易往来、联系的密切程度和核心企业对供应链运营效率的管理能力都会成为银行评估的重要新标准。中小企业对大企业信用评级有重要的影响,好的信用评级可以为企业争取更多的授信额度,使供应链各企业得到充足的资金支持。

(三)利润创造

中小企业往往由于资金不足面临生产困难,供应链融资为中小企业注入充足的资金。中小企业可能会扩大生产规模或缩短生产周期,从而为自身赢得更多的利润。核心企业在银行授信过程中,提供信用担保和贷后监督,也会收取中小企业一定的服务费用。银行放出的贷款增加了其利润来源途径,同时,银行也会通过这种方式打开中小企业群体的业务延伸渠道。中小企业通过供应链的传递效应让所有参与主体都有利可图,承担着活跃市场经济的重要角色。

(四)第三利润源创造

根据第三利润源理论,以降低资源消耗的第一利润源和降低人力资源消耗的第二利润源的潜力会越来越小,利润开拓越来越困难的情况下,物流领域的潜力开始被重视,称为第三利润源。目前我国的物流成本居高不下,是发达国家的2倍左右。物流作为第三利润源,就是要合理地组织产供销环节,在规定的时间内按货物必要的数量以正确的方式送达目的地。供应链资金流的顺畅促进了物流高效的流通,中小企业在货物配送、仓储等方面发挥重要作用。

第四节 "1+N"供应链金融模式的定义与特点

一、"1+N"供应链金融模式的定义

"1+N"的供应链融资模式就是将供应链上核心企业的"1"作为基础,然后再综合全面地考虑供应链的稳定性和发展性,在以核心企业以及中小企业"N"的实际贸易的前提下,为供应链上的大多数中小企业"N"提供授信支持,再转变各中小企业"N"及其各项财务指标考核标准的一种新的融资模式。或者说所谓的"1+N"供应链融资,即指基于1个商业银行认可的核心企业的信誉,对与其发生贸易往来的中小企业进行投信。以对应环节的特定金融产品进行匹配从而基本免去抵质押担保的融资模式。换言之,银行评估的是整个供应链的信用状况,为供应链上的相关企业进行综合授信。因此,国内有学者也称之为"信誉链"。

供应链金融重新梳理了核心企业和中小企业之间的关系。供应链融资是通过货权质押和

实际的贸易交易等手段,为从原材料采购,中间品及制成品,到最后经由销售网络把产品销售出去这一链条上的企业进行融资。它将供应商、制造商、分销商、零售商,直到终端用户连结成网链结构,它围绕的是"1"家核心企业所在链条上的"N"个企业的融资服务,由于不同企业在供应链上的分工与协作,从而实现整个供应链持续的增值。供应链金融"1+N"模式如图4-1所示。

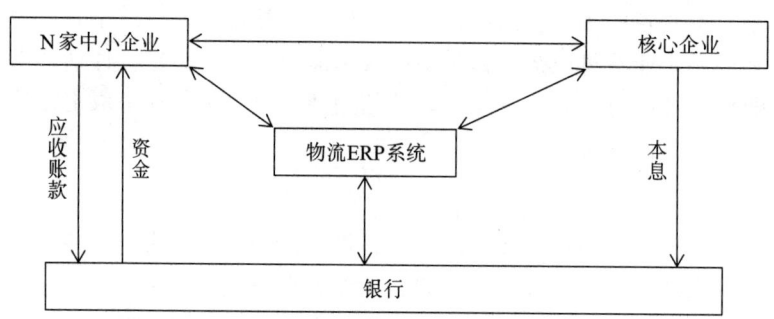

图4-1 供应链金融"1+N"模式

"1+N"是金融实践系统论的产物,即着重从整体与部分之间,整体与外部环境之间相互联系、相互作用、相互制约中综合地、精确地考察对象,并定量地处理它们之间的关系,以达到最优化处理。正如一些学者所指出的,"1+N"表达了深圳发展银行这样一种见解,即很多小企业是依赖一个大企业而生存的。企业的关系不是厂家间的堆积,而是一个生态群的整合。在供应链金融中,银行不会只是考虑供应链中某个企业的资信情况,而是把供应链企业的贸易关系综合起来考虑,提供的融资会渗透到这个交易链的每一个环节,如图4-2所示。供应链"系统"从采购原材料开始,制成中间产品以及最终产品,最后由销售网络把产品送到销售者手中,是一个范围广阔的包含供应商、生产商、分销商、零售商直到最终用户的网络结构。

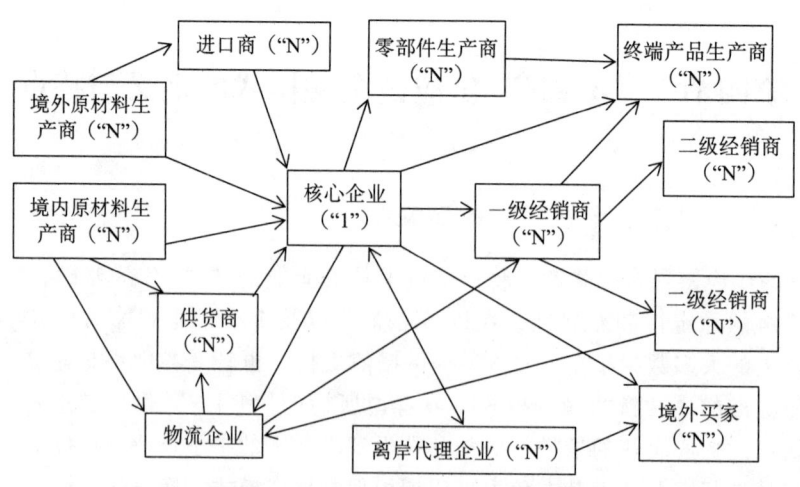

图4-2 供应链金融"1+N"模式

基于核心企业"1"组织众多配套企业"N"生产的供应链生产关系特点,深圳发展银行将上下游之间的贸易速效业务扩展到整个供应链,开发形成"1+N"供应链贸易融资,简称"1+N"供应链融资。这种融资既包括对供应链单个企业的融资,也包括该企业与上游卖家或下游买家的段落供应链的融资安排,更可覆盖整个"供—产—销"链条提供整体供应链贸易融资解决方案。以对单个企业的融资安排为例:

(1) 对核心企业的融资安排:核心企业自身具有较强的实力,对融资的规模、资金价格、服务效率都有较高要求。这部分产品主要包括短期优惠利率贷款、票据业务(开票、贴现)、企业透支额度等产品。

(2) 对上游供应商的融资解决方案:上游供应商对核心企业大多采用赊销方式,核心企业普遍对上游供应商采用长账期采购方式。因此上游企业融资方案以应收账款融资为主。主要配备保理、票据贴现、订单融资、政府采购账户封闭监管融资等产品。

(3) 对下游经销商的融资解决方案:核心企业对下游分销商的结算一般采用先款后货,部分预付款或一定额度内的赊销。经销商要扩大销售,超出额度的采购部分也要采用现金(含票据)付款。对下游经销商融资方案主要以动产及货权质押授信中的预付款融资为主。配备的产品主要包括短期流动资金贷款、票据的开票、保贴,国内信用证、保函,附保贴函的商业承兑汇票等。

综上所述,供应链金融"1+N"模式就是围绕供应链链条上的某"1"家核心企业,全方位地为链条上地"N"家企业(供应商、制造商、分销商、零售商、最终用户)提供融资服务,通过相关企业的职能分工与合作,实现整个供应链的增值。

二、供应链金融"1+N"模式的特点

(一) 银行授信评估更合理

对供应链成员的信贷准入评估除考虑企业自身状况外,还考虑它对整个供应链上下游的重要性。评价的重点在于核心企业的财务实力、行业地位,以及整个供应链的管理效率,并引入核心企业的资信作为控制授信风险的辅助手段。对供应链成员的融资严格限定于其与核心企业之间的交易活动。银行根据获得的综合信息决定授信额度,这种评估方式的改进对中小企业的评估较传统的评估方式更为公平。

(二) 企业间的联系更为紧密

在中小企业与核心企业间,主要是基于业务活动对资金流进行合理配置;在信用融资的情况下,金融机构与供应链之间,虽然是以供应链为单位进行融资,但主要还是依托供应链核心企业的资信水平。在质押融资的情况下,金融机构则需要借助于第三方物流企业进行质押货物权的监督和管理,二者间存在复杂的委托代理关系。

(三) 融资渠道多样化

在供应链金融模式中,主要有内部融资和外部融资两种方式,每一种方式又可以表现为多种业务形式,使得融资的渠道多样化。在资金需求量较小时,可以借助于链内成员间的预付货款、延迟支付货款等形式实现资金流在链内的优化配置;在链内融资不能满足资金需求时,又可以通过供应链整体,依托核心企业的信用优势进行融资。在实际中,链内融资和链外融资往往并存,使融资渠道呈现出明显的多样化。

(四) 供应链金融将供应链成员联系得更为紧密

供应链金融从核心企业入手研究整个供应链问题。供应链融资过程的完成需要各方面密

切配合，资金流入有效选择最需要的企业，解决供应链失衡问题，使资金的效用最大化。将银行信用融入上下游中小企业的购销行为，增强其商业信用，改善其谈判地位，使供应链成员更加平等地协商和逐步建立长期战略协同关系，提升供应链的竞争能力。同时，银行的介入会使供应链企业更加地团结。

（五）强调"物"的管理，要求供应链条中始终保持物的存在

供应链融资中实物的存在让金融回归实处，在整个融资过程中，虽然伴随着产品的流动，但核心企业总能掌握其动向。在供应链融资的三种模式中，产品的提货权总是掌控在银行或核心企业手里，让物权抵押成为可能，资金流通更加顺畅。

（六）还款来源的自偿性

通过操作模式的设计，将授信企业的销售收入自动导回授信资金方的特定账户中，进而归还授信或作为归还授信的证明。比如保理，其应收账款的回款将按期回流到指定的保理专户中。

第五节 "1+N"供应链金融的优势分析

"1+N"供应链成熟模式下，核心企业、中小企业、银行、物流企业存在协同共生关系，通过资金流的打通，无论对于核心企业、中小企业、银行还是物流企业，都能促进自身更好地发展，进而也推动"1+N"供应链金融模式持续稳定地发展运作，实现一种良性的、循环的共赢局面。

一、利于核心企业提高优势

对核心企业而言，通过"1+N"供应链金融模式的实施。首先，以核心企业与中小企业之间的真实贸易合作关系，将核心企业与中小企业进行信用捆绑，使中小企业得到银行授信支持，这就解决了其在发展过程中的融资难题，降低了融资成本，从而降低了供应链整体的财务成本，提高供应链的整体竞争力，核心企业作为"1+N"供应链金融的终极受益者，能够更好更快地发展。其次，在供应链合作关系中，核心企业将低附加值的生产加工环节外包，"1+N"供应链金融模式的运作依托真实贸易关系将中小企业与核心企业进行信用捆绑，解决上下游中小企业的融资难题。最后，供应链核心企业利用供应链金融业务紧密地将原本松散的供应链内的企业联系在一起。由于供应链内企业各自都为自身的利益考虑，没有顾及供应链的整体利益导致供应链上的企业间合作十分松散。供应链核心企业依靠供应链金融业务对上下游中小企业提供信用担保和价值评估，不仅掌握了企业的运营情况还能兼顾各方利益，使供应链的营运更加高效，增加了供应链的竞争力。另外，核心企业也加强了与银行的紧密合作，促使银企良好互动发展。同时，核心企业在为上下游中小企业提供信用担保和价值评估时也可收取一定费用，不仅增加了利润的创新点，还提高了核心企业在供应链中的控制力与声誉。因此，"1+N"供应链金融模式能够建立稳定的供应链合作关系，降低核心企业的供应链维持成本，有利于核心企业对供应链进行管理与优化，有利于核心企业进一步提升自身高附加值的核心优势。

二、利于中小企业解决融资难题

中小企业是"1+N"供应链金融模式服务的最主要对象,通过"1+N"供应链金融模式的实施,有助于缓解中小企业的融资压力,降低其财务成本。中小企业由于信用度低,难以达到银行的授信要求,同时又面临着外部融资渠道缺乏,内部融资能力有限的局面,资金的短缺严重抑制了中小企业的发展。在这样的背景下,运用"1+N"供应链金融模式,银行、中小企业与核心企业在贸易过程中产生的现金流作为还款来源,通过供应链合作关系进行信用捆绑,依托核心企业的高信用度,在真实贸易的基础上,向中小企业提供授信,帮助中小企业突破资金瓶颈,满足其发展过程中短、急的资金需求。供应链金融的出现使拥有大量商品及原材料的中小企业通过核心企业以货物质押等方式从银行获取急需资金,既可以快速有效地激活整个资金链的沉淀资金,又可以打破传统的融资模式。供应链金融加强了中小企业与核心企业的业务联系,使供应链内的各方联系的更加紧密,不仅提高了自身的竞争力也增加了抗风险能力。"1+N"供应链金融模式降低了中小企业的融资成本,有利于促进中小企业更好地发挥自身优势参与供应链分工协作,有利于保证其与核心企业长期的战略合作。

三、利于银行拓展业务

"1+N"供应链金融模式有利于提高银行控制风险的能力,有利于降低银行的授信风险,有利于银行业务的拓展,提高利润。在"1+N"供应链金融模式下,银行基于对核心企业信用度评价、对核心企业经营状况与发展前景充分了解,依托供应链上的真实贸易背景,与物流企业合作,由物流企业负责监督、运输、担保的前提下,给予中小企业授信支持。其一,银行在这个过程中,在核心企业与物流企业的协作下,充分掌握了供应链上的资金流、物流、信息流情况,消除了银企之间的信息不对称,有利于银行对授信风险的管控。其二,由于供应链金融具有资金封闭性、自偿性、连续性的特点,银行能够控制专款专用,避免企业将银行贷款用于他处,并且中小企业是以与核心企业之间的贸易额作为还款来源,这极大地降低了银行的授信风险。其三,在供应链金融服务开展的过程中,银行发展并培育了大量优质客户且由于供应链合作的持续性,供应链金融服务亦能持续开展。"1+N"供应链金融模式是近几年银行提供的一项新的金融服务,它不仅拓展了银行的信贷业务范围,也日益成为银行重要的利润点之一,不仅提高银行利润额,也极大地降低了银行的不良贷款率。其四,供应链金融为银行提供了稳定的高端客户,使银行跟整个供应链打交道,降低了与只同单一的企业打交道的风险。透过物流供应链金融,银行以"信用捆绑"连接核心企业与链上的中小企业,帮助中小企业摆脱融资难与供销失衡的困境,并从对企业个体的评估转变为对业务链的整体评估,拓展新的利润空间,将中小企业纳入整条供应链条上作融资考虑,这样,能有效缓解中小企业的融资困难,实现"银企双赢"。

四、利于物流企业升级发展

物流企业是"1+N"供应链金融模式顺利实施不可或缺的组成要素。银行的主要服务对象是大量的中小企业,物流企业的服务对象为供应链上的所有企业,包括核心企业,也包括中小企业。银行与物流企业的客户存在高度重合性。我国众多的物流企业为了在激烈的竞争环境中更好地生存和发展,纷纷向金融服务业靠拢并在物流活动中提供物流服务。供应链金融的发展使物流企业的业务更具广泛性,增加了利润的源头。相对银行而言,物流企业由于承担了物资的运输,更了解中小企业的实际经营状况。在"1+N"供应链金融模式中,物流企业除了为企业提供物流服务外,还能为银行提供更加真实有效的企业经营数据。在物流的包装运输转移中,可以贴上自身公司的标识,使更多的人了解,加大了宣传力度。有时物流企业也可作为核心企业为中小企业提供信用担保、货物监管和运输存储等服务,不仅增加了企业利润也促进了物流金融业务的发展与深化,加快了物流企业改革的步伐。银行也需要委托物流企业对中小企业的质押物进行监管、仓储等,以降低银行的授信风险,保障"1+N"供应链金融的顺利实施。另外,物流企业在对中小企业进行价值评估时可以掌握供应链的运营情况,为选择更好的长期合作伙伴奠定基础。因而,"1+N"供应链金融的开展,为物流企业拓展了业务,增加了利润增长空间,促进了物流企业的转型升级。

第六节 "1+N"供应链金融的劣势分析

一、供应链企业潜在风险高

"1+N"供应链金融模式,银行将核心企业与中小企业的信用捆绑,借助核心、企业高信用度,给予中小企业授信。但由于存在供应链上的分工协作,在信用捆绑的同时,也隐藏着捆绑着的风险。

第一,供应链上的核心企业一旦出现信用危机,将导致供应链整体信用危机;或核心企业一旦出现经营管理不善的问题,上下游企业的生产运作也将受到负面影响,供应链的风险将集中爆发,对银行来说,就面临着相当高的坏账风险。

第二,由于供应链上的企业发展水平不同、速度不同,"1+N"供应链金融模式在对中小企业进行授信的过程中,若供应链上某一生产环节的中小企业出现违约行为,将会影响上下游分工合作的顺利开展,影响整个供应链的稳定。由于信用捆绑,除了给核心企业带来消极影响外,甚至还会危及核心企业的顺利发展。若整个行业发展受到宏观经济调控的负面影响,也存在供应链上的企业包括核心企业在内集体违约的风险,银行亦存在着较高的潜在风险。

第三,当金融危机爆发时,供应链上的企业尤其是核心企业若受到冲击,很可能会波及整个供应链上的企业。有些核心企业可能主导数条供应链,一旦危机爆发时,供应链之间的节点网状传播将迅速传递给众多企业,会给整个经济造成极大损失。危机过后的复苏,可能会由于危机的影响让一些企业丧失重振的信心,供应链网络的再次形成,也是需要相当长时间。

第四,供应链金融产品针对具体的贸易设计,由于贸易形式的多元化,加之没有固定的风险控制标准和流程,银行对企业提供的抵押品缺乏专业的价值评估能力,因此银行的信贷风险范围扩大、不确定性增加。由于企业需要将贸易的真实信息提供给银行监管,因此面临企业机密外泄的风险。

二、授信额度小

"1+N" 供应链金融模式中,银行围绕着上下游的贸易确定授信额度,授信业务具有封闭性、自偿性以及连续性的特点。其中,封闭性指的是银行贷款的专款专用,而自偿性指的是由贸易产生的现金流来偿还银行贷款,因而 "1+N" 供应链金融模式中,银行的授信额度较小,仅仅满足中小企业短期且额度小的资金需求,无法满足中小企业进一步扩张发展中的中长期、额度高的资金需求。虽然有核心企业的信用担保,但中小企业自身缺陷如生命周期短、财务报表不清晰等原因还是导致银行贷款意愿不强烈。

三、对核心企业要求高

"1+N" 供应链金融的实施是借助核心企业良好的信用度及发展前景,依托供应链合作关系,将中小企业 "N" 与核心企业 "1" 进行信用捆绑。在实施过程中,一方面,核心企业一旦出现危机,必然会影响上下游的中小企业;另一方面,核心企业由于参与了信用捆绑,亦承担了相应的责任与风险,因此作为核心企业,除了需要加强自身的管理监督外,亦需要对合作中小企业进行监督与管理,以保证生产质量,这就对核心企业提出了更高的要求。在传统的融资过程中,核心企业不需要对中小企业负有监督等责任。但在供应链金融中,由于核心企业对上下游中小企业的信用增信导致核心企业与银行共同承担了中小企业违约的风险。核心企业需要成立专门部门负责对供应链企业运营的管理和资信贷款业务的监督管理。这对核心企业的管理协调能力提出了更高的要求,一定程度上增加了其管理负担。

四、供应链金融管理机制及专业人才的局限

我国国内供应链共同体关系松散不够稳健,核心企业与供应链成员之间缺乏制度化约束,管理机制不够顺畅影响了供应链融资业务的发展。供应链融资属于金融创新,我国的金融立法远滞后于金融实践,新型金融创新的出现很难寻求立法的支持。目前国内供应链融资产品大多是传统贸易融资产品的简单组合,同质性强、易模仿,导致同业竞争白热化。我国供应链融资管理机制有待进一步完善,法制制度的缺失是我国供应链融资发展的一大劣势。另外,供应链金融公司的团队中缺乏既懂得金融管理,又熟悉客户相关行业背景的复合型人才。供应链金融人才的缺乏导致供应链金融市场专业化程度不高,供应链金融整体融资效率提升缓慢。

第七节 供应链金融营销切入点的选择

供应链本身包括信息流、物流和资金流三个维度。在供应链管理中商业银行可以为核心企业提供资金流的解决方案。物流企业和电子商务企业分别承担着物流和信息流的解决方案提供者的角色。要实现三流的有序衔接,保证供应链金融业务运行的效率和安全性,应该在商业银行、物流公司和电子商务公司之间建立起合作联盟。

一、核心企业角度

供应链金融业务开发的最直接和常规的切入点就是核心企业,这也是国际银行业的一般

做法。

国内的情况恰恰相反，供应链金融业务始于以货押授信业务为代表的中小企业自偿性贸易融资解决方案，从对"N"授信的个案中对"1"的责任捆绑，最终发展到直接找到"1"来批量开发"N"，经历了一个认识过程。

国内银行"1+N"的开发模式运用可以有两条路径：从"1"到"N"，以及从"N"到"1"。前者有赖于"1"在财务供应链管理方面的主动意识和经营的前瞻性，这些"1"往往是身处激烈的商业竞争环境中的企业。对于垄断行业、政策倾斜行业的核心企业，以及那些缺乏危机意识的大企业，通过对其"N"的先期批量开发，最后累积"N"对"1"的谈判筹码，实现对"1"的营销达成，也不失为一个有效的切入模式。在国内银行业的既往实践中，后一种模式屡试不爽。

二、物流企业角度

物流企业作为供应链金融切入点的价值存在于以下几个方面：

物流企业客户与供应链金融客户高度重叠，因为供应链的内部物流，包括从供应商到核心企业或是从核心企业到分销商，构成了物流企业业务越来越重要的部分。因此，银行与物流企业的客户共享，实现多窗口的客户导入，是供应链金融营销的重要路径。

供应链融资的产品运用很多都涉及物流的控制，在这类业务中，物流企业往往充当银行代理人的角色，监管信贷的支持性资产，并就企业的经营活动向银行提供预警。这类业务的客户将同时作为银行和物流企业的客户，为物流企业带来新的利润增长点。这方面的利益激励引导物流企业积极发掘存在潜在融资需求的客户。

物流外包已成为现代企业扩张到特定发展阶段的趋势性选择，面对这一趋势，并依托主业项下的物流管理职能，引入金融增值服务来吸引外包业务，完全可以成为一种有效的竞争策略。在这种策略下，物流企业的资源投入并未增加，但可以获得物流和动产监管的双重收益。

三、B2B电子商务交易平台角度

供应链金融电子商务平台是对供应链内部交易和融资获得渠道的完全整合。当前最为流行的供应链金融电子商务平台主要聚焦于应付账款和应收账款从发生到实现各个环节的自动化，其中包括通过买卖双方的ERP与银行系统之间的对接，实现发票传递和结算的电子化解决方案，以及贸易融资中信用证和赊销结算方式的线上化。近来，发票融资、发票贴现、福费廷和存货融资等功能也逐渐被引入此类电子商务平台中。

四、保险公司角度

保险作为天然的风险转移类产品，可以运用到几乎所有供应链融资产品的流程环节之中。在某些产品中，保险是选择性部件，根据具体的贸易背景灵活选择。比如一般要求存货融资项下必须对货物购买综合险，对于容易搬动的抵质押物，还要求购买盗抢险；预付款融资中买方承运的情况下，也要求购买在途运输的相关保险。在另一些情况下，保险是产品设计的必须要件，如信用险项下的出口融资。该产品出于出口收汇所创造的授信自偿性存在不确定性的前提下，进一步引入了保险赔款这个第二自偿性的还款来源。在某些情况下，保险产品与银行融资产品满足了企业的同一类需求,例如应收账款承购(保理)和信用保险。

2003年,平安财产保险公司宣布在科法斯集团的帮助下,推出了企业国内贸易应收账款短期信用保险服务。这样,保险对供应链金融流程环节的全面覆盖基本形成体系。

由于保险公司为企业交易行为提供的信用保险产品有助于降低交易风险,因此,很多国际知名银行,如渣打银行、荷兰银行等均通过与保险经纪公司的合作为供应链成员提供融资支持。这种合作实际上也引入了保险公司作为银行的营销代理,而保险公司则实际上引入了银行作为其保险代理。

第八节 供应链金融创新

一、"N+1+N"模式解决融资难题

在原有"1+N"模式的基础上深耕化工等垂直领域,探索与B2B平台深入合作,对其平台上的上、下游小微企业提供融资服务,即全方位地为链条上的"N"个企业提供融资服务,去中心化打造"N+1+N"的供应链金融新模式。"N+1+N"有两方面跟已经成熟的"1+N"模式不同,"N+1+N"的服务对象两头都是中小企业,中间1作为B2B平台方服务两头企业,实现供应链金融+B2B平台与其上、下游中小型企业"供—产—销"的顺利进行,最终提升整个垂直产业供应链核心竞争力,使三方达到共赢的局面。

易达通与中行深圳市分行联手打造的"N+1+N"模式已在中小微企业融资领域创造了"三个第一"的佳话。一是第一次实现了客户规模充分小,该模式单笔授信金额只设上限,不设下限,目前平均每笔约3.5万元;二是第一次实现了客户范围充分广,该模式授信业务不分规模、不分地域、不分行业、不分产品,几乎不设门槛;三是第一次实现了风险和成本的充分可控。中国银行深圳市分行通过银企合作,积极贯彻了政府支持中小微企业融资的政策方针,让中小微企业得到实实在在的实惠。

二、供应链金融"1+N"集合票据

供应链金融"1+N"集合票据是中小企业集合票据和供应链金融"1+N"模式组合产品的证券化,结合了二者的优势,同时弥补了二者的缺点。假设中小企业和核心企业为发起人,由证券承销商发行票据X共20亿元,评级公司进行评级,担保公司担保,同时引入购买保险,进一步降低了中小企业和核心企业违约对投资者的风险。如图4-3所示,票据X分为票据A部分和票据B部分,各占10亿元。在此假设发行利率为5%,低于同期银行对中小企业1—3年贷款利率6.65%,期限1—3年,在银行间债券市场发行集合票据。票据A部分用于供应链的中小企业和核心企业的短期融资问题,其中核心企业可用融资额5亿元,N家中小企业可用5亿,票据的本息由核心企业和中小企业共同偿还,可见图4-3虚线框中结构图。票据B部分是用来解决来源于核心企业的中小企业的应收账款问题,解决中小企业出货后立刻获得资金的需求,票据的本息由核心企业在票据的期限内按期或者分期偿还,可见图4-3实线框中的结构图。对于票据A部分的发行利率应该高于B部分,假设A部分发行利率5.5%,而B部分只有4.5%,加权利率5%。对于票据A、B、X融资资金可

以购买不同份额的保险来实现企业违约风险损失的转移。投资者可以购买票据 A 或 X，或者同时购买 A 和 X，也可购买不同比例票据 A 和 B，获得组合收益，具体根据不同投资者自身的风险收益偏好自行购买。在此，券商可设计不同比例的 A 和 B 的组合产品，实现收益率不同的系列票据，投资者主要以银行和非银行类金融机构为主，少数个人也可进行购买集合票据。供应链集合票据结构如图 4 - 3 所示。

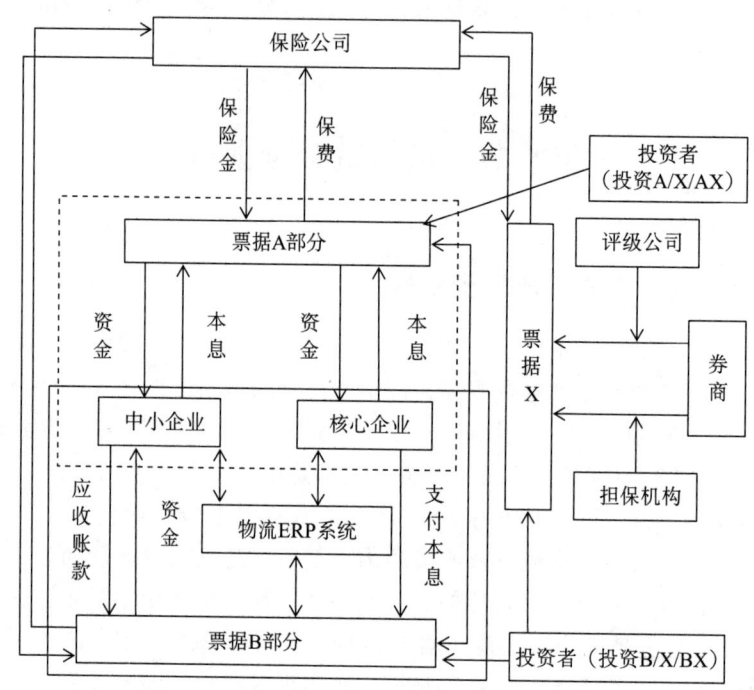

图 4 - 3　供应链集合票据结构

三、"1 + N" 授信模式

首先，在明确具体的中小企业经营方向后，商业银行需积极寻找、创建能够形成中小企业授信集群的各种核心，这些核心可以是某类供应链中的大型核心企业、某些实力强劲且信誉良好的担保机构或可提供保证的大型知名企业，也可以是某类变现能力极强的抵押或质押物、某些高效的风险控制手段（如各种低风险业务、双保理、联带联保等），甚至还可以是由行业系统、相对规模、从业优势、领导者信誉等要素组合而成的综合授信资质等。其次，将每个具体的核心分别确立为"1"，再将能够与"1"建立风险依托关系的所有中小企业确立为"N"，并就此形成相应的各类授信集群。接着，针对每一类"1"各自不同的特征，统一设计出评判其分担风险的能力大小的方式与方法，再据此对各类"1"的个案进行相关审查与核定；进而，再依托于"1"的风险消化能力，对其集群的中小企业设定相对精缩的审批流程和审查要点，在"1"与"N"之间科学地规划与分布中小企业授信风险控制的关键点。

最后，在上述工作的基础上，对某单个授信集群的整体授信方案进行全方位设计（需包括相关行业风险分析、集群内中小企业准入标准、单户额度上限设置、客户质量结构以及业务申报与维护辖权设定、项下个案报审流程和文书设计等），并据以对相关的中小企业授信实施批量化的操作，促进中小企业授信真正实现快速、稳健的发展。

"1+N"授信模式的核心理念是：中小企业授信最适合以各种授信集群为平台进行批量办理，而这些集群赖以产生的核心介质则应当作为授信风险的重要依托成分，通过设计相应的方案，在核心介质与集群内中小企业之间科学地规划与分布风险控制点，进而实现安全、快速、批量地处理授信个案，并就此形成系统性、标准化的既定模式，全面推进各项综合业务的快速、健康发展。

"1+N"授信模式基于以下两个基本原理而产生：第一，中小企业授信业务必须实施批量化操作，这是必然的也是可行的。中小企业客户相对于大企业客户而言，其市场具有明显的客户数量多而单户融资需求额度少、频次多的特点。据调查，中小企业与大企业相比，前者贷款的频率是后者的5倍，而户均贷款额仅仅是后者的0.5%；信息成本与管理成本前者是后者的5—8倍。此种情况下如果实施传统的单户授信操作，除了操作成本相对过大而会导致不经济以外，更重要的是这一高耗低效的模式将严重影响商业银行，特别是其营销人员的工作积极性，授信对象也只能限于少数综合实力相对较强的高端中小客户市场，而绝大部分真正意义上的中小型、小型客户市场则仍少有人问津。此外，由于中小企业在经营管理以及财务、融资等各方面的情况相对简单，所以授信调查、审查所需关注的相关信息无须太多，审批决策也只需把握住几项关键点即可，而且在同一细分市场内的中小客户还具有较高的同质性，因此，简化审批流程、实施批量授信的操作是可行的。

第二，中小企业与生俱来地存在着资本实力小、市场竞争力弱、财务制度不规范、公司治理缺失等先天性不足，其第一还款来源的不确定程度、银行风险的控制难度相对大型企业而言均偏高。因此，对中小企业授信必须在其体外确立相应的风险依托，并通过科学的考证、规划和设计，在依托介质和中小企业之间合理地分布风险补偿来源，抵消、化解中小企业授信的先天性风险。对核心企业"1"能力的核定与传统授信的基本区别如表4-1所示。

表4-1 对核心企业"1"能力的核定与传统授信的基本区别

项目	所核额度名称	所核额度意义	所核额度性质
确定核心企业自身的授信额度	授信额度	核心企业自身授信额度的最高上限	纳入统一授信管理
确定核心企业的风险分担能力	或有授信额度	核心企业所在集群内全部中小企业的授信额度总和的最高上限	或有的授信额度，先期不纳入统一的授信管理

四、供应链金融"M+1+N"模式

在2011年，兴业银行供应链金融确立了"M+1+N"的发展模式，在该种模式中，"1"是指供应链上的核心企业，"M"是供应链的上游企业，"N"是供应链中的下游企业，兴业银行供应链金融产品通过深入到各个交易环节来贯穿整个供应链链条。将原来的"1+N"的融资模式扩展到关联上下游的"M+1+N"模式，业务范围更加广泛。"1+M+N"供应链金融是在"1+N"供应链金融方式的基础上提出的，是一种创新型供应链金融融资模式，即在1家银行和M个核心大企业（通常竞争力较强、规模较大）组成合作关系的基础上，通过核心企业与其他上下游的N个中小企业（多为核心企业的供应商、代理商和经销商）构成的供应链关系，组成的"多核"结构的新型网络供应链。"1+M+N"创新型供应链金融融资模式相比"1+N"供应链金融方式而言,不仅仅是单一的核心企业和单一的供应链链条,而是 M 个竞争力强、规模大的大型企业和众多相关的供应链,因此解决了单一核心企业承担大小企业担保的寻找和难度。M 个竞争力强、规模大的大型企业,也解决了为众多纷杂的中小企业承担担保融资的难题和风险。另外银行在此基础上提供最适合核心企业和中小企业运营的专属金融服务产品和体系,最大程度保证银行、大型核心企业和中小企业的共赢。

五、"N+1+1+N+M"模式

"N+1+1+N+M"模式是指在互联网、大数据浪潮的推动下,传统供应链金融模式向平台化、信息共享化、集约化的模式转变,因此,"N+1+1+N+M"是指"ONLINE+核心企业+商业银行+上下游中小企业+第三方合作企业(电商、物流等)。"

"N+1+1+N+M"模式的优势是商业银行在提供金融服务过程中开始注重与第三方企业的合作并加强了参与主体信息的可视化管理,并且通过引入部分电商平台获得企业从生产、仓储、出售等生产过程的数据,更加充分地实现了商流、信息流、资金流和物流的整合。

问题:

1. "1+N"供应链金链模式的定义与特点是什么?
2. "1+N"供应链金融模式的成员结构是什么?
3. "1+N"供应链金融模式的优势和劣势是什么?

第五章　供应链金融风险与风险管理

> **故事导入：风控是什么？**
>
> A："你走过大桥吗？"
> B："走过"
> A："桥上有栏杆吗？"
> B："有"
> A："你过桥的时候扶栏杆吗？"
> B："不扶"
> A："那么，栏杆对你来说是不是就没用了？"
> B："那当然有用了，没有栏杆护着，掉下去怎么办？"
> A："可是你并没有扶栏杆啊？"
> B："可是……可是……没有栏杆，我会害怕！"
> A："那么，风控就是桥上的栏杆，拥有了风控的保障，你的交易才会更踏实，更安全！"

第一节　风险的基本知识概述

一、风险的定义

一般的理解，风险就是未来结果的不确定性。不确定性越高，风险越大。

金融市场上的风险可以大致分为市场风险、信用风险、流动性风险、操作风险、法律风险和政策风险；此外，还有道德风险。

市场风险（market risk）是指由基础金融变量（如利率、汇率、股票价格、通货膨胀率等）的变动所引起的金融资产或负债的市场价值变化会给投资者带来损失的可能性。

信用风险（credit risk）是指交易对方不愿意或者不能履行契约的责任，导致另一方资产损失的风险。信用风险也包括主权风险（sovereign risk），比如当某个交易方因为所在国实行外汇管制而不能履行责任之类的情况。

流动性风险（liquidity risk）有两种含义：一种是由于市场的流动性不高，导致证券持有者无法及时变现而出现损失的风险；另一种是金融交易者本身在现金流方面出现困难，不得不提前将金融资产低价变现，以致账面损失变为实际损失的风险。

操作风险（operational risk）是指由技术操作系统不完善、管理控制缺陷、欺诈或其他人为错误导致损失的可能性。例如，交易未能得到执行的执行风险（execution risk）；工作人员蓄意隐瞒信息的欺诈风险（fraud risk）；自然灾害、不可抗力以及关键人物事故导致的风险等。

法健风险（legal risk）是指诸如签订的合同因不符合法律规定而造成损失的风险。法律风险还包括由于违反政府监而遭受处罚的风险。

政策风险（policy risk）是指货币当局的货币政策以及政府的财政政策、对内对外的经济政策乃至政治、外交、军事等政策的变动，可能给投资者带来的风险。

道德风险（Moral hazard）是在信息不对称条件下，不确定或不完全合同使得负有责任的经济行为主体不承担其行动的全部后果，在最大化自身效用的同时，做出不利于他人行动的现象。

二、金融监管的原则与理论

（一）金融监管的原则

由于经济、法律、历史、传统乃至体制的不同，各国在金融监管的诸多具体方面存在着不少差异，但有些一般性的基本原则却贯穿于各国金融监管的各个环节与整个过程：

（1）依法管理原则。

（2）合理、适度竞争原则——监管重心应放在保护、维持、培育、创造一个公平、高效、适度、有序的竞争环境上。

（3）自我约束和外部强制相结合的原则。

（4）安全稳定与经济效率相结合的原则。

（二）金融监管的理论

有关金融监管的理论依据多种多样，但无非是论证监管的必要性，必然性。

1. 社会利益论

金融监管的基本出发点就是要维护社会公众的利益，而社会公众利益的高度分散化，决定了只能由国家授权的机构来履行这一职责。

历史经验表明，在其他条件不变的情况下，一家银行可以通过其资产负债的扩大以及资产对资本比例的扩大来增加盈利能力，这必然伴随着风险的增大。但是，由于全部的风险成本并不是完全由该银行自身承担，而是由整个金融体系乃至整个社会经济体系来承担，这就会使该银行具有足够的动力通过增加风险来提高其盈利水平。如果不对其实施监管和必要的限制，社会公众的利益就有很大可能受到损害。因此，可以这样概括：由于市场缺陷的存在，有必要让代表公众利益的政府在一定程度上介入经济生活，通过管制来纠正或消除市场缺陷，以达到提高社会资源配置效率、降低社会福利损失的目的。

2. 金融风险论

金融风险的特性，决定了必须要对此实施监管，以确保整个金融体系的安全与稳定。

首先，银行业的资本具占很小的比例，大量的资产业务都要靠负债来支撑。在其经营过程中，利率、汇率、负债的结构，借款人的偿债能力等因素的变化，使得银行业时刻面临着种种风险，成为风险集聚的中心。此外，金融机构为获取更高收益而盲目扩张资产的冲动，更加剧了金融业的高风险和内在不稳定性。当社会公众对其失去信任而挤兑存款时，银行就会发生支付危机甚至破产。

其次，金融业具有发生支付危机的连锁效应。在市场经济条件下，社会各阶层以及国民经济的各个部门都通过债权债务关系紧密联系在一起。因此，金融体系的任一环节出问题，都极易造成连锁反应，进而引发普遍的金融危机。此外，一国的金融危机还会影响到其他国家，并可能引发区域性甚至世界性的金融动荡。

最后，金融体系的风险直接影响着货币制度和宏观经济的稳定。

3. 投资者利益保护论

在设定的完全竞争的市场中，价格可以反映所有的信息，但在现实中，大量存在着信息不对称的情况。在信息不对称或信息不完全的情况下，拥有信息优势的一方可能利用这一优势来损害信息劣势方的利益。因此，就提出了这样的监管要求，即有必要对信息优势方（主要是金融机构）的行为加以规范和约束，以便为投资者创造公平、公正的投资环境。

三、金融监管的内容与方法

（一）金融监管的内容

1. 市场准入监管

所有国家对银行及金融机构的监管都是从市场准入开始的。各个国家的金融监管当局一般都参与金融机构的审批过程。所谓市场准入监管，是指金融监管当局对具备资格的机构进入金融市场、经营金融产品、提供金融服务的审查批准过程。市场准入监管是金融监管的首要环节，把好市场准入关是保障金融机构稳健运行和金融体系安全的重要基础。批准高质量的金融机构和金融高级管理人员进入市场，并综合考虑金融机构的功能定位和审慎性标准、审批金融机构的业务范围，将有利于降低金融机构的经营风险，提高金融管理水平和服务水准，促进金融机构的稳健发展和金融体系的稳定。

金融机构的市场准入包括三个方面，即机构准入、业务准入和高级管理人员准入。机构准入，是指依据法定标准，批准金融机构法人或其分支机构的设立；业务准入，是指按照审慎性标准，批准金融机构的业务范围和开办新的业务品种；高级管理人员准入，是指对金融机构高级管理人员任职资格的核准或认可。

2. 业务运营监管

实践表明，金融风险大多发生在金融机构的经营活动中。金融机构业务运营活动面临着各种各样的风险，并且贯穿于日常业务运营过程的每个环节。因此，金融机构经批准开业后，金融监管当局还要对金融机构的运作过程进行有效监管，促使金融机构始终保持稳健经营的良好状态。业务运营监管的内容一般体现在保证金融机构经营安全性、流动性和盈利性三个方面。近年来，随着金融创新的发展，监管的要求越来越高，监管的内容也越来越复杂，目前，业务运营监管一般从以下几个方面进行：业务经营的合规性、资本充足率、资产质量、流动性、业务范围、盈利能力和内部控制的健全性。

3. 市场退出监管

市场退出监管是指监管当局对金融机构退出金融业、破产倒闭或合（兼）并、变更等的管理。金融机构退出市场，表明该金融机构已经停止经营金融业务，应依法处理其债权债务，分配剩余财产，注销工商登记，其最终结果是取消该金融机构的法人资格、金融机构市场退出，一般是金融机构由于不能偿还到期债务，或者发生了法律法规和公司章程规定的必须退出事由，从而不能继续经营，必须进行拯救或破产清算的过程。

金融机构市场退出按原因和方式可以分为两类：主动退出与被动退出。主动退出是指金融机构因分立、合并或者出现公司章程规定的事由需要解散，因此退出市场，其主要特点是主动地自行要求解散。被动退出则是指金融机构由于法定的理由，如由法院宣布破产或因严重违规、资不抵债等原因而遭关闭，监管当局将金融机构依法关闭，取消其经营金融业务的资格，金融机构因此退出市场。金融机构市场退出监管主要考核支付存款本金和利息的债务清偿额（比例）指标等，包括六个方面，即接管、收购、分立或合作、解散、吊销经营许可证、破产。

（二）金融监管的方法

金融监管的方法不外乎两种：直接监管和间接监管。

1. 直接监管

直接监管可分为现场监管和非现场监管。

现场监管即由监管人员通过亲临现场对被监管金融机构的会计凭证、账簿、报表、现金、物资财产和文字资料进行检查、分析、鉴别，直接对有关人和事进行查访，掌握第一手真实资料。这种方式的优点是能够对具体的监管对象进行比较深入细致的了解，及时发现某些隐蔽性问题，特别是对一些欺诈行为尤为有效。不足之处是，现场监管要花费大量的人力、物力、财力，而且受到时间和空间的限制。一时一地进行监管缺乏全面性，在具体操作上还带有片面性和滞后性，监管弹性比较大。现场监管的内容一般主要集中于资本充足状况、资产质量、管理质量、收入和利润状况、清偿能力、法规的遵守程度。

非现场监管是指不需要亲自到被监管的金融机构去，而是通过传送报表、资料、建立信息网络等方法进行监管。非现场监管不仅及时、全面、成本低，而且不受时间和空间的制约。通过分析、评价，可以对面临较大风险的单位发出预警信号，帮助时纠正违规行为；也可以对有效地确定现场检查的范围提供帮助，增加现场监管的针对性。非现场监管、监督的内容，在我国主要是指被监管单位的资产负债比例结构、资产流动性、资本充足性、资产质量、风险情况、财务状况、损益、负责人变动等。

2. 间接监管

间接监管是指通过委托其他部门如金融机构内部的审计机构或外部审计机构及信用评估机构等，从加强内部控制的角度出发实施间接的监管。

内部审计是由金融机构自行组织实施的，主要涉及金融机构内部的各项管理工作实施情况，包括核查自身会计控制、营运控制、行政管理控制等的完整与准确，并参与检查、修改业务政策和业务程序，主要目的是保证资产的安全性和遵守法规，提供高效准确的业务记录，评价管理控制的程序和有效性，并为制定政策提供参考。内部审计具有很强的连续性，是保证金融机构实施良好内部控制的基础，也是保证金融机构稳健经营，建立金融业风险安全防线的关键。因此，内部审计是金融监管体系的一个重要组成部分。

外部审计通常是由社会上注册的会计师事务所来承担的，会计师事务所是专门提供社会公证和技术服务且收取费用的法人组织，当受中央银行或国家监管当局委托时参与金融监管。外部审计在金融监管中的作用：一是可以提高金融监管的客观性和公正性，有效地避免舞弊、作假现象，防止内部审计的主观性和中央银行稽核的疏漏；二是减轻中央银行或金融监管当局的工作量，使之可能集中力量进行针对性的监管。

金融机构评级是指通过综合考察金融机构的资本充足性、资产质量、管理能力、营利能力及流动性能力等因素，按评级结果将金融机构划分为几个等级，金融监管当局就可根据评级结果决定采取相应的措施和政策，如在检查时根据其级别来确定检查的方式和深入的程度等。除了金融监管部门对金融机构的评级外，还可利用社会上的资信评估机构。这种评估机构作为中介性组织，通过对金融企业进行资信评估，将优等金融机构通过新闻媒体向社会公布，以便等级高的金融机构有更多的发展机会。对有问题的金融机构进行评级，以便金融监管当局能有重点地监督级别低的金融机构，提高监管的频次和效率。

同业公会自律是金融业自我管理、自我规范、自我约束的一种民间管理方式。它可以通过行业内部的管理，有效地避免各主体之间的不正当竞争，规范其行为，促进彼此的协作，与官方监管机构一起来维护金融体系的稳定与安全。由于金融业的特殊性，金融业的行业自律组织与别的行业相比，要求更严格，更有特点。它由从事金融研究的学者、金融从业人员以及政府金融管理者等组成，以"行业自律、协调和自我管理"的方式行使职权，以业务性指导和交流为主，表现出广泛性、行业性和自律性的特点。通过监管，可以促进行业管理的规范化，保证交易的公正性和竞争的充分性，维护正常的金融秩序。

四、《巴塞尔协议》

现代金融的风险管理原则主要来源于《巴塞尔协议》，《巴塞尔协议》是金融界风险管理的"神圣公约"。《巴塞尔协议》由《巴塞尔协议Ⅰ》《巴塞尔协议Ⅱ》《巴塞尔协议Ⅲ》构成。《巴塞尔协议Ⅰ》的主要针对目标是信用风险、市场风险，主要手段是通过实施资本充足率标准以加强国际银行系统的稳定性。《巴塞尔协议Ⅱ》主要有三大支柱组成（见图5－1）。《巴塞尔协议Ⅲ》的监管改革主要在具体银行监管（微观审慎监管）和系统性风险监管（宏观审慎监管）两个层面展开。在微观审慎监管方面的改革主要是重新界定资本及其最低要求标准，将交易账户的交易对手风险、资产证券化交易和流动性较差的信用产品交易带来的风险纳入监管资本的覆盖范围，提出新的最低流动性要求，引入不低于3%的杠杆率监管指标。在宏观审慎监管方面的改革主要包括：提出逆周期资本监管措施；加强对系统重要性机构的监管。《巴塞尔协议Ⅱ》的三大支柱如图5－1所示。

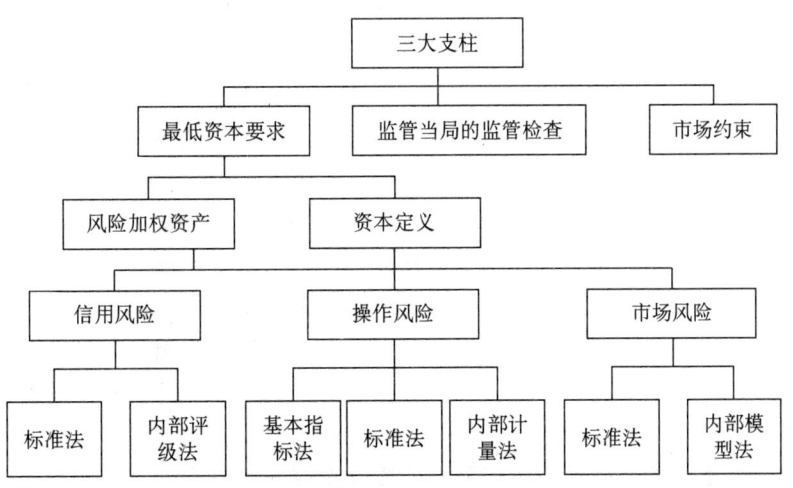

图5－1 《巴塞尔协议Ⅱ》的三大支柱

第二节 供应链金融风险

一、供应链金融风险基本知识

(一) 供应链金融风险

供应链金融风险是一个全新的概念,它是风险在供应链金融领域应用的一个特例,目前尚未形成统一的认识,国内外学者多从风险类型的维度展开对供应链金融的认识。如:刘萍认为,从监管角度来讲,应收账款与存货担保质押风险指可能对银行资本或收入引入不良影响的事件。于洋、冯耕中结合物资银行业务运作模式对风险内涵进行了系统研究,将风险分为共性风险和特性风险。共性风险又分为欺诈类风险和业务操作类风险。欺诈类风险主要包括客户资信(质物合法性)风险、提单风险、内部欺诈风险;业务操作类风险主要包括质押品种选取风险、市场变动风险、操作失误风险、特性风险。特性风险主要是指权力质押中的仓单风险和总量控制模式中的存量(数量、质量)控制风险。

(二) 供应链金融风险特点

1. 业务闭合化

业务闭合化指的是供应链运营中价值的设计、价值的实现、价值的传递能形成完整、循环的闭合系统,一旦某一环没有实现有效整合,就有可能产生潜在风险。

值得指出的是业务闭合不仅指的是作业活动如技术、采购、生产、分销、销售等作业活动的有效衔接,而且也涵盖了价值的完整结合、循环流动,亦即各环节的经济价值能按照预先设定的程度得以实现,并有效地传递到下一个环节,产生新的价值。

影响业务闭合性的另一类因素是行业或区域性系统风险。供应链金融一定是依托于一定的行业供应链而开展的金融创新活动,因此,供应链服务的行业和区域特征必然对供应链能否稳定持续运行产生作用。

具体而言,供应链金融只能在持续或者稳定发展的行业中实施,对于限制性的行业或者夕阳型行业,实施供应链金融会具有较大的风险,这是因为行业走低或者低迷会直接使供应链运营遭受损失,进而影响到了金融安全。

供应链本身的业务结构也是保障闭合的主要方面,一个稳定、有效的供应链体系需要做到主体完备到位、流程清晰合理、要素完整有效。主体完备到位指的是供应链设计、组织和运营过程中,所有的参与主体必须明确,并发挥相应的作用。

供应链金融活动是基于生态网络结构的金融性活动,网络中涉及诸多的参与主体,如供应链上的成员(上下游、合作者、第三方等)、交易平台服务提供者、综合风险管理者以及流动性提供者,如果某一主体缺失,或者没有能够起到预期的作用,业务的闭合性就会产生问题。

2. 交易信息化

交易信息化原本指的是将企业内部跨职能以及企业之间跨组织产生的商流、物流、信息流、人流等各类信息,能及时、有效、完整反映或获取,并且通过一定的技术手段清洗、整合、挖掘数据，以便更好地掌握供应链运营状态，使金融风险得以控制。

而今，交易信息化的含义进一步得到扩展，为了实现金融风险可控的目标，不仅是能够获取和分析供应链运营中直接产生的各类信息和数据，而且能实现信息全生命周期的管理，实现有效的信息治理。

显然，信息治理行为包括了交易管理、规则确立、信息安全、数据流管理以及信息的全生命周期管理等。有效的供应链金融信息治理，需要解决好几个问题：

第一，确保供应链业务的真实性，即所有在供应链中发生的业务是真实、可靠的，并且产生的价值是持续、稳定的。要做到前一点，就需要通过对交易凭证、单据和供应链运营状态的查验，来确保交易的真实。

此外，还可以运用大数据辅助判断供应链业务真实可靠，即对关、检、汇、税、水、电等间接性数据挖掘分析，例如，供应链参与企业一般纳税人取得资格的时间、纳税等级与缴税情况、结汇状态、常年用电用水的程度等，通过对这些数据进行分析，能够间接地了解生产经营的真实程度。

第二，确保供应链物流能力和质量，即在从事供应链物流服务过程中，物流作业的质量、数量、时间、地点、价格、方向等明确、清晰，例如，物流运营的能力、库存周转率、物流网络等能否完全符合供应链交易或者相应主体的要求，此外单货相符也是需要关注的重要信息。

第三，确保供应链中资金财务风险清晰可控。交易信息化管理一个很重要的方面是能清晰地了解供应链中资金流和财务的状态，否则该信息的缺失就会直接导致供应链金融风险。

要做到这一点就需要采取各种渠道把握几个方面的信息：一是现金流和利率状态；二是企业自身的财务管理和内控体系；三是借贷状态。

3. 收入自偿化

收入自偿化是指供应链金融活动中所有可能的费用、风险等能够以确定的供应链收益或者未来收益能覆盖，否则一旦丧失了自偿原则，就很容易出现较大的金融风险。而决定自偿原则的因素就包括了供应链运营中相应的货物、要素的变现能力。

需要指出的是，在供应链金融运营互联网化、网络化的条件下，可能对收入自偿产生影响的因素，不仅仅是静态地考察货物、要素的变现，还要动态地分析影响变现和收益的时空要素。

所谓时间要素指的是供应链金融活动中融资借贷的长短时间匹配问题。融资周期也是产生风险的因素，周期时间越长，可能的风险就会越大。具体而言，在供应链融资过程中，长借长还（即借贷时间长，还款时间长），甚至长借短还（即借贷时间长，分阶段偿还）都有可能对收入自偿产生挑战。

如果借贷时间较长，就有可能因为外部环境或者其他各种因素，产生行业或业务的波动，对产品或业务的变现能力和程度产生消极影响。尤其是在中国信用体系尚不完善、中小企业不稳定、不规范的环境下，短借短还应当是收入自偿化遵循的准则。

空间因素指的是产生供应链收益的来源地。由于不同的国家、地域因为政治、经济等因素的作用，会有不同程度的风险，这种风险必然影响到了交易主体的信用和行为，以及交易产品价值的变动和交易的安全，这些都是收入自偿化原则需要关注的要素。

4. 风险结构化

风险结构化指的是在开展供应链金融业务的过程中，能合理地设计业务结构，并且采用各种有效手段或组合化解可能存在的风险和不确定性。在理解风险结构化的过程中，同样有两点需要考虑：

一是针对于不同的风险来源，降低风险的手段和途径是具有差异性的。供应链金融是供应链风险和金融风险的双重叠加，具有高度的复杂性，因此，在结构化分散风险的过程中，必然需要多种不同形态的手段和要素。

显然，针对于不同状态的风险类型，就需要采用多种手段加以弥补，并且还需要考虑这些手段的组合效应。

二是尽管存在着各种化解、分散风险的手段，但是应当看到不同手段和要素的重要程度和风险分散能力是不尽一致的，也就是说风险手段存在着优先级，例如，在特定的供应链金融业务中，保险可以作为分散风险的手段之一，但是往往不能成为化解风险的最后或唯一方式。甚至作为担保方的主体也存在着优先顺序，这是因为不同主体的信用状况具有较大的差异性，自身的经营历史、文化、对法规和契约精神的理解都会影响到对风险出现之后的应对方式。

5. 声誉资产化

第一是企业基本素质。企业基本素质是影响企业信用状况的内部条件，较高的企业素质可以保证企业具有较好的法律合规意识，以及良好的契约精神，保障企业正常、合理、持续地发展，获得合法的经济效益。

第二是偿债能力。企业偿债能力是企业信用状况的最主要表现，也是企业信用评价的首要指标。企业偿债能力及反映企业经营风险的高低，又反映企业利用负债从事经营活动能力的强弱。

第三是营运能力。营运能力是指通过企业生产经营资金周转速度等有关指标所反映出来的资金利用的效率，它表明企业管理人员经营管理、运用资金的能力。企业生产经营资金周转的速度越快，表明企业资金利用效果越好、效率越高、企业管理人员的经营能力越强。营运能力的大小对盈利的持续增长与偿债能力的不断提高，产生决定性影响。

第四是营利能力。企业的营利能力是企业信用的基础，企业只有盈利，才有可能按期偿还债务。营利能力是指企业在经营过程中获取利益的能力，使企业管理水平和经营业绩的集中体现。

第五是创新能力。企业的技术创新能力对于形成竞争优势起到了举足轻重的作用，尤其对于科技型的中小企业尤为重要。

第六是成长潜力。成长潜力是推动企业不断前进，改善资信状况的作用力，只有成长潜力大的企业才能保证盈利的持续性，其信用状况才会好。这包括三方面：一是企业所在行业的发展前景，以及企业能否真正从事符合产业发展趋势的供应链运营；二是企业能否获得关键利益相关方的支持，特别是国家政策支持；三是企业自身的成长能力。

第七是信用记录。信用记录是企业以往借贷和履约状况，它不仅反映企业的偿债能力，同时也客观地反映企业的偿债意愿。我国的信用基础非常薄弱，对中小企业进行信用评价，必须注重企业的借贷渠道、借贷的状况以及偿债意愿分析。

值得指出的是在对企业声誉进行评估的过程中，企业主个体的生活行为和要素也是需要关注的重要方面，这是因为中小企业主的个体行为往往对整个企业的运营产生直接影响，也决定了供应链金融中的潜在风险。

(三) 供应链金融风险管理原则

供应链融资风险管理应满足商业银行全面风险管理的要求。"全面风险管理"有两方面的含义。首先，供应链融资业务的风险管理应在商业银行全面风险管理的范畴内，与其他公司业务、零售业务等纳入统一的管理体系中，依据各类业务的相关性，对全部资产组合风险进行控制和管理。其次，供应链融资风险管理应对供应链融资中面临的信用风险、法律风险、市场风险和操作风险等不同类型的风险通盘考虑，使各类风险都得到有效的管理，确保供应链融资中所有的风险状况及反馈结果都有相应部门负责和管理；对所有风险管理的政策及规定都应提出准确和标准的文件；所有的风险应通过定性或定量的方法进行测算。

供应链的风险管理原则在实践中的贯彻，需要开展以下几项工作：银行应当根据发展战略决定供应链融资业务在本行业务中的地位，然后制定与之对应的风险管理策略；在风险管理的策略框架下，并在详细评估供应链融资的收益/规模的风险投入弹性的基础上，提出风险投入预算。并以此为据制定供应链融资的风险管理具体政策，包括与之对接的审批大纲；建立供应链融资的风险管理运作流程，包括授信决策程序、授信后流程和上下级风险管理部门的监控、督导、检查制度等；建立完整的风险报告制度，明确报告的周期、报告的内容和报告的评估方式。

(四) 风险管理的流程

供应链金融业务具有同商业银行其他业务的类似的风险管理流程，包括风险识别、风险度量（风险评估）和风险控制等环节，但风险流程的实施必须建立在清晰的风险管理战略基础上，为了强调风险战略的重要性，在此将风险战略列为在风险管理流程中的第一步。

（1）风险战略。所谓风险战略，既是在监管层审慎监管的要求下，根据商业银行自身的风险偏好，针对供应链金融业务的特点，制定总体的风险管理目标和框架。

（2）风险识别。风险识别是风险管理的基础，主要是对可能给银行带来损失的各种风险因素加以判别，分析其风险性质，并对其进行分类，构建科学合理的评价指标体系。供应链金融市场上的风险可以大致分为市场风险、信用风险、操作风险、道德风险、法律风险和政策风险。

（3）风险度量。风险度量即是对供应链金融业务中的各类风险进行定量分析和描述，对风险事件发生的概率和可能造成的损失进行量化。风险评估则是在风险测度的基础上，根据银行的风险承受能力，判断是否采取必要的风险控制措施。

目前，我国的商业银行风险管理还处于起步阶段，加之供应链金融作为一项新兴业务，缺乏数据积累，难以对各类风险进行定量分析（比如信用风险和操作风险）。国内商业银行应该在广泛借鉴组合信用风险模型（Merton 模型或 Vasicek 模型）、VAR 模型等较为成熟风险评估模型的同时，结合供应链金融自身的特点，对其加以修正和完善，建立风险数据库，开发出适合供应链金融业务的风险度量模型。

（4）风险控制。风险控制是继风险评估之后，对风险采取合适措施的环节。供应链金融业务不同于传统信贷业务的最大特色，即在风险控制措施上采取了"信用风险屏蔽技术"和"信用捆绑技术"。所谓信用风险屏蔽技术，即利用物流、资金流的控制获得授信的自偿性，并实现对主体信用等级的隔离；而信用捆绑技术，即是对授信企业所在供应链的核心企业的信用捆绑，以及通过合作方式引入第三方物流企业或安保公司，共同分担风险。然而这犹如硬币的两面,在降低信用风险的同时,却增加了更多的操作环节,复杂程度也明显高于传统信贷业务,因此,操作风险必然增多。

(五) 供应链金融风险管理中几个异于传统授信技术的关键变量

从实际操作层面来看,供应链金融风险管理还涉及几个重要的变量,它们分别是准入体系,核心企业以及监管合作方,对这些变量的分析,能有效揭示动产质押融资区别于传统流动资金授信的一系列主要技术特征。这些变量有些是动产质押融资特有的,比如核心企业和监管合作方,其他一些在传统流动资金授信业务中也有,但是,供应链金融中这些变量的内涵得到了极大的充实和丰富。

1. 准入体系

什么样的企业可推行动产质押融资服务?其实质是解决准入体系问题。动产质押融资的准入问题首先是供应链的准入问题,而供应链准入的必要条件至少包括以下内容:

一是核心企业有明确的供应商、经销商的准入和退出制度。从另一个角度看,上下游企业对核心企业应具有较强的从属性。这有利于核心企业为银行筛选具体的授信对象,并在贷后提供有关授信人的实时信息。

二是供应链成员可以享受核心企业提供的排他性的特殊优惠政策,比如订单保障、涨价(跌价)补偿、销售返点、排产优先、品牌支持等。这将增强供应链成员的抗风险能力。同时,核心企业与上下游的利益共同体的构建有利于银行引入信用捆绑技术,进一步降低银行授信的风险。

三是核心企业对供应链成员应设定面向共同价值的奖励和惩罚措施,比如针对销售额完成,价格政策的遵守以及结算的及时性等的考核。这有利于银行利用核心企业的谈判地位加大授信客户的违约成本。

因此,那些对上下游缺乏管理的行业并不适合开展供应链金融业务。首先,核心企业没有充分的动力与银行合作,并讨论一揽子的成员融资解决方案。其次,银行无法有效实施信用捆绑技术。因为如果核心企业与上下游是纯粹的市场关系,核心企业很少会愿意为交易对手承担更多的责任。

在供应链准入流程完成后,将进入具体授信客户的准入。如前文所述,动产质押融资的产品基础是自偿性贸易融资,而自偿性贸易融资的最大特点是强调授信的自偿性,即通过对物流、资金流控制技术的结构化运用,规避因授信主体资信、实力的欠缺所蕴含的较大的信用风险。

2. 合作监管方

在存货融资领域,新增的风险管理变量之一是仓储监管方。对于先款后货转现货模式的操作,也可能涉及监管方的在途监管,这种情况下,监管方因素也应纳入风险管理的范畴。

一般情况下,监管方的引入有助于银行货押业务的风险控制。一方面,由于物流企业在仓储、运输领域的专业化技能,使其能够比银行更为有效地对抵/质押物进行管理,保障银行担保物权的价值和安全性;另一方面,物流监管企业的现场实时监管能够比银行获得更多的授信预警信号。因此,尽管监管环节因为监管费用因素可能提高授信企业的融资成本,但是,银行与监管公司之间的委托代理关系是在当前的技术和法律环境下银行开展货押业务的必要条件。

在物流监管合作方选择不当的条件下,该变量可能转化为一个新的风险隐患,比如出现监管方渎职，与授信企业合谋诈骗或与授信企业出现纠纷等。

对于合作监管方，商业银行一般管理原则为"分类认定，区别对待，择优汰劣，动态管理"，基本要求是选择合作意愿强，经营管理能力强，有一定实力，资信良好的监管合作方，及时退出合作意愿差，违约赔付能力弱，经营管理混乱，出现不良合作记录的监管合作方，确保银行对抵/质押物权的有效控制。

银行认定仓储监管合作方的管理职责包括：准入调查、评级、审查和认定；日常关系维护；寻库、核库和现场检查；风险预警和重大事项报告；监管资格等级动态管理；退出管理；管理制度建设和流程设计等。

3. 核心企业

核心企业是供应链融资业务风险管理的特异性变量，其在结构化风险控制体系中的作用可以用"水可载舟，亦可覆舟"来形容。

供应链金融作为银行与核心企业之间达成的对供应链成员企业提供金融服务解决方案的系统性安排，在对核心企业的供应链上下游的授信中，往往以各种方式将核心企业的信用嵌入授信风险管理的函数之中。比如，借助核心企业的商业付款实力和信用，银行受让针对核心企业的应收账款；又如，利用核心企业按时、按质、按量的发货信用，为其下游企业提供预付款融资。同时，基于核心企业的回购和调剂销售责任，接受核心企业的产皮作为抵/质押物。这种对核心企业信用的捆绑，往往最终赋予了对核心企业以外的供应链成员融资的可行性。

与此同时，核心企业作为供应链中物流和资金流的枢纽，衍生出集中信息平台的作用。而源于供应链成员准入和退出制度的定期评价信息，也对银行贷款和贷后的决策基础提供了关键性、系统化的补充。比如，核心企业可以为银行提供上下游信贷准入的初筛意见，还可以为银行提供丰富的授信预警信息。

但是，如果核心企业出现道德风险，或者其因信用被捆绑而累积的或有债务超出其承担极限，上述风险控制模型的基础将不复存在，核心企业由控制风险的变量转变为授信系统性风险的"震源"。

(六) 供应链金融业务风险管控总体手法

1. 创建独立的风险管理体系

健全的风险管理组织体系是实现全方位、全过程风险管理的组织保障，也是完备的风险管理制度和科学的风险管理流程的基础载体。

因为供应链金融信贷业务具有与传统信贷业务不同的风险特征，所以在对其进行风险管理时，要创建独立的风险管理体系。把供应链金融业务的风险管理系统独立出来，可以使风险管理系统的整体运行更有效率。不要用传统的财务指标来约束供应链金融信贷业务的发展，要引入新的企业背景与交易实质共同作为评判因素的风险管理系统。

2. 审慎选择拟授信的供应链群

供应链金融信贷业务以供应链群体企业之间良好的合作关系为信用风险管理的主线，优势行业与畅销产品是维护良好的供应链合作关系的前提，也是银行有效控制供应链信贷业务信用风险的重要前提。

银行应事先选择允许开展供应链融资的行业和产品，将贷前的市场准入作为控制供应链信用风险的第一道防线。

3. 建立快速的市场商品信息收集和反馈体系

买方市场时代，产品的质量、更新换代速度、正负面信息的披露等，都直接影响着质押商品的变现价值和销售。因此，物流企业和银行应根据市场行情正确选择质押物，并设定合理的质押率。

一般来讲，选取销售趋势好、市场占有率高、实力强、知名度高的产品作为质押商品，并对其建立销售情况、价格变化趋势的监控机制，及时获得真实的资料避免由信息不对称引起对质押货物的评估失真，控制市场风险。

4. 强化内部控制防止操作风险

操作风险主要源于内部控制及公司治理机制的失效。因为贷后管理是供应链金融信贷业务中重要的一步，所以发生操作风险的概率比传统业务要高，这就要求银行成立专门部门负责贷后跟踪与对质押物的管理。

质押物管理环节多由物流公司或仓储公司负责，银行要加强与这些企业的联系，注意对其资格的审查，并且随时进行抽查。

具体地说，就是要督促物流企业不断提高仓库管理水平和仓管信息化水平，并制订完善的办理质物入库、发货的风险控制方案，加强对质物的监管能力。有针对性地制订严格的操作规范和监管程序，杜绝因内部管理漏洞和不规范而产生的风险。

5. 明确各方的权利义务，降低法律风险

因为供应链金融业务涉及多方主体，质物的所有权在各主体间进行流动，很可能产生所有权纠纷加之该业务开展时间较短，目前还没有相关的法律条款可以遵循，也没有行业性指导文件可以依据。

因此，在业务开展过程中，各方主体应尽可能地完善相关的法律合同文本，明确各方的权利义务，将法律风险降低到最小。

由于动产的流动性强以及我国法律对抵质押担保生效条件的规定，银行在抵/质押物的物流跟踪、仓储监管、抵质押手续办理、价格监控乃至变现清偿等方面都面临着巨大挑战，这一矛盾曾一度限制了银行此类业务的开展。

因此，在尽量避免对"物"的流动性损害的前提下，对流动性的"物"实施有效监控，将是供应链金融服务设计的核心思想。

第三方物流企业在动产抵质押物监管及价值保全、资产变现和货运代理等方面具备优势，除了为贷款后的抵/质押物提供全面的监管服务外，还将为银行提供一系列面向提高抵质押物的授信担保效率的增值服务，包括对授信对象所在行业的发展前景及抵/质押物的价格走势分析，对抵/质押物的价值评估，银行不良资产项下抵/质押物的处置变现等。

这些专业化的服务有利于降低银行抵质押担保授信业务的交易成本，为银行的供应链金融服务提供风险防火墙，拓宽了银行的授信范围，也为供应链节点企业提供了更加便捷的融资机会。

6. 逐步构建完善的供应链金融风险评估模型

在发展供应链金融业务的同时，也要注意信用评级系统数据库中数据的逐步积累。当今银行风险控制的发展趋势是数量化、模型化，供应链金融作为一项新的信贷业务，风险评估模型更是不可或缺，而构建完善模型的基础就是具有代表性数据的收集。所以银行要注意投入物力人力开发供应链金融风险的评估模型，使此业务今后的风险管理成本减少、更有效率。

7. 组建专业的供应链融资操作队伍

开展供应链金融业务不仅需要掌握传统融资的方法与技巧，更需要具备创新型融资的知识与技能，以及深层次的从业经验。从事供应链融资，需要对产品特性的深入了解，也需要有卓越的风险分析能力与交易控管能力，以使银行能够掌控供应链金融业务风险。

二、信用风险

信用风险是指银行因借款人或交易对手违约而导致损失的可能性。信用风险是供应链融资面对的首要风险，从某种角度看，供应链融资本身就是一种特殊的信用风险管理技术。

（一）从传统授信角度看供应链融资客户特点

信息披露不充分，造成贷款的信用风险度量和信用风险评价的困难。首先，很多中小企业处于成长阶段，内部管理尚不规范，尤其是财务制度不健全，无法像大企业那样提供全面、完整的企业财务信息。其次，中小企业不愿意进行主动的信息披露。过于详细的信息披露会泄漏更多的商业机密，而且由于偷漏税的普遍存在，经营信息披露可能泄露违法证据。再次，采用外部审计的成本过于高昂，而且中小企业的贷款规模一般不大，因此外部审计对于单位贷款的信息披露成本更高。

授信的成本收益配比不经济。中小企业的审查和监控成本过高。中小企业贷款有"急、频、少"的特点，根据测算，中小企业的贷款频率是大型企业的5倍左右，户均贷款数量是大型企业的5%左右。加上对中小企业高昂的信息采集成本，银行对中小企业贷款管理的单位成本也远高于大企业。而这些成本如果通过提高利率等方式转移到中小企业，则融资成本有可能超出中小企业承受能力，并带来进一步的道德风险和逆向选择问题。

中小企业的非系统风险显著高于大型企业非系统风险。由于企业内部决策行为或企业的特性造成的风险，中小企业不完善的治理结构带来企业决策明显的随意性，而对少数客户的依赖也导致业务波动性大。此外，由于融资能力低、产品单一、技术含量低，企业的抗风险能力也低。据估计，中小企业2年内的存活率是70%，5年内的存活率只有40%。

中小企业的道德风险显著高于大企业。很多情况下，中小企业的贷款额和资产价值的比率相对较高，企业也往往缺少社会品牌的价值。同时，关掉原公司注册新公司，不仅可以获得新企业的税收优惠，还可以掩盖老企业偷逃税的历史。因此在中小企业经营不善的情况下，违约收益往往高于违约成本，这为道德风险提供了财务合理性。

总结以上特点，传统信贷评审技术将得出以下结论：中小企业授信的风险和成本均高于大企业，收益状况没有明确的证据作为对比，而且传统担保方式对中小企业并不适用。

（二）从供应链融资角度看供应链融资客户的特点

从供应链企业集群的角度看，交易过程是信息流、物流和资金流的集成，而且这种集成相对封闭，这为银行监控提供了条件。企业流动资金的占用主要存在于三个科目：预付账款、存货及应收账款，利用这三部分资产作为企业贷款的信用支持，可以形成预付融资、存货融资与应收融资三种基础的供应链融资解决方案。针对企业生产和交易过程的特点与需求，三种融资方式可以组合为更复杂的整体解决方案。

供应链融资信用风险管理的观察视角。供应链中的交易信息可以弥补中小企业信息不充分、信息采集成本高的问题。供应链融资以企业间的真实交易背景为基础,通过来自核心企业的综合信息和供应链成员的交互信息,比如商业信用记录、交易规模、交易条件以及结算方式等,银行即可对供应链成员企业的经营状况、资信、营利能力等作出基本的判断。

供应链成员企业围绕核心企业形成了虚拟的企业联合体,非核心企业的经营状况在很大程度上受核心企业经营状况影响,因此它们的风险水平和一般意义上的中小企业有所不同。从某种意义上说,对成员经营风险的评价应当参考核心企业的经营风险。另外,核心企业对供应链成员企业往往建立了筛选机制,供应链成员也是经营、财务和信用层面评估之下的优胜者。因此,供应链中小企业成员的平均信用风险相对低于中小企业整体的信用风险。

供应链融资中每笔交易有都对应的物流与资金流,可以利用它们作为资产支持手段,比如货物的质押、应收账款受让等。供应链客户关系比较固定,物流和资金流的起点和终点相对稳定,便于银行采取监控手段。资金流和物流的控制使得风险监控直接渗透到企业的经营环节,有利于实施风险的动态把握,同时在一定程度上实现授信对主体风险的隔离。因此供应链融资的信用评级以债项的信用评级为主,强调授信的贸易自偿性,以主体信用评级为辅。

核心企业对于供应链成员的有严格的管理,进入供应链后,双方会保持相对稳定的合作关系。而对中小企业来说,进入大企业的供应链系统是需要成本的,资格本身就是一个有价值的无形资产。因此,企业会维护这种关系,避免因为贷款违约等事情影响企业在供应链中地位。这种声誉机制减少了银行对中小企业授信的道德风险。

(三) 信用风险及其诱因

供应链金融信用风险,由于参与主体多元化,一方面指由银行受托方即仓储监管方信用缺失而引起的风险;另一方面指造成借款企业偿还贷款本息违约的风险。

从仓储监管方信用缺失而引起的风险来看,主要包括:

一是信托责任确实风险。由于仓储监管方充当了商业银行的信托责任人,银行因而可能就会相应地降低对信用风险的管理和控制。但仓储监管方专业性和责任度上的不稳定造成的信托责任缺失,可能会使银行盲目相信表面上的数据而陷入隐蔽的信用风险中。作为仓储监管方,一方面可能会为拉拢自己的客户而向银行提供虚假数据,这种粉饰可能会给银行造成误导;另一方面消费型企业和仓储监管方之间的信息不对称同样存在,而且由于专业性不如银行,这种不对称可能会更加严重,形成仓储监管方与银行同时蒙在鼓里的情况。

二是风险指标失灵风险。长期以来,商业银行为了更好地实施贷款风险五级分类法,主要采用借款人经营及资信情况、借款人财务状况等七大量化指标。随着供应链金融业务的实现,其参与主体的多元性及各主题角色的再定位,尤其是商业银行将部分审贷职能转嫁给仓储监管方以后,风险评级地量化指标很有可能失灵,因为缺乏对仓储监管方在其中的中介作用及它与商业银行、贷款企业三者的内部相关性等因素的考虑。

三是数据信息低效率。尽管仓储监管方作为第三方介入融资过程,向商业银行提供制造企业货物的详细数据,但是,这些数据的准确性和可靠性漏洞依然存在。信用风险管理所需的数据信息应该由基础数据(主要是消费型企业的流动资产信息)、中间数据和分析结果三部分组成。而仓储监管方做的只是最原始的数据收集工作,这些数据的来源和有效性都还是个问号,同时,商业银行在数据处理方面的问题依然很大,不可小视。

四是信用环境软约束风险。商业银行信用风险的存在一向都与社会的金融生态密切相关,而经济领域至今没有严厉的失信惩罚。这就使得供应链金融这一全新的金融业务在实施过程中缺乏社会保障,当信用坍塌后,多米诺骨牌效应一样会殃及供应链金融,进而不但没能为商业银行减轻负担,反而成为又一项信用风险的缘起。

(四) 信用风险管理的流程

信用风险识别:信用风险的识别就是要找出造成企业偿还贷款本息违约的因素。影响供应链融资的信用风险包括系统性风险和非系统风险。

1. 系统风险

系统风险是指由于宏观经济周期或行业发展要素发生变化造成行业内大部分企业亏损的情况。系统性风险的考察,可以从宏观经济运行情况和行业的发展状况两个层面来分析。尤其是受宏观经济周期影响较为显著的企业,商业银行面临的系统性风险就表现为行业性风险或者区域性风险。具体到存货质押业务中,系统性风险更直接地来源于供应链本身以及核心企业,因为宏观经济的变化会影响包括核心企业在内的供应链所有节点企业,这也是2008年金融危机以及2012年至今很多银行暂停供应链金融业务或者缩减业务敞口的原因。因此,银行对于核心中的竞争地位变化要做出实时准确的跟踪和评估。

2. 非系统风险

非系统风险是指企业自身的经营策略等方面造成的变化给银行带来的风险。供应链中的企业由于与核心企业存在稳定的合作关系,因此非系统风险有所降低,但是授信企业经营决策仍然会形成非系统性风险。比如,部分企业利用银行授信从事投机性经营,如过度囤货、偷税漏税、从事房地产投资等,一旦失败,其资金链极有可能断裂,直接影响到其还款意愿和能力。2012年年末,上海钢贸企业黄姓老板以及无锡一洲集团李姓老板相继跑路,触发了钢贸供应链金融的风险。业务实践中,部分钢贸企业利用法律和仓储监管漏洞存在重复质押(一票多押)、过度质押、向上游"托盘"大型钢企借贷虚假质押(即假交易真融资)以及关联单位互相担保风险隐匿点,以上述操作方式直接放大贷款乘数,实现贷款的高杠杆化。更为严重的是,上述来源贷款并未用于真实的贸易结算,而是涌入了高风险的房地产投资和高利贷领域,直接放大了银行面临的非系统性风险。银行对非系统性风险的及时预警,有赖于贷后检查制度执行力的保障,以及对核心企业、物流监管公司等辅助性风险控制变量的引入。

企业在正常营利的供应链贸易完成后,是否按约偿还贷款也存在不确定性,授信自偿性技术的引入大大降低了动产质押融资的这种不确定性。动产质押融资中的授信支持性资产是非常重要的还款来源。动产质押融资有三种基本授信支持性资产:预付、存货和应收。三种资产的还款保障能力,首先取决于出现违约时银行对这些资产的控制效力,其次也受到上下游企业的信用状况的影响。因此,在动产质押融资中,对上下游企业的信用风险也需要根据实际的贸易背景进行评估。

除了经营现金流和授信支持资产外,企业的其他资产也可以作为还款的一个来源。因此,动产质押融资强调贸易的自偿性和资产支持性,主体的资质以及企业主的财产特征在某些情况下也需要进行考察。总体而言,业务模式的风险控制强度与企业主体资质之间存在替换关系。换句话说,在对物流、资金流控制下的授信自偿性保障充分的情况下,企业主体资质的要求可以适当放松;反之,应该进一步看重企业主体,包括除授信支持性资产以外的资产。除了还款来源分析贷款的信用风险外,道德风险可能有很多表现。比如,企业以次充好，隐瞒抵/质押物品的品质问题；再如，应收账款没有按照约定路径回流到授信银行，而授信企业也故意不向银行披露；又如，企业将资金挪用到贸易以外的投资领域等。

同时，贷款企业与仓储监管的合作状况也是需要考虑的一个重要方面，比如监管方的监管设施完备程度、监管制度完善状况、监管服务规范程度以及违约赔付实力等。事实上，道德风险防不胜防。这里需要说明的是，信贷业务的规矩仍然适用，即供应链金融融资中如果出现道德风险，必须立刻启动预警程序。

非系统性风险的防范。对供应链中的中小企业而言，一些特别的非系统风险比如投机性经营（如过度囤货）失败、卷入债务纠纷或涉嫌偷逃税等，将直接影响到还款意愿与能力。银行对非系统性风险的及时预警，有赖于贷后检查制度执行力的保障，以及对核心企业、物流监管公司等辅助性风险控制变量的引入。

自偿性的关键作用。企业在正常盈利的供应链贸易完成后，是否按约偿还贷款也还存在不确定性，供应链融资对授信自偿性技术的引入大大降低了这种不确定性。

三种支持性资产。供应链融资中用于授信支持性资产是非常重要的还款来源。供应链融资有三种基本授信支持性资产：预付、存货与应收。三种资产的还款保障能力，首先取决于出现违约时银行对这些资产的控制效力；其次，预付与应收的资产支持能力不仅受到资产控制效力的影响，同时也受到上下游企业的信用状况的影响。因此在供应链融资中，对于上下游企业的信用风险也需要根据实际的贸易背景进行评估；业务模式的风险控制强度与企业主体资质之间存在替换关系。对物流、资金流控制下的授信自偿性保障充分的情况下，企业主体资质的要求可以适当放松；反之，则应该进一步看重企业主体，包括除授信支持性资产以外的资产。

（五）供应链融资信用风险评估主要内容

企业基本状况：业务内容、股权结构、设立时间、关联企业、管理人员评价等。

市场地位：主要产品、销售网络、竞争对手状况等。

供应链状况：主要供货商、主要销售客户、企业与这些贸易伙伴的关系等。

企业或借款人的资产：投资资产、固定资产或其他有价资产。

企业的融资状况：企业总申请授信额度、企业是否有其他银行的授信等。

企业财务分析：企业经营的重要财务数据、流动资产的详细状况、企业财务趋势的分析等。

授信用途及资产支持：授信用途、申请额度、风险控制方案、存货物情况描述、存货监管描述、交易对手状况、交易对手信用与财务数据分析。

（六）信用风险评价

在这个步骤中银行需要结合违约概率和违约损失率，分析贷款信用风险是否和收益相匹配。如果银行的收益不足以补偿所承担的信用风险，则银行需要考虑要求企业提供其他的信用支持，比如提高质押的比率、要求企业购买信用保险等，否则银行应当采用风险回避的方式。

在信用风险评价中银行还应当考虑信用风险是否在银行能够承担的风险范围内，即使授信的风险与收益相匹配，但如果贷款的VAR等风险指标如果超出了银行的承受能力，银行也不适于经营这些业务。

信用风险的评价依赖于风险的度量，因此银行在经营中应当注意信息的收集与处理和应用，利用信息建立银行的风险分析模型，定量化地考察信用风险对银行的影响。我国商业银行在这方面还处于起步阶段，这和我国银行数据积累有限、经济环境快速发展有一定的关系。在目前的风险管理水平下，银行应当采用比较审慎的风险上限，在估计风险可能损失时也采取保守的态度。

（七）信用风险控制

风险控制方法包括风险回避、风险转移、风险自留、风险补偿、损失控制等。

银行拒绝企业的授信申请是一种最基本的风险回避方法，银行应当根据风险承受能力制定明确的风险回避指引。

风险转移需要有第三方承接。因此一个活跃的信用风险市场是银行便利地采用信用风险转移工具的条件。

在深圳发展银行的供应链融资中，在引入核心企业和物流监管公司作为局部的风险承接主体方面，已经探索出了一套成熟的模式。

风险补偿与风险定价密切相关，而风险定价又与风险度量相关。鉴于供应链融资在风险度量方面的难度，以及国内银行在该领域的几乎空白，本书对此研究不足，仅建议从事供应链金融业务的银行应该从经验数据库的构建着手，分阶段地推进风险定价机制的建立。

损失控制是在出现损失无法避免的情况下，采取有效的措施进行止损。比如银行在发现企业信用状况恶化时，应停止在授信额度内授信的进一步发放，或者对授信支持性资产加强监控，并采取必要的资产保全措施等。

三、操作风险

（一）操作风险的定义

巴塞尔委员会将操作风险定义为由于不完善或者失灵的内部控制、人为错误、系统失灵以及外部事件等给商业银行带来的损失，损失包括所有与风险事件相联系的成本支出。

供应链融资中的操作风险涵盖了信用调查、融资审批、出账和授信后管理和操作等业务流程环节上由于操作不规范或操作中的道德风险所造成的损失。而授信支持性资产的有效控制是融资解决方案的一个核心部分，此环节涉及大量的操作控制，这部分的操作风险管理成为供应链融资操作风险管理重点。

（二）操作风险的特点

操作风险与信用风险和市场风险不同，有着自身特点：

操作风险难以预测。大多数操作风险是人为导致的，这就使得操作风险的预测十分难，银行的风险管理人员很难知道谁将导致操作风险的发生或操作风险什么时候发生。很多操作风险导致的损失是银行在事后才了解到的，这样使得银行风险管理人员在操作风险规范方面无能为力。

操作风险以内生性为主，主要源于银行业务操作，如内部程序、人员和系统的不完备或失效、银行工作人员越权或从事职业道德不允许的或风险过高的业务，因此，操作风险大多是银行可控范围内的内生风险，而信用风险和市场风险主要是外生性风险。

操作风险具有普遍性，涵盖全部业务。一个银行要使用人，流程和技术来实现业务计划,这些因素中的每一个都可能产生一些类型的失败,因此,操作风险发生的可能性遍布银行的所有业务环节,涵盖所有部门。

操作风险具有离散性,难以量度。通常操作风险以不经常发生的离散事件等形式出现,包括许多不同的种类,如控制风险、信息技术风险、欺诈风险以及法律风险等,属于很难界定的残值风险范畴,许多新的风险还会不断归并其中。目前国际上对操作风险的计量技术还不成熟,有些甚至还是靠管理者的经验获得的。

(三) 操作风险的管理

操作风险识别:按照导致操作风险的不同因素,将操作风险分为四类:人员因素导致的操作风险、流程因素导致的操作风险、系统因素导致的操作风险和外部事件导致的操作风险。

巴塞尔委员会根据业界的建议,进一般细分操作风险为七个大类,并设计了一个矩阵将7种损失类型进一步细分为此类型和相关的活动。这7个类型分别是内部欺诈、外部欺诈、就业和内部工作场所的安全、客户、产品与业务、对固定资产的破坏、业务异常与系统失灵、执行、配送和流程管理。

(四) 供应链融资的流程和环节损失可能

供应链融资的流程基本划分为以下一些环节:信用调查、产品设计、融资审批、出账和授信后管理、贷款回收等。在每个环节中,银行损失可能有三方面:造成银行资产损失、银行失去潜在投资机会、银行声誉受损。银行可以从人员因素、流程因素、系统因素和外部事件等几个方面分析每个环节否是有导致银行损失的风险。

在授信调查阶段,人员因素引起的操作风险是主要的操作风险。供应链融资以企业交易信息作为风险评估的重要依据,同时利用交易中的物流和现金流作为风险控制的中介目标。因此,在授信调查方面与传统流动资金贷款的主体信用调查差异较大,专业化要求较高,这很可能导致客户经理的疏漏和误判。

在操作模式的设计阶段,流程设计完善性的风险是最主要的操作风险。供应链融资需要对授信支持资产进行控制。要实现控制目的,必须在保障可操作性的前提下,在授信合同、协议以及操作流程设计上杜绝明显漏洞,否则就会给欺诈行为留下可乘之机。这些漏洞包括合同不完善,合同条款对银行不利或合同条款不受到法律保护,产品设计的控制流程无法安全保证授信支持资产同企业主体信用隔离,流程过于复杂或苛责导致误操作概率增大或执行困难,环节遗漏造成对资产控制的落空等。

融资审批阶段的操作风险涉及人员风险、流程风险和系统风险。人员风险有内部欺诈、越权等主观行为造成的风险,也有人员业务能力不匹配、关键岗位人员流失造成的客观人员风险。流程风险则包括银行授信审批流程不合理、授权不恰当造成的内部控制体系的问题,也包括文件信息传递不及时等业务流程上的问题。系统风险则主要是指用于后台风险管理支持的系统或模型未能有效识别风险导致的决策失误。

出账和授信后管理是供应链融资中实行资金流和物流控制的核心,尤其对于预付和存货业务而言,操作频密,是操作风险集中的环节。四类操作风险在这个环节都存在,比如仓储监管人员欺诈或失职造成的人员风险、换货或提货流程设计不合理给外部欺诈留下可乘之机的流程风险、对于货物市场价格监控系统未能预警导致未能采取必要措施形成的系统风险、以及仓储货物因外部突发事件导致损失的外部事件风险等。这些操作风险在不同的融资产品中会有不同的表现形式，银行需要根据全面分析这个环节的各个操作细节，从四类操作风险来源对风险进行识别。

（五）操作风险评估

供应链融资中操作风险评估的主要意义，在于将操作风险度量与操作风险管理有机结合。因此，现阶段，建立操作风险数据采集系统是操作风险评估的首要工作。银行应当收集和分析供应链融资的不同环节中各类操作风险造成的损失数据，并根据这些数据，评估供应链各项业务中操作风险的损失率。然后根据操作风险的损失率，结合银行的战略目标，评估供应链融资各项业务的操作风险是否在银行的承受范围内，供决策参考。

（六）操作风险控制

首先，在选择操作风险控制方法时必须考虑成本与收益的匹配。如果成本较高，则需要决定是否采用其他方法或放弃业务。其次，有关操作风险的每个环节必须有明确的责任人，使损失可以追究到人。这是完善内控体系的关键。

控制操作风险的思路有以下几个方面：完善内控体系；提高人员素质；降低对操作人员的依赖；采用激励措施。

常用的措施包括管理洞察力、信息处理、行为监控、自动化、流程控制、责任分离、绩效指标、政策和程序等。其他的风险分散方法还包括建立培训方案、引入保险和外包。

四、法律与政策风险

法律与政策风险是依照当前的法律法规、相关监管规定和政策设计的。如国家宏观政策以及市场法律法规、相关监管规定发生变化，可能影响产品的受理、投资、兑付等的正常进行，甚至导致本产品收益降低甚至本金损失，也可能导致本产品违反国家法律、法规或者信托合同的有关规定，进而导致该供应链金融业务被宣告无效、撤销、解除、延期或提前终止等。特别是动产担保物权相对应的法律风险。法律风险有三种方式造成损失，一是银行或其员工、代理机构在法律上的无效行为；二是法律规定和结果的不确定性；三是法律制度的相对无效性。

银行或其员工、代理机构在法律上的无效行为结果，可能直接导致动产担保物权不能受到法律的保护。比如抵质押、转让交易没有用法律文件来进行规范，或者它们本身就是非法的或不能有效执行的，都有可能导致法律无效行为的产生。

供应链融资中，此类风险对银行的授信安全危害特别大。首先，供应链融资作为创新过程中的服务，产品不断推陈出新，业务模式多样化，相对传统业务，其标准化程度还相对较低。其次，尽管供应链融资中授信的相关合同逐渐标准化，但是与信用捆绑、货物监管、业务代理、资产处置相关的协议、声明书、通知书等法律形式繁多，且很难统一。

法律的不确定性是指损失来源是单纯的法律不确定性，并不是银行自身的过失。由于法律规则的复杂性或模糊性，法律体系中本身会存在着空白、冲突和语焉不详。另外，法律变动也会造成银行的损失，金融创新也会导致法律的不确定性。

在供应链融资中，这些不确定新会导致银行面临善意的第三方对授信支持资产的索偿要求。比如供应链融资主要是依靠企业的流动资产提供信用支持，我国《物权法》出台前，银行开展存货融资主要是依靠存货质押方法实行物流控制,但质押的特定化问题在实际业务操作中很难实施;又比如,作为对核心企业的信用捆绑技术,回购条款被广泛采用,但是这种事先约定的资产处置条款在国内法律上存在瑕疵。

《物权法》中对浮动抵押方式的明确,给非特定化的存货融资提供了法律依据,但也带来了新的问题,比如,很多地方工商局仍不接受浮动抵押的办理。另外,一些地方工商局虽然接受办理,但不接受查询,这给重复抵押造成了隐患。

在我国,目前不同区域的法律执行效率存在差异。另外,法律和行政权力的区分在有些领域相对模糊。地方政府为保护地区经济甚至可能干涉法律的执行。这些问题经常影响到供应链中贸易信用的追索,甚至直接影响到贷款债权的追索,这也是供应链融资法律风险管理中需要关注的问题。

五、市场风险

(一) 定义

市场风险是指未来市场价格(利率、汇率、股票价格和商品价格)的不确定性对企业实现其既定目标的不利影响。市场风险可以分为利率风险、汇率风险、股票价格风险和商品价格风险,这些市场因素可能直接对企业产生影响,也可能是通过对其竞争者、供应商或者消费者间接对企业产生影响。

(二) 市场风险的分类

1. 利率风险

重新定价风险:重新定价风险也称为期限错配风险,是最主要和最常见的利率风险形式,源于银行资产、负债和表外业务到期期限(就固定利率而言)或重新定价期限(就浮动利率而言)之间所存在的差异。这种重新定价的不对称性使银行的收益或内在经济价值会随着利率的变动而发生变化。

收益率曲线风险:重新定价的不对称性也会使收益率曲线的斜率、形态发生变化,即收益率曲线的非平行移动,对银行的收益或内在经济价值产生不利的影响,从而形成收益率曲线风险,也称为利率期限结构变化风险。

基准风险:基准风险也称为利率定价基础风险,也是一种重要的利率风险。在利息收入和利息支出所依据的基准利率变动不一致的情况下,虽然资产、负债和表外业务的重新定价特征相似,但是因其现金流和收益的利差发生了变化,也会对银行的收益或内在经济价值产生不利的影响。

期权性风险:期权性风险是一种越来越重要的利率风险,源于银行资产、负债和表外业务中所隐含的期权。

2. 汇率风险

汇率风险是指由于汇率的不利变动而导致银行业务发生损失的风险。汇率风险一般因为银行从事以下活动而产生:一是商业银行为客户提供外汇交易服务或进行自营外汇交易活动(外汇交易不仅包括外汇即期交易,还包括外汇远期、期货、互换和期权等金融和约的买卖);二是商业银行从事的银行账户中的外币业务活动(如外币存款、贷款、债券投资、跨境投资等)。

外汇交易风险：银行的外汇交易风险主要来自两方面：一是为客户提供外汇交易服务时未能立即进行对冲的外汇敞口头寸；二是银行对外币走势有某种预期而持有的外汇敞口头寸。

3. 商品价格风险

商品价格风险是指商业银行所持有的各类商品的价格发生不利变动而给商业银行带来损失的风险，这也是供应链金融业务的主要风险之一。这里的商品主要是指抵/质押物、农产品、矿产品、贵金属等。

六、道德风险

道德风险是在信息不对称条件下，不确定或不完全合同使得负有责任的经济行为主体不承担其行动的全部后果，在最大化自身效用的同时，做出不利于他人行动的现象。

在供应链融资中，道德风险可能有很多种表现，比如，企业以次充好，隐瞒抵质押物的品质问题；再如，应收账款没有按约定路径回流到授信银行，而受信企业也故意不向银行披露；又如，企业将资金挪用到贸易以外的投资领域等。

第三节　常见的供应链金融风险量化方法

在20世纪60年代以前，对风险的估计还是十分粗糙的，只能大致用高、中、低的词汇衡量。1952年，美国经济学家、诺贝尔经济学奖获得者哈里·马科维茨（Harry Markowitz）提出了资产组合理论（portfolio theory），使投资风险的衡量可以数量化。这是对现代金融理论的重大贡献。

一、模糊综合评价法

模糊综合评价法是一种基于模糊数学的综合评价方法。该综合评价法根据模糊数学的隶属度理论把定性评价转化为定量评价，即用模糊数学对受到多种因素制约的事物或对象做出一个总体的评价。它具有结果清晰、系统性强的特点，能较好地解决模糊的、难以量化的问题，适合各种非确定性问题的解决。流程如下：①模糊综合评价指标的构建；②确定向量权重；③构建评价矩阵，建立适合的隶属函数从而构建好评价矩阵；④评价矩阵和权重的合成：采用适合的合成因子对其进行合成，并对结果向量进行解释。

二、层次分析法 AHP

层次分析法（Analytic Hierarchy Process，简称AHP）是将与决策总是有关的元素分解成目标、准则、方案等层次，在此基础之上进行定性和定量分析的决策方法。该方法是美国运筹学家匹茨堡大学教授萨蒂于20世纪70年代初，在为美国国防部研究"根据各个工业部门对国家福利的贡献大小而进行电力分配"课题时，应用网络系统理论和多目标综合评价方法，提出的一种层次权重决策分析方法。

层次分析法是将决策问题按总目标、各层子目标、评价准则直至具体的备投方案的顺序分解为不同的层次结构，然后得以用求解判断矩阵特征向量的办法，求得每一层次的各元素对上一层次某元素的优先权重，最后再加权和的方法递阶归并各备择方案对总目标的最终权重，此最终权重最大者即为最优方案。这里所谓"优先权重"是一种相对的量度，它表明各备择方案在某一特点的评价准则或子目标，标下优越程度的相对量度，以及各子目标对上一层目标而言重要程度的相对量度。层次分析法比较适合于具有分层交错评价指标的目标系统，而且目标值又难于定量描述的决策问题。其用法是构造判断矩阵，求出其最大特征值及其所对应的特征向量 W，归一化后，即为某一层次指标对于上一层次某相关指标的相对重要性权值。

1. 构造层次结构模型（如图 5-2 所示）

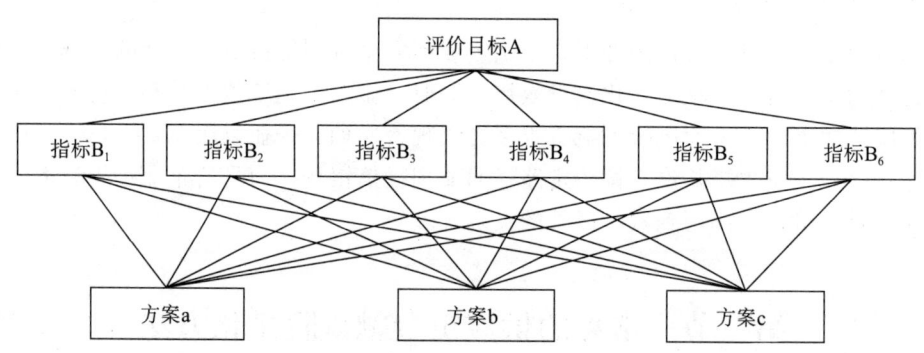

图 5-2　层次结构模型构造

2. 成对比较矩阵构造

假设某层如果有 n 个因素，$X = \{X_1, X_2, \cdots, X_n\}$，如果要比较他们和上一层某一标准的影响程度，确定某个因素在该层相对于某一准则所占的比重（即把 n 个因素对某一目标的影响程度排序）。

上述比较是两两因素之间进行的比较，比较是取 1—9 尺度。用 a_{ij} 表示第 i 个因素相对于第 j 个因素的比较结果，则 $a_{ij} = 1/a_{ij}$。

$$A = (a_{ij})_{n \times n} = \begin{vmatrix} a_{11} & a_{12} & \cdots & a_{1n} \\ a_{21} & a_{22} & \cdots & a_{2n} \\ \cdots & \cdots & \cdots & \cdots \\ a_{n1} & a_{n2} & \cdots & a_{nn} \end{vmatrix}$$

A 则称为成对比较矩阵（判断矩阵）。

比较尺度：（1~9 尺度的含义）如表 5-1。

表 5-1　　　　　　　　　　　比较尺度表

尺度	含义
1	第 i 个因素与第 j 个因素影响相同
3	第 i 个因素比第 j 个因素影响稍强
5	第 i 个因素比第 j 个因素影响强
7	第 i 个因素比第 j 个因素影响明显强
9	第 i 个因素比第 j 个因素影响绝对的强

2、4、6、8 尺度表示第 i 个因素比第 j 个 A = (a_{ij}) n×n 因素影响等级介于上述等级之间。不难定义以上各尺度。

3. 层次单排序及一致性检验确定目标权重

步骤 1：将判断矩阵列归一化，对于 i，j = 1，2，…，n，计算

$$a_{ij} = \left(\frac{1}{\sum_{k=1}^{n} a_{kj}}\right) a_{ij}$$

步骤 2：对于 i，j = 1，2，…，n，计算

$$r_i = \sum_{j=1}^{n} a_{ij}$$

步骤 3：将向量 r = (r_1，r_2，…，r_n) 归一化处理，可以得到目标权重向量 w 期分量

$$w_i = \left(\frac{1}{\sum_{j=1}^{n} r_j}\right) r_i, i = 1,2,\cdots,n$$

那么判断矩阵 A，则对应于最大特征值 λ_{max} 的特征向量 W，经归一化后即为同一层次相应因素对于上一层次某因素相对重要性的排序权值，这一过程称为层次单排序。

上述构造成对比较判断矩阵的办法虽能减少其他因素的干扰，较客观地反映出一对因子影响力的差别，但综合全部比较结果时，其中难免包含一定程度的非一致性，所以需要检验构造出来的（正互反）判断矩阵 A 是否严重的非一致，以便确定是否接受 A。

对判断矩阵一致性检验的步骤如下：

A：计算判断矩阵 A 的最大特征值

$$\lambda_{max} = \frac{1}{n} \sum_{i=1}^{n} \frac{(AW)_i}{w_i}$$

B：计算一致性指标 CI

$$CI = \frac{\lambda_{max}(A) - n}{n - 1}$$

C：查找相应的平均随机一致性指标 RI。RI 系数表如表 5 - 2 所示。

表 5 - 2　　　　　　　　　　　RI 系数表

判断矩阵阶数	1	2	3	4	5	6	7	8	9
RI	0	0	0.58	0.90	1.12	1.24	1.32	1.41	1.45

D：计算一致性比例 CR = CI/RI

在 RI < 0.10 的时候，就可认为判断矩阵是具有满意一致性，否则就需要重新调整判断矩阵。

E：层次总排序及一致性检验

设上一层次（A 层）包含 A_1，…，A_m 共 m 个因素，它们的层次总排序权重分别为 a_1，…，a_m。又设其后的下一层次（B 层）包含 n 个因素 B_1，…，B_n，它们关于 A_j 的层次单排序权重分别为 b_{1j}，…，b_{nj}（当 B_i 与 A_j 无关联时，b_{ij} = 0）。现求 B 层中各因素关于总目标的权重，即求 B 层各因素的层次总排序权重 b_1，…，b_n，计算按表 5 - 3 所示方式进行，即

$$b_i = \sum_{j=1}^{m} b_{ij} a_j, i = 1, \cdots, n$$

表 5-3　　　　　　　　　　　　　层次权重排序表

A层 B层	A_1 a_1	A_2 a_2	…	A_m a_m	B层总排序权值
B_1	b_1	b_{12}	…	b_{1m}	$\sum_{j=1}^{m} b_{1j} a_j$
B_2	b_{21}	b_{22}	…	b_{2m}	$\sum_{j=1}^{m} b_{2j} a_j$
…	…	…	…	…	…
B_n	b_{n1}	b_{n2}	…	b_{nm}	$\sum_{j=1}^{m} b_{nj} a_j$

对层次总排序也需作一致性检验。检验仍像层次总排序那样由高层到低层逐层进行。这是因为虽然各层次均已经过层次单排序的一致性检验，各成对比较判断矩阵都已具有较为满意的一致性。但当综合考察时，各层次的非一致性仍有可能积累起来，引起最终分析结果较严重的非一致性。

设B层中与A_j相关的因素的成对比较判断矩阵在单排序中经一致性检验，求得单排序一致性指标为CI（j），（j=1，…，m），相应的平均随机一致性指标为RI（j）[CI（j）、RI（j）]已在层次单排序时求得，则B层总排序随机一致性比例为：

$$CR = \frac{\sum_{j=1}^{m} CI(j) a_j}{\sum_{j=1}^{m} RI(j) a_j}$$

当CR<10.0时，认为层次总排序结果具有较满意的一致性并接受该分析结果。

三、灰色关联分析法

对于两个系统之间的因素，其随时间或不同对象而变化的关联性大小的量度，称为关联度。在系统发展过程中，若两个因素变化的趋势具有一致性，即同步变化程度较高，即可谓二者关联程度较高；反之，则较低。因此，灰色关联分析方法，是根据因素之间发展趋势的相似或相异程度，亦即"灰色关联度"，作为衡量因素间关联程度的一种方法。计算的过程如下：

第1步：确定参考数据和比较数据列，其中因变量参考数据列也称为母序列，项目中对应自变量比较数列也称为子序列。

第2步：进行指标无量纲化处理，采用标准化变换法。

第3步：产生对应差数列表，即将标准化后的比较数列与参考数列进行差值计算，并求绝对值。对应差数列表内容包括：

参考数列值差（绝对值）$|Z_i^L(t) - Z_j^F(t)|$

列最大差 $\Delta max = \max_i \max_j |Z_i^L(t) - Z_j^F(t)|$

列最小差 $\Delta min = \min_i \min_j |Z_i^L(t) - Z_j^F(t)|$

第4步：应用邓式关联度计算，计算关联系数 $\xi i(j)(t)$：

$$\xi_i(j)(t) = \frac{\min_i \min_j |Z_i^L(t) - Z_j^F(t)| + \rho \max_i \max_j |Z_i^L(t) - Z_j^F(t)|}{|Z_i^L(t) - Z_j^F(t)| + \rho \max_i \max_j |Z_i^L(t) - Z_j^F(t)|} \quad (1)$$

式（1）中，$Z_i^L(t)$ 和 $Z_j^F(t)$ 分别表示 t 时刻物流业与金融业经济指标的标准化值。ρ 为标准化系数，可以控制 ρΔmax 对数据转化的影响，ρ 取越小值，可以提高关联系数间差异的显著性，大部分的文章中一般取值为 0.5。$\xi_i(j)(t)$ 是 t 时刻的关联系数，其值越大，表明在 t 时刻的关联性越强。

将关联系数按样本数求其平均值可以得到一个关联度矩阵 γ，它反映了金融业与物流业的耦合作用的错综关系。通过比较各个关联度 γ_{ij} 的大小，可以分析出金融业中哪些因素与物流业关系密切，而哪些对制造业的影响作用不大。

γ_{ij} 的计算公式为：
$$\gamma_{ij} = \frac{1}{N} \sum_{i=1}^{n} \xi_i(j)(t) \quad (2)$$

式（2）中，$0 \leq \gamma_{ij} \leq 1$，若 $0 \leq \gamma_{ij} \leq 1$，说明 L_i 与 F_j 有关联，该值越大，关联性越大，反之亦然。当 $0 < \gamma_{ij} \leq 0.35$ 时，两者关联度较弱；当 $0.35 < \gamma_{ij} \leq 0.65$ 时，关联度为中等；当 $0.65 < \gamma_{ij} \leq 0.85$ 时，关联度较强；当 $0.85 < \gamma_{ij} < 1$ 时，关联度极强。

在关联度矩阵基础上分别按行或列求其平均值分别得到式（3）和式（4）：

$$d_i = \frac{1}{n} \sum_{i=1}^{n} \gamma_{ij} \quad (i = 1, 2, \cdots, n; j = 1, 2, \cdots, m) \quad (3)$$

$$d_j = \frac{1}{m} \sum_{j=1}^{m} \gamma_{ij} \quad (i = 1, 2, \cdots, n; j = 1, 2, \cdots, m) \quad (4)$$

根据其大小及其对应的值域范围可以选出子变量对因变量最主要的胁迫因素和自变量对因变业最主要的约束因素。

四、熵权法

按照信息论基本原理的解释，信息是系统有序程度的一个度量，熵是系统无序程度的一个度量；如果指标的信息熵越小，该指标提供的信息量越大，在综合评价中所起作用理当越大，权重就应该越高。熵权法是一种客观赋权方法，计算步骤如下：

①构建各年份各评价指标的判断矩阵；
②将判断矩阵进行归一化处理，得到归一化判断矩阵；
③根据熵的定义，根据各年份评价指标，可以确定评价指标的熵。

$$P_{ij} = A_{ij} / \sum_{i=1}^{n} A_{ij} \qquad E_{ij} = -K \sum_{i=1}^{m} P_{ij} LN(P_{ij})$$

其中，A_{ij}、P_{ij} 表示第 i 年的 j 项指标值和该值的比重，E_{ij} 表示第 j 项指标的熵值（i = 1, 2, …, n; j = 1, 2, …, m）。

④定义熵权。定义了第 j 个指标的熵后，可得到第 j 项指标的熵权 G_j；

$$G_j = (1 - E_{ij}) / (n - \sum_{i=1}^{n} E_{ij})$$

⑤计算系统的权重值 $F_i = \sum_{j=1}^{m} G_j A_{ij}$。

延伸阅读：

基于层次分析法和熵权法的保兑仓融资模式风险评价与分析

周启清（陕西国际商贸学院）　　尹盼盼（中南民族大学）

摘要： 在经济形势下行压力加大的背景下，基于银行的视阈，综合运用模糊综合评价法、AHP、熵权法，通过对核心企业、中小企业、第三方物流企业风险的探讨，构建了一个保兑仓融资模式风险判别范式，从而助力保兑仓业务的发展，推动金融支持实体经济发展，减少我国几千万中小企业融资的"麦克米伦缺口"。

关键词： 保兑仓；模糊综合评价法；AHP；熵权法；风险评价

1. 引言

当前，世界经济复苏乏力，中国步入新常态，经济布局正在发生深层次、大规模转变，又恰逢中美贸易冲突，整个大环境充满了不确定性，为打赢防范化解系统性金融风险这场攻坚战，金融强监管状态正在向常态化转变。同时，以支付宝、财付通、京东金融为首的互联网金融产品又不断抢占银行业的存贷款业务，极大地增加了银行业的经营困难，银行盈利幅度明显收窄，我国银行业普遍面临着"黄金十年"后业务转型任务。在此嬗变背景下，银行业纷纷发轫供应链金融，这项金融创新业务由此获得了蓬勃发展的春天。

供应链金融业务是一片蓝海，具有远大的发展前景，应该积极拥抱，但也充斥风险，需要对其风险进行合理管控。而在所有的供应链业务中，保兑仓业务这个集大成的产物具有特殊的地位，甚至廖美玲（2012）等学者认为供应链融资模式就是应收账款融资模式、融通仓融资模式和保兑仓融资模式[1]。作者在梳理文献时发现，现阶段供应链金融应收账款融资模式存在风险判别范式，极大地方便了应收账款融资模式风险评判，但保兑仓融资模式的评判范式长期缺位。故本文拟通过对核心企业、中小企业、第三方物流企业风险权重的探讨，确定一个类似的保兑仓风险判别范式，给予业务员单个项目打分表，直接和风险权重相乘，得到风险评价结果。

2. 文献回顾

对于供应链金融业务中的风险评价与管控问题，国内学者在定性研究和定量研究两个方面都做了很多研究，本研究也属于对供应链金融业务风险评价的定量分析。

模糊综合评价法较早被用于评价供应链金融的风险评价中。李学军（2015）等从宏观行业与风险、供应链系统风险、担保物变现风险三个方面构建了保兑仓融资风险评估指标体系表，但未设置指标权重。[2]刘园（2016）等采用模糊综合评价法基于行业现状、中小企业综合实力、供应链运营水平和核心企业综合实力四个层面综合评价中小企业供应链融资风险，指标权重采用专家打分的平均值。[3]这些学者研究成果的不足之处在于指标权重未设置，或权重选取过于主观。

结合运用层次分析法和模糊综合评价法用于评价供应链金融的风险评价部分弥补了以上不足。陈长彬、盛鑫（2013）等专家均综合运用二者构建了各自的供应链金融风险评价体系，特别是谭阿琼（2013）、吴泽莹（2014）等进一步将风险评价对象细化至了保兑仓业务。[4]-[6]而胡国成等（2017）将模糊综合评价法、层次分析法、熵权法三者综合运用[7],更是在谭阿琼(2013)等学者研究成果的基础上更进一步,将主观权重、客观权重融为了一体。

此外,部分学者也采用了其他评价方面实证了保兑仓融资模式的风险。比如,刘海(2016)基于SVM模型的实证分析商业银行保兑仓模式的信用风险评价[8];王青(2018)基于风险因子研究了保兑仓融资模式下商业银行的风险评价体系,以G1群组决策方法确定目标权重[9]。

综上所述,供应链金融风险问题的研究成果比较丰富,但针对保兑仓业务的现有研究成果仍存在有待完善的地方。本文的创新之处在于,与李学军(2015)等人相比,克服了权重设置过于主观问题;与陈长彬(2013)等相比,将研究对象细化至保兑仓业务;与谭阿琼(2013)等人相比,优点在于将熵权法纳入考虑范围,进一步削弱了主观影响;同胡国成等(2017)比较,本研究考虑更加全面,所选指标更具针对性、操作性;与刘海(2016)等相对比,本文对业务人员的素养较低,更具操作性。特别地,本研究的最大优点是通过对核心企业、中小企业、物流企业的风险的探讨,提供了一个评判某项保兑仓业务的风险判别范式,极大地操作难度,削减了评价成本。

3. 保兑仓融资模式简介

保兑仓融资模式,又称为"厂商银"业务,是基于上下游和商品提货权的一种供应链金融集成业务,如图5-3所示,该业务主要是核心企业、中小企业、第三方物流企业、银行四个参与方之间签署四方合作协议,该业务将银行信用作为载体、银行承兑汇票作为结算工具,再将货权由银行加以控制,质押物由第三方物流企业担负监管责任,核心企业对承兑汇票保证金以外金额部分以货物回购作为担保措施,由银行向核心企业(卖方)和中小企业(买方)提供的一种金融服务。[10]在实际操作中,四方合作模式有时被简化为三方合作模式,质押物的监管任务被委托给核心企业等。本文仅对四方合作模式的保兑仓业务进行探讨。

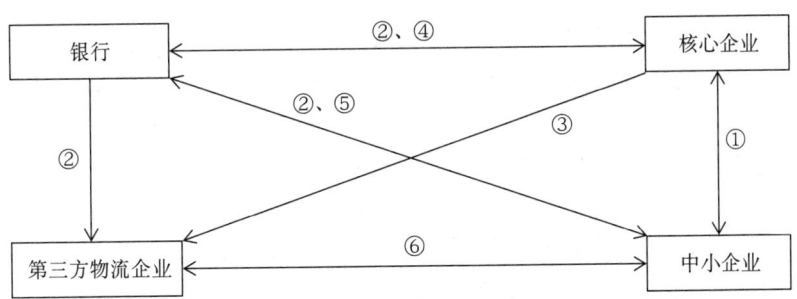

图5-3 保兑仓融资模式

该融资模式涉及供应链中上游供应商、下游制造商(融资企业)和银行、仓储物流监管方,实现了多方共赢的目的。对核心企业而言,可以实现大笔预收款,缓解流动资金瓶颈,并锁定未来销售,增强销售的确定性。从中小企业角度看,采用保兑仓融资模式的益处在于,既可以实现经济批量,提前锁定价格风险,又可以借助分批付款、分批提货的方式有效缓解了自身的短期资金压力。从银行的角度分析，该融资模式中核心企业的介入较深，有利于银行对核心企业自身资源的直接开发，进一步挖掘客户资源，同时由于核心企业连带责任于质押物担保的存在，融资风险能够进一步降低。

①核心企业与融资方（中小企业）之间相互签订商品购销条约。

②经过仔细地审查后，银行、核心企业、中小企业、第三方物流企业四方签订合同，约定以保兑仓模式融资，中小企业保证资金用于专项购买核心企业商品，核心企业对回购和商品质量作出保证，第三方物流企业履行仓储监管职责。

③核心企业一次性发货给第三方物流企业，第三方物流企业将仓单交给核心企业。

④核心企业将仓单交付给贷款银行，商业银行获得仓单以后，开立以中小企业为出票人、核心企业为收款人的银行承兑汇票，再将银行承兑汇票交付给核心企业。

⑤中小企业缴纳初次承兑保证金（一般大于等于总额的30%）和承兑的手续费，获得部分仓单。

⑥中小企业将仓单交给第三方物流企业，第三方物流企业凭仓单发货。

⑦重复第⑤步、第⑥步，直至融资方（中小企业）将银行承兑汇票和保证金之间的差额完全支付完毕，才能将存放在第三方物流公司处的质押物提清。当汇票到期或保证金账户余额不足，而中小企业不履约时，核心企业按约定进行回购。

4. 保兑仓融资模式风险要点识别

保兑仓模式融资风险管控应遵循商业银行"全面风险管控"原则。"全面风险管控"是指将融资过程中面临的信用风险、操作风险、法律风险、市场风险等各类风险通盘考虑，统筹规划，以达成各类风险均获得有效管理的效果。具体包括：融资过程中所有的风险状况、反馈结果都有对应部门负责与处理；各种风险管理政策、规定都均存在明晰的指导文件；全部风险都运用定性或定量方式进行了测算等。基于此，作者基于全面风险管理思维对保兑仓业务的风险要点进行初步识别。

4.1 核心企业的风险

核心企业是保兑仓业务的关键一核，实质上是以回购的形式为保兑仓业务兜底，为中小企业增信，能够有效降低保兑仓业务的风险。核心企业实际上是保兑仓业务兴起的基础之一。

核心企业的风险，可以从信用风险、操作风险、偿债能力、盈利能力三个角度度量。但由于在于保兑仓业务中，核心企业是一次性发货给第三方物流公司，操作频率低、出错的可能性，依据抓大放小的原则，不予考虑操作风险。

核心企业的信用风险是指，在保兑仓模式中，核心企业不履行合约，这将导致供应链的资金流断裂，从而产生银行坏账。供应链金融业务是基于真实贸易背景展开的一项业务，可以说信用风险是供应链金融融资模式面对的首要风险，一定程度上供应链金融融资模式本身就是一种特殊的信用风险管理技术，所以核心企业的信用风险十分重要。核心企业一般规模较大，甚至可能是上市公司，所以核心企业的信用评价比较容易获得，如通过天眼查、国家企业信用信息公示系统、信用评级、公司财报等。

核心企业的偿债能力和营利能力主要是衡量公司的运行状况，保证核心企业的回购能力。因为核心企业的经营状况、财务情况一般情况下都很好，所以本文只选择了流动比率、速动比率、资产负债率、利息保障倍数、销售利润率等衡量指标。

4.2 中小企业的风险

中小企业是保兑仓业务中的直接受众，由于小、散、弱等固有问题中小企业的存在，融资难融资贵中小企业一直困扰其发展。在保兑仓业务中，中小企业的风险主要有4大方面：信用风险、企业基本盘与操作风险、质押物风险、运营情况风险。其中，信用风险和质押物风险的影响最为显著。

中小企业的信用风险是指，保兑仓模式中，银行之所以对中小企业的提供授信，是基于以中小企业和核心企业之间的真实贸易背景为前提，但是若该贸易合同自身就存在问题，那么银行的融资款项很可能就会用于和产品生产无关的领域中，从而款项无法收回，还银行贷款也就不能得到偿还。且供应链金融业务实质上是对中小企业的信用增级，通过与核心企业的捆绑，实现自身信用水平的柔性提升，故研究保兑仓业务中中小企业的风险必须关注其信用风险。中小企业可以通过查询天眼查、国家企业信用信息公示系统、询问其业务合作方等途径获取。

中小企业的企业基本盘与操作风险就是指一个企业的领导素质、企业管理状况、员工素质水平。为了解决供应链中小成员的融资瓶颈，供应链融资以物流、资金流、信息流的控制以及面向授信自偿性的结构化操作模式为基础，构筑了用于隔离中小企业信用风险的"防火墙"，实质上造成了信用风险一定程度上向操作风险的"位移"，所以需要格外关注中小企业的操作风险。由于中小企业在保兑仓业务中将与银行、第三方物流企业多频率地进行复杂的融资活动，特别目前我国中小企业从业人员素质不高，一旦工作人员专业性、掌握的技术不足，甚至出现违规操作，将极大地增加整个保兑仓业务的风险。而就这三者而言，企业管理状况比企业的领导素质重要，企业的领导素质比员工素质重要。因为一个优秀的企业的良好运行主要依靠完善的制度条例去保证，所以企业管理状况最重要，而企业的决策主要是领导决定，所以企业的领导素质比员工素质重要。

质押物风险之所以比企业基本盘与操作风险和运营情况风险重要，是因为质押物是有效降低保兑仓业务的第二个抓手，它保证了中小企业由于经营不善、失信等原因违约，而核心企业又不进行回购时，银行能够通过出售质押物减少或弥补自己的亏损，故质押物应该向价格波动小、变现能力强、易于保管、保质时间长等特征靠拢。比如，王超（2011）指出银行应关注产品类别，对于残值远小于市场价格或者价格下跌较快的产品，应当提高贷款利率。[11]

中小企业的运营情况风险是指通过对销售利润率、资产负债率、现金流情况等指标的考察，判断该中小企业的日常经营情况。

4.3 第三方物流企业的风险

在保兑仓融资模式中，第三方物流企业作为商业银行的信托责任人承担了一部分本来归属于银行的工作，负责对质押物的监管。第三方物流企业的信用风险是指其出现信托责任缺失，即第三方物流企业出于自身利益需求给银行提供了虚假或有误的数据,但银行却无从得知实际情况,当银行根据第三方物流企业提供的信息进行授信决策时,这种信息不对称就会给银行带来信贷风险。

第三方物流企业的操作风险是指,由于第三方物流企业工作人员专业性不足、规章制度完善不完善、物流流程设计不合规等引起的操作失误,使物流企业本身承担不了货物监管的工作,造成银行和融资企业遭受损失的风险。

第三方物流企业的运营情况风险和中小企业运营风险一致,是指通过对销售利润率、现金流情况、资产负债率等指标的考察,判断该物流企业的日常经营情况。

第三方物流企业的信息化水平风险是指第三方物流企业与银行之间、第三方物流企业与中小企业的信息不对称、信息滞后带来的决策失误,造成了质押商品的监管风险。第三方物流平台信息化建设水平对降低保兑仓业务的融资风险影响重大,如:何明珂、董天胜(2007)就从信息经济学角度证明信息不对称是供应链中信用缺失的根源[12]。

4.4 宏观环境的风险

供应链金融业务作为一项金融创新,政策的大力支持显得尤为重要。现阶段,在《关于开展供应链创新与应用试点的通知》《关于积极推进供应链创新与应用的指导意见》《小微企业应收账款融资专项行动工作方案(2017—2019)》等文件的支持下,供应链金融业务在我国迅猛发展。但不同地区对供应链金融业务的支持力度不同,如深圳市积极出台了《关于促进深圳市供应链金融发展的意见》、临沂市成立了供应链金融协会,这是银行在某地开展供应链金融必须考虑的。

法律保障是开展供应链金融进一步发展的有力支撑。如果保兑仓业务没有完善的法律体系作为支撑,它就无法得到健康运行。目前,我国供应链金融业务的法律保障体系尚不健全,由《合同法》《物权法》《应收账款质押登记办法》等构成的法律体系有待提高。同时,当前金融强监管状态常态化、制度化迹象显著,业务合规性愈被重视。这些都是保兑仓业务开展必须关注的对象。

开展保兑仓业务需要关注经济状况的原因在于,保兑仓融资模式运行在一定的经济环境中,涉及不同产业、融资平台以及流动性服务商,一旦经济状况出现波动,融资过程中的环节主体将面临较大的风险,从而导致整体供应链资金风险加剧。特别是当经济形势下行或衰退时,供应链中企业面临经营困难、甚至破产等问题,最终造成金融活动丧失良好的信用担保。

行业状况也是开展保兑仓业务必须关注的,若某个行业是夕阳产业,开展保兑仓业务的风险就非常大;反之,若该行业是朝阳产业,开展保兑仓业务的风险就比较小。例如,煤炭、钢铁、化工、造纸、有色、水泥等行业生产过剩严重,在这些行业开展保兑仓业务风险就比较大。

5. 保兑仓融资模式风险度量体系构建

根据保兑仓融资模式风险要点识别情况,参考专家建议,本研究得到保兑仓融资模式风险度量体系(如表5-4),然后邀请4名专家采用德尔菲法对保兑仓融资模式风险度量体系进行评价。

AHP法和熵权法,得到主观权重、客观权重,最终确定综合权重。

表 5-4　　　　　　　　　　　保兑仓融资模式风险度量体系

一级指标 A	二级指标 B	三级指标 C	备注
核心企业 A1	信用风险 B1	定性评价 C1	通过天眼查、企查查、启信宝等查看其以往履约情况，信用记录，信用评级
	偿债能力 B2	流动比率 C2	流动比率 = 流动资产/流动负债
		速动比率 C3	速动比率 = （流动资产 - 存货）/流动负债
		资产负债率 C4	资产负债率 = 负债总额/净资产总额
		利息保障倍数 C5	利息保障倍数 = 息税前利润/利息费用
	盈利能力 B3	销售利润率 C6	销售利润率 = 利润总额/营业收入
中小企业 A2	信用风险 B4	定性评价 C7	通过天眼查等查看该企业以及法人以往履约情况，信用记录，信用评级
	企业基本盘与操作风险 B5	领导素质 C8	学历、管理者在本行业持续经营年限
		企业管理状况 C9	组织权责划分情况
		员工素质 C10	受教育程度、掌握技术状况等
	质押物特征 B6	价格波动情况 C11	
		变现能力 C12	
		保质期时长 C13	
	运营情况 B7	销售利润率 C14	销售利润率 = 利润总额/营业收入
		资产负债率 C15	资产负债率 = 负债总额/净资产总额
		现金流情况 C16	
第三方物流企业 A3	信用风险 B8	定性评价 C17	通过天眼查等查看其以往履约情况，信用记录，信用评级
	操作风险 B9	领导素质 C18	学历、管理者在本行业持续经营年限
		合规风险 C19	规章制度完善程度
		业务人员水平 C20	受教育程度、掌握技术状况等
	运营情况 B10	销售利润率 C21	销售利润率 = 利润总额/营业收入
		现金流情况 C22	
		资产负债率 C23	资产负债率 = 负债总额/净资产总额
	信息化水平 B11	物流监控平台建设情况 C24	
宏观环境 A4	政策支持 B12	政策支持程度 C25	
	法律保障 B13	法律完善程度 C26	物权法等
	经济状况 B14	经济运行水平 C27	GDP 增速等
	行业状况 B15	行业发展前景 C28	

5.1 以 AHP 法确定各指标权重

层次单排序是根据判断矩阵计算对于上一层某因素而言，本层次与之有联系的因素的重要性次序的权值，它可以归结为计算判断矩阵的特征和特征向量问题，即对判断矩阵 A 计算满足 $A\omega = \lambda_{max}\omega$ 的特征根和特征向量，并将特征向量正规化，将正规化后所得到的特征向量 $\omega = [\omega_1, \omega_2, \cdots, \omega_n]^T$，作为本层次元素对于其隶属元素的排序权值；在得到 λ_{max} 以后，需对判断矩阵 A 进行一致性检验，得到一致性指标 $CI = \frac{\lambda_{max} - n}{n - 1}$，当 $CI = 0$ 时，判断矩阵 A 具有完全一致性；还需要通过查表得到平均随机一致性指标 RI 的值；最后，通过公式 $CR = \frac{CI}{RI}$ 求得 CR，若 $CR < 0.10$，则此判断矩阵具有满意的一致性，否则就需要对判断矩阵进行调整。

本研究以一级指标 A 为例，展示如何以 AHP 法判断各指标权重水平。

首先，邀请 4 位专家采用德尔菲法对评价指标进行打分，基于取 1-9 尺度（见表 5-5），采用两两因素之间进行的比较方法，对核心企业、中小企业、第三方物流企业、宏观环境的影响程度加以权衡，然后将得到的比较结果进一步反馈给相关专家，专家依据得到的反馈结果进行新一轮的评价，如此循环往复，最终所有专家的意见均达成一致，从而构造出所需的一级指标判断矩阵 A。

表 5-5　　　　　　　　　　　　　比较尺度表

尺度	含义
1	第 i 个因素与第 j 个因素影响相同
3	第 i 个因素比第 j 个因素影响稍强
5	第 i 个因素比第 j 个因素影响强
7	第 i 个因素比第 j 个因素影响明显强
9	第 i 个因素比第 j 个因素影响绝对的强

2, 4, 6, 8 尺度表示第 i 个因素比第 j 个因素影响等级介于上述等级之间

故判断矩阵：

$$A = \begin{bmatrix} 1 & 5 & 1 & 2 \\ 1/5 & 1 & 1 & 1 \\ 1 & 1 & 1 & 2 \\ 1/2 & 1 & 1/2 & 1 \end{bmatrix}$$

其次，运用 matlab 软件，输入相关代码，RI 系数采用 Satty 的结论（详见表 5-6），在 $RI < 0.10$ 的时候，就可认为判断矩阵具有满意一致性，否则就需要重新调整判断矩阵。

表 5-6　　　　　　　　　　　　　RI 系数表

判断矩阵阶数	1	2	3	4	5	6	7	8	9
RI	0	0	0.58	0.90	1.12	1.24	1.32	1.41	1.45

运用 matlab 软件结果表明，一级指标构造矩阵 A 的最大特征值 $\lambda_{max} = 4.2542$，一致

性指标 CI = 0.0847，CR = 0.0941 < 0.10，判断矩阵具有满意一致性，同时得出各因素所占权重为核心企业 A1 = 0.4183，中小企业 A2 = 0.1564，第三方物流企业 A3 = 0.2713，宏观环境 A4 = 0.1540。

同理，求得其他指标的权重如表 5 - 7。

表 5 - 7　　　　保兑仓融资模式风险度量体系指标分布表

指标	权重	指标	权重	指标	权重	指标	权重
A1	0.4183	A2	0.1564	A3	0.2713	A4	0.1540
B1	0.5396	B2	0.2970	B3	0.1634	B4	0.4578
B5	0.2327	B6	0.1454	B7	0.1640	B8	0.2819
B9	0.3677	B10	0.2000	B11	0.1504	B12	0.4227
B13	0.2161	B14	0.1987	B15	0.1625		
C1	1	C2	0.2500	C3	0.2500	C4	0.2500
C5	0.2500	C6	1	C7	1	C8	0.4000
C9	0.4000	C10	0.2000	C11	0.6406	C12	0.2926
C13	0.0668	C14	0.3333	C15	0.3333	C16	0.3333
C17	1	C18	0.4000	C19	0.4000	C20	0.2000
C21	0.3333	C22	0.3333	C23	0.3333	C24	1
C25	1	C26	1	C27	1	C28	1

5.2 以熵权法确定各指标权重

熵权法是一种基于客观数据的权重系数确定方法，是一种客观综合评价方法，主要是根据各指标传递给决策者的信息量大小来确定其权重数。本研究以一级指标 A 为例，展示如何以熵权法判断各指标权重水平。

首先，邀请 4 位专家采用德尔菲法对评价指标进行打分，以其初次打分为最终结果，构建一级指标的判断矩阵 A_{ij}：

$$A_{ij} = \begin{bmatrix} 96 & 93 & 87 & 84 \\ 95 & 80 & 82 & 90 \\ 90 & 85 & 83 & 85 \\ 98 & 88 & 86 & 92 \end{bmatrix}$$

设 A_{ij} 为第 i 个专家对第 j 个指标的观测数据。先计算第 i 个被评价对象在第 j 个评价指标上的指标的熵值：

$$P_{ij} = A_{ij} / \sum_{i=1}^{4} A_{ij} \qquad E_{ij} = -k \sum_{i=1}^{4} P_{ij} LN(P_{ij})$$

其中，P_{ij} 表示第 i 个专家的 j 项指标值的比重，E_{ij} 表示第 j 项指标的熵值（i = 专家 1、专家 2，专家 3，专家 4；j = 核心企业 1，中小企业 2，第三方物流企业 3，宏观环境 4），$K = -1/\ln 4$。

然后，计算第 j 项指标的熵权 G_j：

$$G_j = (1 - E_{ij}) / (4 - \sum_{i=1}^{4} E_{ij})$$

熵权法实证结果表明，一级指标构造矩阵 A 中各因素所占权重为：核心企业 A1 = 0.2381，中小企业 A2 = 0.2621，第三方物流企业 A3 = 0.1454，宏观环境 A4 = 0.3544。同理，求得其他指标的权重如表 5 - 8。

表 5 - 8　　　　　　　　　保兑仓融资模式风险度量体系权重分布表

指标	权重	指标	权重	指标	权重	指标	权重
A1	0.2381	A2	0.2621	A3	0.1454	A4	0.3544
B1	0.5881	B2	0.1991	B3	0.2128	B4	0.0816
B5	0.1398	B6	0.6490	B7	0.1297	B8	0.2232
B9	0.2246	B10	0.1786	B11	0.3736	B12	0.1713
B13	0.1943	B14	0.5599	B15	0.0745		
C1	1	C2	0.3317	C3	0.2134	C4	0.1455
C5	0.3094	C6	1	C7	1	C8	0.2164
C9	0.5684	C10	0.2152	C11	0.0286	C12	0.6909
C13	0.2805	C14	0.5258	C15	0.1046	C16	0.3687
C17	1	C18	0.2164	C19	0.5684	C20	0.2152
C21	0.5258	C22	0.1046	C23	0.3687	C24	1
C25	1	C26	1	C27	1	C28	1

5.3 确定综合权重

参考李旭宏、李玉民[13]等学者的意见，令主观权重为 ω_j^k，客观权重为 ω_j^s，得出综合权重为 ω_j^*，则

$$\omega_j^* = \alpha \omega_j^k + (1 - \alpha)\omega_j^s, \quad 0 < \alpha < 1$$

故，如何合理地决定 α 的取值是当前的要点。根据王明涛 1999 年的观点，α 的取值应该通过比较各指标的重要程度等级排序、AHP 所得指标权重排序和熵权法所得指标权重排序，基于它们不同的一致程度，α 分别取 0、0.5、1；再根据 Jian M、Fan Z P 等学者的思路，考察主客观权重的比例变化，对 α 的取值进行了敏感性分析[14]-[15]。在此背景下，根据专家建议，结合本文指标体系的实际情况，取 α = 0.5。则综合权重指标模型进一步演化为：$\omega_j^* = 0.5(\omega_j^k + \omega_j^s)$。

综上各过程得出基于 AHP - 熵权法的各项指标权重值汇总如表 5 - 9 所示。

表 5 - 9　　　　　　　基于 AHP - 熵权法的各项指标权重值汇总表

指标	权重	指标	权重	指标	权重	指标	权重
A1	0.3282	A2	0.2093	A3	0.2084	A4	0.2542
B1	0.5639	B2	0.2481	B3	0.1881	B4	0.2697
B5	0.1863	B6	0.3972	B7	0.1469	B8	0.2526
B9	0.2962	B10	0.1893	B11	0.2620	B12	0.2970
B13	0.2052	B14	0.3793	B15	0.1185		
C1	1	C2	0.2909	C3	0.2317	C4	0.1978
C5	0.2797	C6	1	C7	1	C8	0.3082
C9	0.4842	C10	0.2076	C11	0.3346	C12	0.4918
C13	0.1737	C14	0.4296	C15	0.2190	C16	0.3510
C17	1	C18	0.3082	C19	0.4842	C20	0.2076
C21	0.4296	C22	0.2190	C23	0.3510	C24	1
C25	1	C26	1	C27	1	C28	1

6. M 公司某项目融资风险的模糊综合评判实证

6.1 实例概况

H 公司是快消行业的头部公司，拥有多款畅销品牌，且公司成立以来，一直保持着良好的信用水平，盈利能力在行业内位居中上游，资产负债率较低，偿债能力有保障。

M 公司是 H 公司的下游经销商，拥有中部某省份的独家代理权，M 公司和 H 公司合作以来，一直保持着良好的信用水平。M 公司是一个家族式企业，企业当前主事人为本科学历，在快消行业从业 5 年，公司员工水平以专科、高中为主。当前，M 公司总体上运营水平良好，负债在合理水平，公司现金流充沛。出于大批量的采购以获取价格优势和提前锁定价格风险的考虑，M 公司拟向 H 公司采购其畅销品牌 A，A 的保质期为 15 个月，价格波动在 1.5 元以内。但由于各种原因，M 公司资金不足。

N 公司是该省份的区域性物流企业，在本省内受到了普遍的信任，公司负责人为物流专业硕士出身，在物流业深耕了多年，公司规章制度建设完整，业务人员多为专科、本科物流专业毕业生，且运营状况良好，现金流充沛，资产负债率在行业内属中等水平，信息化平台建设较为出色，能够实现全程监控。

6.2 实证分析

本研究邀请了某银行信贷部职员张某以十分制据此进行打分，结果如表 5-10 所示。

表 5-10 M 公司某项目融资风险判表

指标	权重	指标	权重	指标	权重	指标	权重
C1	10	C2	7	C3	7	C4	8
C5	7	C6	8	C7	9	C8	7
C9	4	C10	7	C11	8	C12	8
C13	9	C14	8	C15	9	C16	8
C17	10	C18	9	C19	9	C20	9
C21	8	C22	8	C23	6	C24	9
C25	10	C26	8	C27	7	C28	8

得到该项目运用保兑仓风险评价的得分为 8.5 分 > 5 分，故该项目可以采用保兑仓模式进行融资。

7. 结论与建议

M 公司某项目融资风险评价的实证结果表明，本研究得出的保兑仓风险判别范式能够有效评判保兑仓融资模式风险，极具操作性。

为了避免山东钢铁业保兑仓事件、青岛港金属贸易融资骗贷事件等的再次出现，在当前紧的宏观经济环境中推动保兑仓业务更快更好地发展，推动金融服务实体经济，构建我国现代金融体系，在前文分析的基础上，作者提出以下建议：

（1）加强中小企业的征信体系建设。中小企业融资难融资贵，很大一部分原因就是抵押贷款缺乏抵押物，银行授信又达不到标准。保兑仓融资模式中，信用评判尤为重要，通过建立健全中小企业征信体系，能够有效提高其融资效率。

(2) 提高业务人员知识和技术水平。经济活动归根到底是一个以人为中心的活动，保兑仓融资模式中涉及的各项行为最终要依靠业务人员来实现，操作风险在保兑仓业务中一直呈高发、频发态势。现阶段，供应链金融业务方兴未艾，企业界和银行业的供应链金融人才储备不足，现有业务人员在供应链金融业务上胜任力有待提高。

(3) 加强物流平台的信息化建设。虚假质押、重复质押一直是悬挂在保兑仓业务合作方头上的达摩克里斯之剑，是一颗潜藏在保兑仓业务中的"定时炸弹"，解决仓单问题的出路既在于加强企业诚信经营理念，更在于提高物流平台的信息化建设水平。通过运用物联网、云计算、大数据、区块链等新兴技术，深挖技术池，打通信息孤岛，推动质押物交易信息化、信息透明化，实现信息共享，实现有效对接，能够有效减少交易各方的信息不对称，压缩仓单质押环节的寻租空间，解决保兑仓业务发展的一大痛点。

(4) 积极推动质押物二级市场发展。质押物是保兑仓业务顺利开展的压舱石，在保兑仓业务中出现违约时，银行通过出售质押物以减少或避免自己的损失，但银行不可能亲自在市场上对该质押物进行零售，打通银行业与质押物销售市场之间的屏障，保证银行能够大批量、快速地将质押物变现，能够有力激励银行保兑仓业务的实施热情。

参考文献

[1] 廖美玲. 中小企业供应链融资风险防范问题研究 [J]. 武汉金融, 2012 (5): 24-26.

[2] 李学军, 樊华, 左仁淑. 新时期下供应链金融保兑仓模式风险管理研究 [J]. 西南金融, 2015 (8): 68-71.

[3] 刘园, 陈浩宇, 任淮源. 中小企业供应链融资模式及风险管理研究 [J]. 经济问题, 2016 (5): 57-61.

[4] 陈长彬, 盛鑫. 供应链金融中信用风险的评价体系构建研究 [J]. 福建师范大学学报（哲学社会科学版), 2013 (2): 79-86.

[5] 谭阿琼. 基于供应链金融的中小企业保兑仓融资研究 [D]. 大连理工大学, 2013.

[6] 吴泽莹. 基于供应链金融的保兑仓参与方策略与风险评价研究 [D]. 重庆大学, 2014.

[7] 胡国成, 代剑环, 付林. 基于AHP-熵权法的保兑仓业务风险分析 [J]. 物流工程与管理, 2017 (39): 44-58.

[8] 刘海. 商业银行供应链金融信用风险评价——基于保兑仓模式的实证研究 [D]. 昆明理工大学, 2016.

[9] 王青. 基于风险因子的保兑仓融资模式下银行的风险评估研究 [J]. 统计与管理, 2018 (9): 25-28.

[10] 周启清, 孟玉龙等. 供应链金融理论与操作技术 [M]. 北京: 中国商务出版社, 2017.

[11] 王超. 从保兑仓角度研究供应链金融 [J]. 金融经济, 2011 (20): 60-62.

[12] 何明珂、董天胜. 供应链中信用缺失的形成机理研究 [J]. 管理世界, 2007 (10): 166-167.

[13] 李旭宏, 李玉民等. 基于层次分析法和熵权法的区域物流发展竞争态势分析 [J]. 东南大学学报（自然科学版）, 1999 (3): 398-401.

[14] 王明涛. 多指标综合评价中权系数确定的一种综合分析方法 [J]. 系统工程, 1999 (4): 56-61.

[15] Jian M, Fan Z P, Huang L H. A subjective and objective integrated approach to determine attribute weights [J]. European Journal of Operational Research. 1999.

第四节　供应链金融风控

一、现金流控制

供应链融资与传统流动资金贷款最主要的信贷理念差异，在于贸易背景的特定化以及系统性统筹授信。

贸易背景特定化的目的首先在于控制资金的专款专用，以便就特定贸易背景下的利润实现和利润分配作出充分的预估，进而评价还款现金流的充分性。同时，特定化的贸易背景有利于银行根据贸易背景的物流、结算等特征量身定制具体的操作模式，以便构造导引现金回流银行的通道，实现还款。因此，现金流控制是保证贸易背景特定化的核心技术，因此也派生出物流控制、核心企业信用引入等其他手段。

供应链融资将供应链所有成员视为一个融资需求的整体，不以满足所有个体的孤立需求为导向。因为对某个个体成员提供融资，也往往解决了交易对手的流动性问题。因此，对授信资金注入的节点选择以及注入量的控制，必须基于系统论的考量，以避免局部甚至整体的授信过度或不足。这就是结构性授信安排技术发展的出发点。

（一）供应链融资的现金流管理

供应链融资项下的现金流管理是指银行通过对流程模式、产品运用、商务条款约束等要素的设定，对授信资金循环及其增值进行管理与控制，实现信贷资金投入后的增值回流。这里的现金流的管理，并非传统的现金流预测，而是区分资金的性质后，对资金包括出发点、流量、流向、循环周期等方面的全面管理。

现金流管理旨在保障银行授信资金进入供应链的经营循环后，能够产生足够的现金流抵偿到期债务。控制住现金流，也就控制住了还款来源，增强了还款来源的可预见性、操控性和稳定性。

（二）现金流管理的几个要素

流量的管理。主要是控制授信限额，重点考察现金流量与借款人的经营规模和授信支持性资产的匹配关系；借款人的采购或销售网络、上游的供货能力、下游的支付能力等因素；

其一，单笔贸易现金流量的计算，需要综合考虑交易双方的履约意愿和履约能力，申请人自身的承债能力等，估算该业务申请人自有资金和银行投入的资金的比例。以公式表示：

单笔合同金额＝保证金比例＋单笔融资金额（单笔贸易现金流）

其二，受信企业一定期限内现金流量的计算，主要依据受信企业过往交易记录及其业务合理发展幅度来计算。即：

季节性销售增长引发的现金流需求＝营运投资旺季值－营运投资淡季值；

营运投资＝存货＋应收账款－应付账款－应付费用；

长期性销售增长引发的现金流需求＝近三年核心营运投资环比增长量。以公司在一年中的最低销售点时所必须保有的核心营运投资（存货＋应收账款－应付账款－应付费用），来计算连续3年的环比增长。

流向的管理。就是对现金流去向和来向的控制，即在具体操作环节上落实贷款用途。回流的现金是银行关注的重点，其中包括回流现金的路径、回流量以及回流时间。

循环周期的管理。现金流管理的重点，在于保证受信企业与上、下游之间资金流与物流相对运动的顺利完成。现金流周期管理要综合考虑行业内通行的结算方式及平均销售周期，来判断一个完整的资金循环所需时间。循环周期控制不当，会导致资金提前回流或滞后回流，使银行与企业在资金使用的安全与效率等方面产生冲突，甚至引发不良贷款。

（三）现金流管理手段

金融产品的组合运用。根据金融产品本身的特征及其对资金走向和回收的组合安排，可较好地控制现金流的循环。如指定银行承兑汇票、商业承兑汇票的收款人以及指定付款账号可控制资金的去向，直接将资金支付给上游卖方；通过国内保理业务、指定商业承兑汇票贴现人、协议约定或购销合同上注明回款账号唯一性等手段可以确保现金的及时回流。以上操作控制手段可作为审批意见中的限制性条款，授信出账前落实和监督执行。

信息文件的约束和控制。现金流的信息文件可以约束现金的流向，也可以客观地反映现金流运动。如资金的去向可以在汇票上载明收款人或指定付款账号，在发货单或提单上的收货人、提货人可注明为银行或银行指定的收货人以监控货物；同时发货单、提单也是物流的流向及不同节段上某一时间货物所处状态的证明。

业务流程模式和商务条款的控制。可通过合同中的商务条款、协议中多方约定保障现金回流的路线。可通过给企业设定保证金账户、封闭授信来处理应收、应付、存货的管理；办理业务时要求必须提供相关合同、发票、发/收货证明等现金流物化载体。

发挥财务报表在现金流控制中的作用。受信人连续的财务报表可以勾画出一个相对完整的现金流向图。财务报表是现金流在数据上的体现，贸易链条各参与者每一时点的财务报表都体现了资金的静态状况以及其与有关资产负债项目的相关关系。对企业应收账款、应付账款、存货、货币资金及销售收入的监控和管理，是控制和检视现金流的有效手段。

二、供应链融资中的结构性授信安排

结构授信不同于离散的单一客户授信，是指银行以真实贸易为背景，对包括受信申请人及其供应链节点上主要参与者在内客户组团的授信。即银行基于同一交易客户群体的融资需求和总体抗风险能力，根据不同的产业特征和客户需求，对相对封闭的供应链贸易链条上关联环节客户进行主动授信安排,并提供不同的产品组合和差异化服务。

第五节 供应链金融风险管理——六个关键变量的结构准入体系

准入体系:核心企业有明确的供应商/分销商的准入和退出制度。从另一个角度看,上下游企业对核心企业应具有较强的从属性。这有利于核心企业为银行筛选具体的授信对象,并在贷后提供有关受信人的实时信息。

供应链成员可以享受核心企业提供的排他性的特殊优惠政策,比如订单保障、涨价/跌价补偿、销售返点、排产优先、品牌支持等。这将增强供应链成员的抗风险能力。同时,核心企业与上下游的利益共同体的构建,有利于银行引入信用捆绑技术,进一步降低银行授信的风险。

核心企业对供应链成员应设定面向共同价值的奖励和惩罚措施,比如针对销售额完成、针对价格政策的遵守、针对结算的及时性等的考核。这有利于银行利用核心企业的谈判地位加大受信客户的违约成本。

一、准入评级指标的结构化设计

可以按照传统债项评级的办法,以主体评级为主体,考虑保证、债项用途、抵押和国家风险等债项因素进行调增和调减,由于调整项具有一票否决和有限调增的特点,因此这是一种 PD 导向的债项评级办法。

可以将主体评价指标和债项结构评价指标分别赋予不同的权重,以简单累加的方式得出最终的债项评级结果。这是一种 PD 和 LGD 共同决定的债项评级办法。考虑到部分产品对主体信用风险实现了较彻底的隔离,主体评价权重可以大胆压缩。当然,根据不同银行信贷价值观的不同,还是可以增加一些有关主体的一票否决的调整项。

二、区别供应链交易背景的差别准入

预付账款类融资是指以卖方与买方签订真实贸易合同产生的预付账款为基础,为买方提供的,并以合同项下的商品及其产生的收入作为第一还款来源的融资。此类业务考察的债项重点应该是上游供货商的资信和实力、在途风险、上游企业的责任承担条款、入库和交接环节的无缝性等因素。

存货类融资是指受信人以其存货为抵押或质押,并以该存货及其产生的收入作为第一还款来源的融资。此类业务的债项考察重点应该是货物的权属、货物品质的鉴定、货物变现的能力、货物的价格波动特征,以及货物监管的可操作性等。

应收账款类融资是指以卖方与买方签订真实贸易合同产生的应收账款为基础,为卖方提供的,并以合同项下的应收账款作为第一还款来源的融资。此类业务债项考察的重点是应收账款存在性和合法性的确认依据、应收账款回收期的预测(包括例外情况)、交易对手的资信和实力、应收账款回流的封闭手段等因素。

三、操作平台

（一）后台的物流管理职能

价格管理，包括统一审查存货融资项下的存货出质或抵押价格，并根据价格波动情况监控抵/质押价值的变动情况；对上游厂商实施集中管理，包括文本签订以及文本中相关约定条款落实的监控；对仓库实施集中管理，包括对第三方物流合作方的评估、筛选与监管巡查等；信息管理，包括物流和资金流信息的实时监控，以及与合作监管方及核心企业的对账等；抵/质押品的集中管理。

（二）后台的资金流管理职能

实施应收融资的出账管理，确保出账时应收账款的真实合法、清晰有效；做好应收融资的相关担保安排，包括对融资比率的合理确定、对融资用途的锁定，以及确定回款账号的唯一性等；应收账户的后续跟踪及贷后管理，监控应收回款情况；与核心企业开展资金流信息的对碰；对应收融资进行统计分析，合理控制应收融资的总额和结构。

（三）动产担保物权的选择

应收账款需要满足以下特征：

（1）可转让，即应收账款必须是依照法律和当事人约定允许转让的。如果当事人在产生应收账款的基础贸易或者服务合同中明确约定，基于该基础合同所产生的一切权利是不可以转让的，基础合同的权利义务只及于合同双方，则这样的合同履行产生的应收账款债权就不能作为融资依据。此外，基于特定的与人身性质不能分割的缘由产生的应收账款债权，也不适宜作为质押标的。

（2）特定化，即应收账款的有关要素，包括金额、期限、支付方式、债务人的名称、产生应收账款的基础合同必须明确、具体和固定化。由于应收账款作为普通债权没有物化的书面记载来固定作为权利凭证，银行受让后债权代位的依据主要依靠上述要素来予以明确。

（3）时效性，即应收账款债权必须尚未超过诉讼时效。目前我国法律关于一般性债权予以保护的诉讼时效是三年，三年的诉讼时效超过后，便意味着债权人的债权从法律权利已蜕变为一种自然权利，法律并不禁止债务人仍然清偿上述债务，但对债权人诉诸法律要求债务人清偿的主张不再支持和保护。因此，从保障银行债权实现的角度出发，一方面，银行所选择的应收账款应确保该应收账款债权尚未超过诉讼时效；另一方面，在融资期限内也要对应收账款债权的时效予以充分关注，及时督促出质人中断诉讼时效，防止融资期限届至时应收账款债权已不再受法律保护的情况发生。

（4）转让人的适格，即提供应收账款的民事主体必须具备法律所承认的提供担保的资格。我国《担保法》对于担保人的资格已做出了比较明确的规定，比如国家机关一般情况下不能对外提供担保，未经授权的法人分支机构也不能对外提供担保等。因此银行在选择应收账款融资时最好选取拥有独立法人资格、能够独立对外承担民事责任的企业法人的应收账款作为融资支持。

（四）可接受转让的应收账款须具备以下条件

商务合同已生效，且卖方已履行合同项下的义务；应收账款未到期；对应收账款账龄和付款期（指应收账款转让之日起到应收账款商务合同约定付款日），各家银行应分别明确一个最高时限；仅指对卖方根据商务合同的约定应向买方收取的净额；对于可能发生债务抵销的应收账款、已经转让或设定担保的应收账款、买卖双方正在发生贸易纠纷的应收账款、商务合同约定或法律法规规定债权不得转让的应收账款、商务合同因违反国家法律、法规而可能导致无效的应收账款、被第三人主张代位权的应收账款等，银行原则上不应接受，以避免基础贸易和法律纠纷导致受让的应收账款难以实现。

此外，代销或者其他方式约定销售不成即可退货而形成的应收账款、基础合同项下的尾款、质量保证金类的尾款、因关联交易，如卖方向其附属机构、控股公司、母公司或者所属集团其他成员销售而产生的应收账款、服务贸易项下的应收账款、分期付款项下的应收款等，银行应视具体情况，参考上述一系列原则进行审慎选择。

（五）存货的选择

存货融资中存货选择的主要考虑因素是违约后变现的便利性和变现的成本，因此抵/质押的存货应符合以下特征：

1. 货权清晰

为了保证银行最终对货物处置时没有其他第三方主张权利，避免不必要的纠纷。银行在接受动产抵质押时，应对出质人或抵押人提供的动产进行权属认定。认定的依据包括增值税发票、货运发票等。此外，应避免一些法律上不允许作为担保物权的动产设定抵质押，比如根据有关规定，保税仓储货物，未经海关批准，不得擅自出售、转让、抵押、质押、留置、移作他用或者进行其他处置。此外，应特别防止受信人恶意将已销售货物提供给银行作为抵/质押物，因为这种情况下，银行将无法对抗善意取得这些货物的第三方。

2. 价格稳定

价格波动剧烈的商品不宜作为抵质押物，一则价格的波动增加了银行价格盯市的工作量；二则客户违约后，货物处置需要一定时间，如果此间价格大幅下跌，银行将遭受额外损失。为了避免价格波动对授信安全的影响，银行应对客户约定跌价补偿条款，例如价格对比核定价格下跌10%以上，则客户必须以补保证金或补货方式追加抵质押，以保证动态抵/质押率随时符合银行授信的初始要求。

3. 流动性强

客户违约情况下，银行对抵/质押物通过变卖、拍卖等方式处置。对于市场容量小、专用性强的货物，处置过程中的价格折扣势必很大，并随时有可能超过银行的融资折扣率，导致银行债权无法全额收回。因此，银行应主要选择基础原材料、战略物资、大宗物资、初级产品、重要中间产品类型的商品作为抵/质押物。

4. 易于保存

容易挥发、爆炸、渗漏、易燃、易霉变、易氧化等货物特性，均构成抵/质押物价值减损的额外风险，此类产品银行应谨慎接受。同时，剧毒、有辐射的产品可能触及公共安全的敏感神经，银行也不应接受为抵/质押物。此外，对于更新换代快速的电子类产品，时间折旧特征明显，银行应结合赎货期限的控制，谨慎介入。

以上并非绝对的必要条件，企业经营活动的一些特征可以弥补抵/质押物自身特性的一些不适合性。举例而言，如果存货周转速度足够快，则价格稳定性的条件可以适当放松。

（六）预付款的选择

预付款融资是面向未来即将获得的存货的融资，此类融资除了应考虑存货类抵/质押物选择的原则外，一些特殊的变量也决定了业务的可行性。

在途责任的清晰。货物在途运输的过程中存在一系列不确定性，包括抢盗风险、不可抗力下的货物灭失、运输延迟、冒领、颠簸损毁等。因此，在途风险的承担方应明确指定。对于风险承担人以商业保险方式规避部分风险的情况，保险受益人应指定为银行。

上游的责任捆绑。供应链融资授信的过程中，将上游信用变量引入的方式包括：明确发货的及时性责任、回购或调剂销售责任、货物跌价补偿责任，甚至上游的连带担保责任。对于上游承担不同程度的责任，银行对抵质押物的准入标准可以重新考量。举个极端的例子，如果上游企业的条件完全符合保证担保业务中保证人的所有标准，则对抵/质押物的选择很大程度上只是一种形式。

四、风险预警与应急预案

对比传统流动资金贷款而言，供应链金融业务在风险管理方面的最大优势在于：连续的贷后操作，提供了及时发现受信人经营状况以及行业景气度的丰富的观察窗口。而一系列的观察窗口，为银行的授信预警和对突发事件的及时反应创造了必要条件。

在货押业务当中，不同操作模式提供的观察窗口包括：向上游订货的规模、上游到货的及时性、受信人赎货的频率、票据到期前的兑付进度、增值税发票反映的价格波动、受信人提货时在品类、规格方面的选择性等。

在应收账款融资业务中，观察窗口包括应收账款回收的履约情况、应收账款的增加或减少、新增应收账款规模与销售增长规模的匹配、按约定汇路回款的准确性等。

在存在驻场货物监管的业务中，监管合作方还可以向银行提供了一系列的实时预警信号，包括：工人罢工、不正常的停工、外部人员闹事、司法部门查封、强行出货等。

（一）风险预警

借款人经营状况的预警与传统业务的预警框架基本一致。但是应该注意到，中小企业普遍存在信息不透明、财务数据真实性差的问题，因此该表中没有列举财务异常的预警信号，而是更加关注经营活动异常的蛛丝马迹，有关财务预警方法论和规程在银行的传统业务制度中已经非常完善，银行可以有选择地对上表进行补充。

抵/质押物情况的预警内容是货押业务预警的重点之一。比较而言，传统的不动产抵押授信业务的抵押物价值、权属较为透明和清晰，因此对抵押物状况的预警不是风险防范的重点。而在货押业务中，由于抵/质押物的多样性和价值的多变性，其货权的清晰、品质的保障、价值的足额以及容易变现的特性，首先关系到受信企业的违约成本，同时关系到银行在客户违约后的债权保障，因此需要银行重点关注。

如前文所讨论，物流合作监管方在一定程度上扮演了银行货押业务风险管理代理人的角色，因此来自合作监管方的现场预警作用也应得到充分利用和挖掘。这种利用首先应该保证银行和合作监管方之间信息互动模式的效率和制度化；其次，由于银行与合作监管方之间的协议，出于监管方避免过多承担法律责任的立场，很难嵌入细致的预警责任条款，所以银行应以各种手段调动现场监管员向银行开展预警提示的积极性。

（二）风险预警后的响应流程

风险预警是一个风险发现的机制，风险的化解和处置还有赖于风险发现后的流程设计。从机制设计的角度，风险预警信号往往覆盖了大部分风险的可能信号，而这些信号并不具有特异性，这意味着在很多情况下，预警信号背后的经营活动还是正常的。因此，对预警信号处置的第一个步骤应该是现场调查。

现场调查的结果无非有以下三种：①受信企业给出了关于预警信号的合理解释，并提供了正常经营的相关证据。在这种情况下，预警解除；②确实发现企业经营活动出现了不利于信贷资金安全的变化，则受信企业进入银行的关注企业名单，采取相应的措施，比如提高贷后检查频率、约定再次评估的时间、压缩授信敞口、暂停额度项下新的出账等；③发现严重影响信贷安全的突发事件，启动应急预案。

（三）突发事件的应急

突发事件是指可能危及银行供应链金融业务安全，特别是抵/质押物监管安全及权利价值的一系列事件的总称，主要包括：借款人或担保人经营出现重大风险的事项，如非正常停产、停工事项，或无法与高管人员取得正常联系等；借款人或担保人因涉诉或其他债务纠纷引起司法强制措施的事项；借款人或担保人出现不配合监管方的行为或事项，使银行对抵/质押物的控制权可能落空，如未经银行和监管方同意擅自转移或强行提取抵/质押物；危及银行抵/质押物安全的其他事项，如抵/质押物正在或可能被哄抢，受到或者可能受到重大自然灾害影响等；应收账款融资项下的销售回款没有按照约定线路回到授信银行的账户。

针对上述情况，应急方案包括：追加担保、暂停授信、冻结相应资产、行使银行债权等。在出现紧急情况时，经营单位应紧急调动法律资源，做好法律事务工作，包括：

申请诉前保全。在尽可能短的时间内，准备完成法律文书；在取得相应的公法执行文书后，在尽可能短的时间内将抵/质押物搬迁至银行指定仓库；组织起诉工作；在确认银行能控制抵/质押物及处理程序后，暂时放弃诉讼工作，转而全面配合处理质押物。

五、合作监管方

在存货融资领域，新增的风险管理变量之一是仓储监管方。对于先款后货转现货模式的操作，也可能涉及监管方的在途监管，这种情况下，监管方因素也应纳入风险管理的范畴。

一般情况下，监管方的引入有助于银行货押业务的风险控制，一方面由于物流企业在仓储、运输领域的专业化技能，使其能够比银行更为有效地对抵/质押物进行管理，保障银行担保物权的价值和安全性；另一方面，物流监管企业的现场实时监管，能够比银行获取更多的授信预警信号。因此，尽管监管环节因为监管费用因素可能提高授信企业的融资成本，但是银行与监管公司之间的委托代理关系是在当前的技术和法律背景下，银行开展货押业务的必要条件。

但是，在物流监管合作方选择不当的情况下，该变量可能转化为一个新的风险隐患，比如出现监管方渎职、与授信企业的合谋诈骗或与授信企业出现纠纷等。

对于合作监管方的一般管理原则是"分类认定、区别对待，择优汰劣、动态管理"，基本要求是选择合作意愿强、经营管理能力强、有一定实力、资信良好的监管合作方，及时退出合作意愿差、违约赔付能力弱、经营管理混乱、出现不良合作记录的监管合作方，确保银行对抵/质押物权的有效控制。

（一）对仓储监管合作方的管理职责

准入调查、评级、审查和认定；日常关系维护；巡库、核库和现场检查；风险预警和重大事项报告；监管资格等级动态管理；退出管理；管理制度建设和流程设计等。

（二）合作监管方的准入

银行对仓储监管合作方的基本准入标准可以考虑以下一些因素：

具备独立法人资格，有一定注册资本，有固定经营场所或合法仓储场地，具备一定经营规模，能独立承担民事责任并具备一定的违约责任赔偿能力；

具有仓储经营资格，专门从事仓储监管业务，合法经营，有一定行业经验以及仓储经营的历史；

具有良好的商业信誉，良好的过往服务信用记录，与银行、企业未发生过质物监管纠纷或其他道德风险；

具有较强的责任意识，能积极配合银行按监管协议约定内容严格监管质押货物，与银行有顺畅的沟通渠道，能保证银行对货物享有实际出入库控制权和处置权；

具有完善的商品检验、化验、检测技术及设备或相关的渠道；防火防盗等安全条件及其他软、硬件条件符合押品的仓储要求；有较好的储运条件和完备的硬件设施，较强的物流、中转、进出装卸作业能力及储存规模；

有完善的仓储管理制度，规范的出入库管理制度、内部控制制度和业务操作流程；有较完善的培训制度，仓库管理员有丰富的专业经验，对于所监管货物的规格、质量、等级有一定的辨别能力。

除此之外，应原则上禁止选择业务上与借款人有较强关联性或对借款人依赖性较大的仓储监管方。一般不选择与借款人或出质人（或双方的股东）有股权、实际控制、间接控制、共同持股等关联关系，并在日常经营过程中有实质性关联交易或资金往来的仓储监管方。

（三）分类管理

物流监管公司对于银行授信安全的三个关键指标是专业技能、违约赔偿实力以及合作意愿。

其中，合作意愿并非仅指开展合作的积极性。一些大型物流企业在与银行谈判地位较高的前提下，一味在协议文本中剔除自己的责任，而且在实际监管中出现问题的情况下，置银行的多次提示而不顾，不思改进。对于此类监管合作方，银行应及时中止合作。

专业技能和违约赔偿实力分别关系到事中和事后授信安全的两个变量，因为授信抵/质押监管损失概率＝监管差错的期望值×差错赔付率。可考虑将这两个变量细化后，以评分卡的方式对仓储监管合作方进行评分和分类。

从静态监管和动态监管区分，由于动态监管比静态监管涉及的操作环节更多，比如监管价值底线控制、多次入库的价值核定和品质控制、换货控制等，因此操作风险较高。

从自有库监管和输出监管区分，这里的自有库监管是指在监管合作方的自有仓库监管，输出监管是指监管合作方派员到授信企业或第四方仓库（银行、客户、监管方以外的仓库）监管。由于前者有着自己的管理制度、管理规范，操作完全由监管合作方自有人员进行，而后者可能受到授信企业的干扰，且货物堆放、移库、放行等操作有赖授信企业和第四方仓库的配合，因此后者风险更大。

从动产质押和货权凭证（如仓单）质押区分，仓单等货权凭证具有有价证券属性，且必须保证一定程度上的标准化、流动性和无因性，资质一般的物流企业出具的仓单难以符合上述市场和法律特征，银行也应谨慎接受。

从在库监管和在途监管的角度区分，后者要求对运输类物流资源的调动能力和运输风险的管理能力，显然后者的要求更高。

（四）监管限额控制

理论上讲，监管合作方对银行授信承担的并不是连带担保责任，其只是在违背监管协议操作并造成抵/质押物损失的前提下，承担货物或其价值的赔付责任。监管合作方可能出现赔付的情况有以下几方面：

由于监管不力，导致货物违约出库，造成抵/质押物价值低于银行授信敞口所要求对应的抵/质押物最低价值要求；

由于疏于盘查和管理，导致新入库抵/质押物的品质没有达到监管协议约定的要求，或库存抵/质押物出现变质、过期、挥发、流失等状况；

由于监管人员渎职，对针对抵/质押物的偷窃、盗抢等行为未能及时发现、报警或向银行通报，造成货物损失。

为避免事后纠纷，首先要求银行、授信企业和监管合作方三方在协议中明确和细化各方的责任和义务，比如货物品质查验的操作规范、出入库流程规范、所接受抵/质押物的明确范围、货物权属的核实流程等。其次，应在协议中明确物流监管方出现赔付责任情况下的赔付流程的时限。

在实践中，监管合作方出现赔付责任的情况非常少，原因一是银行对监管合作方专业背景的准入条件较高；二是银行并没有放弃自己的核库职责；三是出现监管问题的情况下，银行往往首先选择在授信与被授信的权责框架内解决抵/质押物的问题。但是即便如此，对监管合作方监管货物价值的上限还是有必要作出限制，理由在于：第一，银行的辅助监管职能只是出于对代理人的不信任，实际上是重复劳动，与业务环节外包以节约资源的初衷相悖，因此不是长久之计；第二，鉴于大多数物流合作方的注册资本与银行一单大额授信业务的敞口不相上下，因此任何小概率事件的监管代理人违约，如果构成赔偿责任，都可能超过其赔付能力。

首先应该对监管合作方监管货物的总价值设定上限，该上限核定的主要依据是监管的专业水平、监管队伍的规模和稳定性、监管公司的网点数量和分布等，目的在于避免监管合作方的监管规模超过其监管能力。

其次应该对监管合作方单笔监管设定限额，该限额应主要考察监管方的赔付能力，依据应该是注册资金等财务指标。

此外，授信人业务量占监管仓库的年业务收入比例也应有所限制，以避免监管合作方在利益驱动下，无条件地迎合授信人的变通要求。

（五）核心企业

核心企业是供应链融资业务风险管理的特异性变量，其在结构化风险控制体系中的作用可以用"水可载舟、亦可覆舟"来形容：

供应链金融作为银行与核心企业之间达成的对供应链成员企业提供金融服务解决方案的系统性安排，在对核心企业的供应链上下游的授信中，往往以各种方式将核心企业的信用嵌入授信风险管理的函数之中。比如，借重核心企业的商业付款实力和信用，银行受让针对核心企业的应收账款；又如，利用核心企业按时、按质、按量的发货信用，为其下游企业提供预付款融资，同时基于核心企业的回购和调剂销售责任，接受核心企业的产品作为抵/质押物。这种对核心企业信用的捆绑，往往最终赋予了对核心企业以外的供应链成员融资的可行性。

与此同时，核心企业作为供应链中物流和资金流的枢纽，衍生出的集中信息平台的作用。而源于供应链成员准入和退出制度的定期评价信息，也对银行贷前和贷后的决策基础提供了关键性和系统化的补充。比如，核心企业可以为银行提供上下游信贷准入的初筛意见，还可以为银行提供丰富的授信预警信息。

但是，如果核心企业出现道德风险，或者其因信用被捆绑而累积的或有债务超出其承担极限，上述风险控制模型的基础将不复存在，核心企业由控制风险的变量转变为授信系统性风险的"震源"。

（六）间接授信额度

为了防范风险，银行应综合考虑核心企业的行业类别、行业景气度、业务发展需求、客户性质、客户行业地位、销售规模、资信状况、目标市场份额、以往业务记录、在各家银行的直接融资额度等因素，对核心企业核定其间接融资限额，核定的上限可以选择上年销售收入或采购总成本的一定比例。

六、信用捆绑技术

不同的业务模式中，核心企业信用捆绑的松紧度也不同。

间接授信额度下的商业承兑汇票保贴业务，核心企业无论作为出票人或贴现人，其票据责任都提供了银行对其进行连带追索的权利。

货押业务中的先票后货业务，核心企业作为厂商的发货和付款等责任通过三方（或多方）协议来确定；同时，如果三方（或多方）责任中签有核心企业的回购条款，则核心企业在银行处置货物的过程中将承担一定的责任。

担保提货业务中，核心企业将承担根据银行指令的发货责任，并就下游提货不足或自身发货不足的差额，向银行退回授信项下的货款。因此也构成了一种实质的连带担保。

国内明保理业务，核心企业作为商务合同的买方对银行（保理商）的付款责任通过三方（或多方）协议或单笔确认的方式来确定；国内暗保理业务，银行受让应收账款后，可以就债权行使对核心企业的代位追索。

除了制度化的信用捆绑外，由于核心企业与供应链成员企业之间的利益关联，还会产生一种强度不同的非制度化信用捆绑。核心大企业与供应链中中小企业互惠互利的关系，应用到中小企业融资过程则表现为：位于"融资链"上游的大企业的使命，是将中小企业的边际信誉度提高到与大企业等同的水平，其成本是监督中小企业财务信息质量的支付。大企业之所以愿意作出这样的支付，是因为它们在分包制中对中小企业的依赖和信誉建立后的"乘数效应"，反过来中小企业要想提高自己的信誉度就必须加强在价值链和供应链上与大企业的合作。如若违反，就会遭受声誉机制的惩罚。

因此，对于银行而言，应该对非制度化信用捆绑的强度作出评估，比如可以考察供应链中准入、退出、奖励、惩罚等制度的严格性和执行力的相关情况。这实际上是双重信用体系的考量。

申请融资的供应链成员企业，实际上已经接受了核心企业对供应链成员准入标准的检验。在此基础上，银行会进一步要求核心企业推荐成员中的优质客户作为授信备选人。之后，银行将运用信贷评级手段对备选人进行评估。同样，贷后过程中，授信人将同时接受交易信用与融资信用的制度化跟踪，未满足任何一个信用体系评价标准的授信人，将面临同时退出供应链和信贷市场的风险。

交易信用和融资信用的评价标准各有侧重，又相互补充：

交易信用主要考察企业完成商务合同的准确性、及时性、结算的信用、服务承诺的兑现等，广义的交易信用还包括分担核心企业经营压力的意愿和能力、渠道能力、交易规模、专业化价值等内容；融资信用主要考察企业的还款意愿、还款能力、操作配合、信息透明度等指标。

双重信用体系的配合考察不仅对银行的风险管理有积极的意义，对于核心企业的供应链风险管理也有助益。因为融资信用是商业信用的一个重要侧面，缺乏融资信用的企业，交易违约的可能性更大。另外，缺乏融资信用的企业，不可避免地会出现融资瓶颈，最终影响商业合同的履约能力，乃至交易信用。

双重信用体系的有效配合，有赖于银行和核心企业之间的信息交流，其中信息互换制度、交叉预警都是有效的途径。此外，一些银行，比如深圳发展银行，正在尝试供应链金融管理系统和企业的 ERP 系统的相互开放和对接，这将在更高和更有效率的层次上实现信息的互访和利用。

问题：

1. 供应链金融风险的定义与特点是什么？
2. 供应链金融风控措施有哪些？
3. 请结合第三章供应链模式的有关知识，运用常见的供应链金融风险量化方法，选取一种供应链金融模式评价其风险。

第六章 供应链金融实践与典型案例

第一节 广发银行对永辉超市上游供应商批量授信方案

一、目标客群范围和特征

(一) 核心企业永辉超市

永辉超市成立于 2001 年，上海主板上市（股票代码：601933）。截至 2014 年，永辉超市在 17 个省市已有 293 家连锁超市，已签约筹备门店 159 家，经营面积 350 万平方米。永辉超市位居 2013 年中国连锁百强企业 13 强、中国快速消费品连锁百强 6 强，被美国《财富》杂志评选为 "2013 年中国 500 强企业"，2013 年中国零售百强企业中排名第 15 位。2014 年 8 月 12 日，永辉超市获牛奶国际近 10 亿美元注资。

永辉超市成长快，实力雄厚，创下了骄人的业绩，具有细分行业领先地位和良好的品牌优势，以永辉超市为核心客户对其上游供应商开展批量授信，借助于核心客户永辉超市对其上游企业的控制力，及上游企业对核心客户的依附度，加强风险控制，弱化担保条件，有利于开展批量营销。

(二) 供应商客群特征及其细分

永辉超市福建供应商有 571 户，产品分为四大类型：生鲜及农产品、食品用品、服装、加工产品。由于生鲜及农产品、加工类供应商具有不稳定性，服装为公司 2007 年新增的业务品种，且不具有品牌优势。本着优先发展优质、经营稳定的目标客群的方针，优先发展其食品用品类商户为此次的授信对象。食品用品类供应商具有以下特征。第一，与永辉的合作时间长，有稳定的销售渠道；第二，利润率稳定，经营风险小；第三，受制于永辉完善的考核制度，对永辉依附度强；第四，发展速度快，资金的周期性需求尤其突出；第五，固定资产少，融资难。永辉超市 571 家供应商总体情况如表 6-1 所示。

表 6-1　　　　　　　　永辉超市 571 家供应商总体情况

类别	永辉超市年供应量	年销售收入	企业数量
1	1 亿元以上	3 亿元以上	1
2	5000 万—10000 万元	1.5 亿—3 亿元	10
3	3000 万—5000 万元	9000 万—1.5 亿元	6

续表

类别	永辉超市年供应量	年销售收入	企业数量
4	1000万—3000万元	3000万—9000万元	33
5	600万—1000万元	1800万—3000万元	206
6	600万元以下	小于1800万元	315

将上述3、4、5类客户作为目标客群，即年销售收入在2000万—15000万元、永辉超市年供应量在600万（含）客群为目标客群，因此，授信的目标客群分布如表6-2所示。

表6-2　　　　　　　　　　授信目标客群分布

类别	永辉超市年供应量	年销售收入	企业数量
Ⅰ	3000万—5000万元	9000万—1.5亿元	6
Ⅱ	1000万—3000万元	3000万—9000万元	33
Ⅲ	600万—1000万元	1800万—3000万元	206

在上述目标客群的基础上，根据供应商从业经验、渠道控制能力以及年销售收入三个方面将供应商分为A、B、C三个级别来开展批量授信，如表6-3所示。

表6-3　　　　　　　　　　批量授信标准

分类	标准
A级供应商	1. 销售经验：个人或其家族具备5年（含）以上的相关行业从业经历 2. 渠道控制能力：代理3个（含）以上一线品牌，与厂家建立商品供应合作关系 3. 企业销售能力：年销售金额原则上不低于1亿元，永辉年供应量在3000万元以上
B级供应商	1. 销售经验：个人或其家族具备5年（含）以上的相关行业从业经历 2. 渠道控制能力：代理2个（含）以上一线品牌，与厂家建立商品供应合作关系 3. 企业销售能力：年销售金额原则上不低于5000万元，永辉年供应量在1000万元以上
C级供应商	1. 销售经验：个人或其家族具备3年（含）以上的相关行业从业经历 2. 渠道控制能力：代理1个（含）以上一线品牌，与厂家建立商品供应合作关系 3. 企业销售能力：年销售金额原则上不低于2000万元，永辉年供应量在600万元以上

二、目标客群资金需求及其特点分析

（一）永辉经营模式

供应商服务系统："供应商服务系统"是永辉超市为其数量庞大的供应商群体提供的，主要用于实现订单发布、网上对账、退换货管理、结算管理等一系列功能的互联网系统，通过该系统，供应商可实时接收永辉超市发布的订单，根据订单要求进行配货，同时每月对永辉提供的交易信息进行网上对账，办理结算，同时该系统对供应商交易信息进行汇总，供应商可根据汇总信息进行经营分析总结。进入系统后，打开"报表管理"/"订货到库状况明细查询"，输入需要查询的区间（如2014-05-01至2014-05-31），可查询到"到库总额"即此时间段内永辉超市实际收到的货物含税价款，该数据可真实的反映供应商与永辉超市交易数据。

1. 采购模式

目前永辉超市对商品的采购实行统一采购与当地采购相结合的方式。①统一采购：永辉超市对食品用品通常使用统一采购方式，以发挥规模优势，降低采购成本。福建省内的部分门店由永辉下设的全资子公司福建闽侯永辉商业有限公司负责统一采购，福建省内其他地区则根据集团统一配送与当地采购成本孰低原则决定采购模式。②直接采购：生鲜及农产品等周转速度快、保鲜要求高的产品由各门店进行当地的直接采购，不通过物流中心。

2. 配送模式

目前永辉超市的商品配送采用集中配送和供应商直送两种方式。①集中配送：目前永辉已在福州鳌峰洲及福州闽侯上街镇建成两个物流中心，物流中心按电脑联网的配送单进行配送，物流中心一般备有一周左右的库存。目前超市中除生鲜及农产品外的其他商品大部分采用集中配送模式。集中配送的优势在于：由于物流中心有一定的库存，门店需要补充商品时无需向供应商下订单，因此送货较为及时；当配送的门店数量增加，配送商品数量较大时，即可发挥规模优势，统一配送节省人力物力，降低配送成本。②供应商直送：供应商将商品直接送到门店。目前永辉在全国各地建立了 10 个农产品采购基地，大部分生鲜及农产品采用该种送货方式。供应商直送的优势在于可保持生鲜及农产品的新鲜度，避免商品流转过程中的损耗。

（二）供应商经营模式

永辉超市产品分为四大类型：生鲜及农产品、食品用品、服装、加工产品。由于生鲜及农产品、加工类供应商具有不稳定性，服装为公司新增业务品种，且不具有品牌优势，这里应拟优先发展食品用品类供应商，因此，以下内容均以食品用品类供应商作为分析对象。

1. 供应商运营模式

（1）多品牌经营。除直供、直采类产品外，永辉超市供应商一般同时经营多种品牌，例如，某奶粉经销商代理的品牌包括：美赞臣、惠氏、亨氏、施恩、太子乐、新西兰卡洛塔妮；某饮料经销商代理品牌：娃哈哈、银鹭、中绿、快步；某啤酒经销商代理品牌：青岛、雪花、喜力、百威；某调味品代理商代理品牌："乌江"榨菜、"古龙"罐头、"厨邦"酱油、"广中皇"腐乳、"坛坛乡"剁椒、"川香美"豆瓣等。永辉超市供应商代理多为一线品牌，为普通民众熟知的产品，市场认可度较高。快消品经销要求一定的存货保证销售，因此超市供应商通常拥有自有仓库及大量存货、仓储人员、货车、促销人员，以及较为完善的货物运送管理机制，单一品牌及较小的营业额不足以支撑运营成本，因此，多品牌经营能使供应商实现资源利用最大化、并创造高效运转机制，实现快速周转及盈利。

（2）多渠道销售。永辉超市供应商主要为省、市级经销商、区域代理商、渠道经销商、生产厂家，所经销的产品除供应永辉超市以外还供应沃尔玛、新华都、家乐福、麦德龙、兴福兴等大中型商场超市、百货商场、二级批发商、零售店便利店、酒楼餐饮等，下游客群较为分散。在福建省，永辉超市为本土企业，门店数以及营业规模占据绝对优势。

（3）薄利多销的盈利模式。超市经营产品主要以快消品为主，"厂商—经销（供应）商—超市"在整个商业链条中呈现"夹心饼干"模式，即厂商与超市处于强势地位，厂商要求款到发货或提前打款提货（计划外），而超市有一定账期，经销商无法快速回笼资金，加上 1—1.5 个月基础库存，经销商需要垫付大量资金保证货物运转，目前行业毛利约为 20%—25%，净利润在 3%—5%。除货物购入成本外主要支出如表 6-4 所示。

表 6-4　　　　　　　　　　　　　供应商主要支出

返利	配送费	基金费	人员费用	仓储运营	缴税	其他支出
3.8%	2.5%	1.5%	1.5%	2%	3%	2%

2. 供应商与永辉结算方式

每年 3—4 月永辉超市与供应商签订本年度"供零合作协议"以及"永辉超市与供应商年度补充协议",永辉超市通过"供应商服务系统"向各供应商发出订单需求,供应商发货至永辉物流,由物流统一向各门店进行货物分配,永辉物流向供应商收取 1%—5% 配送费。供应商向永辉超市供货后,需经过"对账—开发票—付款"流程收到货款。

具体流程如下:第一,对账。永辉超市约定每月 9 日、20 日为对账日期,永辉超市在每月的对账日期与供应商进行电子对账,核对内容包括所购商品订货、入库、退货、促销服务费等数量和金额,对账通过"供应商服务系统"进行,将对账汇总表及验收单送至永辉财务室,取得开票资料(即对账单)。第二,开发票。供应商需按照对账后的交易内容,在 7 个工作日内开具增值税发票或普通发票,货款按照双方约定的含税进价核定。第三,付款。永辉超市生鲜账期为到货 15 天,补损在 5% 左右。除生鲜类产品外,永辉超市其他类产品结算周期为"月结 30 天",即永辉超市收到发票后 30 天付款,但通常情况下,永辉会在该基础上延长付款时间(5 天左右),再加上发货至对账平均占用时间为 10 天,开发票及寄送时间(5 天),因此实际账期约为 55 天,永辉超市向供应商指定账户支付货款,以现金形式结算。

(三) 供应商资金需求

超市供应商在与上下游的交易过程中处于弱势地位,资金占用量大,其主要资金占用体现在应收账款以及存货上。

1. 应收账款

供应商永辉超市应收账款账期约为 55 天,即有一个半至两个月的货款未及时收回,造成供应商资金占用。除此之外,福建省主要的大中型商超还包括沃尔玛、新华都、家乐福、兴福兴、世纪联华等,各超市主要账期如表 6-5 所示。

表 6-5　　　　　　　　　　　　各超市主要账期

商超名称	结算周期	实际账期
永辉	月结 30 天	50 天左右
沃尔玛	月结 60 天	75—80 天
新华都	月结 30 天	45—60 天
家乐福	月结 45 天	60—75 天
兴福兴	半月结	60 天左右
世纪联华	月结 30 天	45 天左右

以永辉超市年供应量为 1200 万元供应商为例,则:平均应收账款 =(55×1200)/360 = 167 万元。

2. 库存

供应商与上游的结算方式多为款到发货,供应商提前支付下月货款,厂商收到货款后向供应商发货,外省厂商货物在途时间一般为 10—15 天。快消品厂家一般要求供应商备一个半月左右的销售库存,则供应商平均库存金额约为月销售额的 1.5 倍,则存货周转天数约 45 天,加上在途 10—15 天,则供应商存货周转天数在 60 天左右,年存货周转次数:360/60 = 6 次。

以永辉超市年供应量为 1200 万元的供应商为例,则:平均存货 = (60×1200×0.8)/360 = 160(万元)。综上,若企业每年向永辉超市供应 1200 万元货物(含税),每月向永辉供货 100 万元,则主要占用资金 = 平均应收账款 + 平均存货 = 167 + 160 = 327(万元),企业实际占用资金为月供应量的 3.27 倍,占年供应量的 27.2%。

为了跟上永辉超市的发展步伐,供应商面临较大的资金压力,主要来源于上述两个方面:第一,商超统一结算带来的账期;第二,库存数量的增加,带来的铺货资金需求。另外还有春节、中秋节等重大节日备货带来的季节性资金需求。

三、批量授信产品设计

(一) 产品模式

超市为民生消费行业,受经济波动影响较小,具有行业风险较小的特点,并且客群体量庞大,在经济增长乏力的大环境下,快消品行业依然稳步增长。广发银行借助于核心客户对其上游企业的控制力,及上游企业对核心客户的依附度,有利于加强风险控制,开展批量营销;加强贸易环节与资金环节的控制,弱化担保要求,有效解决固定资产少的小微企业融资难问题,既能有效地防范风险,又能提高收益。

广发银行在永辉超市与供应商的贸易环节介入,将广发的现金管理系统与永辉的供应商服务系统对接,授权广发管理其"供应商服务系统",有效监控目标客群现金流、物流,依托核心客户永辉超市完善的供应销售流程以及信息管理,并将永辉超市唯一回款账号锁定在广发银行,做到信贷风险控制,向其提供流动资金贷款、银行承兑汇票等短期融资。

(二) 统一分类客群准入标准

将大量供应商分类细化,使原本零乱的小企业市场变的有规律,采用规范化的批量授信操作流程提高业务办理质量与效率。批量方案总额度 1 亿元,单户授信不得超过 1500 万元,其中非抵押类单户授信不得超过 500 万元。

供应商与永辉超市企业建立连续 2 年(含)以上合作关系;具备与超市合作相关的合同、合约以及账务、订货、物流等往来历史记录;企业年销售收入 2000 万~1.5 亿元左右的小企业,实际控制人在至少当地拥有一套房产,家庭已购置物业不低于 200 万元,包括房产、店面、写字楼等。客群分层控制单户授信额度如表 6-6 所示。

表 6-6　　　　　　　　　　客群分层控制单户授信额度

供应商级别	单户最高授信普通业务额度	非抵押授信额度	抵押率(上限)
A 类	1500 万元	最高 500 万元,按照永辉超市年供应量的 16% 核定	普通住宅抵押率放大至 100%,别墅、店面及写字楼抵押率放大至 80%,土地、厂房抵押率放大至 70%
B 类	1000 万元	最高 300 万元,按照永辉超市年供应量的 16% 核定	
C 类	800 万元	最高 200 万元,按照永辉超市年供应量的 16% 核定	

注:根据永辉供应商资金占用情况分析,企业平均占用资金为永辉超市年供应量的 27.2%,非抵押授信额度的核定标准:按照企业在永辉超市的平均资金占用量的 60%:27.2%×60% = 16.32%,即按照永辉超市年供应量的 16% 核定。

(三) 风险控制措施

(1) 永辉超市供应商年供应量核实依据,应以至少连续 3 个月的永辉超市结算的增值税发票,结合"永辉供应商服务系统"查询的"到库总额"数据与银行结算流水综合判断。

(2) 供应商将广发结算账户作为永辉超市结算回款的唯一账户。

(3) 供应商将"永辉供应商服务系统"的用户名及密码交由广发保管并有权随时查询供应商与永辉交易情况。

(4) 借款人法定代表人、实际控制人、主要股东(出资额合计不低于注册资本的 51%)的连带责任保证。

在此案例中,广发在永辉与供应商的贸易环节介入,将广发的现金管理系统与永辉的供应商服务系统对接,依托核心客户永辉超市完善的供应销售流程以及信息管理,并通过锁定超市回款账户以及控制永辉供应商服务系统,有效监控企业现金流、物流,做到信贷风险控制。

这样的业务模式达到了永辉、供应商以及广发三方共赢的效果。对于永辉而言,一方面加强了永辉与供应商的合作,支持供应商发展的同时增强了永辉超市对供应商的控制力;对于供应商而言,解决了发展中的资金需求,扩大了销售规模,加快公司发展的速度;对于广发而言,一方面加强了与永辉超市的合作关系,通过永辉超市还可有效地控制授信风险,另一方面扩大了广发的小企业基础客户群,提高了中间业务收入等综合收益。

第二节 行业资讯门户网站转型做供应链金融——生意宝

生意宝是一家专业从事互联网信息服务、电子商务、专业搜索引擎和企业应用软件开发的高新企业,目前已发展成为国内最大行业电子商务运营商和领先的综合 B2B 运营商。公司拥有并经营中国化工网、全球化工网、中国纺织网、医药网等行业类专业网站。主要业务包括化工行业、纺织行业的商务资讯服务、网站建设和维护服务以及广告服务。公司在继续保持专业网站经营优势的同时,创建的"生意宝"网站。开创了"小门户+联盟"的电子商务新模式,从事综合电子商务运营。

公司旗下的互联网融资服务平台——网盛融资担保协同银行、第三方担保公司在浙江省内陆续推出几款针对中小企业的在线融资产品。

2015 年,公司正式启动"在线供应链金融"业务,公司携手交通银行等一批国有股份制银行,打造致力于基于供应链的虚拟"产业链专业银行",在"网盛大宗交易平台""网盛融资担保平台""网盛交易征信平台""网盛风控平台""网盛大数据平台"等基础上实现的"闭环",从而构建出一个专注服务大宗商品、基础原材料的在线产业链"生态圈",全面实现企业贸易流、资金流、物流"三流合一"。公司通过下属子公司"网盛融资担保公司",获得银行授信额度,来推动在线供应链交易和金融业务。

第三节　信息化管理服务提供商转型做供应链金融——汉得信息

汉得信息是为企业客户提供高端 ERP 实施服务，主要是为以 SAP 和 Oracle 为代表的大型 ERP 软件提供实施服务的市场，公司已成功为近 1500 家（包括达美）来自于不同行业的企业提供 ERP 实施及服务。公司供应链金融业务主要是依托原有核心客户，为这些核心客户的产业链上游中小供应商提供免费的 ERP 云平台，在中小企业贷款的时候为银行提供数据验证等服务，从银行贷款利息分成实现盈利。

在供应链金融供给端，汉得信息采取的是和银行合作的方式来进行供应链金融业务。2015 年 6 月，汉得信息与平安银行签署了供应链金融战略合作协议，将汉得信息的供应链金融平台与平安的保理云平台相对接，汉得信息主要提供企业的数据并通过大数据平台来进行风险评估，平安银行主要负责发放资金。随着与平安银行合作的不断深化，平安银行除了参与核心企业的贷款外，还直接给予汉得信息保理公司资金支持，帮助保理公司发展保理业务。进而通过保理业务带动公司供应链金融的发展。

第四节　供应链服务提供商转型做供应链金融——瑞茂通

瑞茂通是中国领先的煤炭供应链管理专家，为终端用户提供多品种、全链条、一站式的煤炭供应链管理服务。

其中煤炭供应链运营管理业务衔接上游煤炭资源生产方与下游终端用户，为终端用户提供多品种、全链条、一站式的煤炭供应链管理服务；煤炭供应链服务业务是向煤炭供应商、煤炭贸易商等提供分销服务、运力配置服务和信息咨询服务。

公司供应链金融服务是以应收账款保理业务为切入点，先后取得保理及融资租赁牌照，并参股新余市农村商业银行股份有限公司，迅速布局供应链金融业务，并积极搭建全国性煤炭电子交易平台——易煤网，助力金融业务的展开。

2015 年上半年公司保理合同项下受让应收账款余额约 46.54 亿元，实现营业收入 1.72 亿元，净利润约为 7964 万元，商业保理等供应链金融业务已经成为公司重要的利润来源。

第五节　电商平台做供应链金融——苏宁云商

苏宁云商发展供应链金融业务是在充分利用互联网零售所积攒的客户资源、客户信息以及便捷的客户服务与体验的基础上，形成苏宁生态链，通过苏宁小贷来实现为供应链上下游端客户服务的。

苏宁云商作为互联网零售商，在 O2O 交易模式中积攒了较多的客户并且获得了交易客户的交易数据，为更好地为客户提供金融服务打下了坚实的基础。截至 2015 年 6 月末，苏宁云商零售体系的会员总数达到 1.98 亿。2014 年公司线上业务累计现实自营商品销售收入

225.99亿元，线上平台实体商品交易总规模达到257.91亿元。同时，为了更好地发展线上客户，积累客户资源，苏宁还于近期成功联手阿里，成功将线上线下业务打通，实现强强联合，为苏宁云商发展互联网零售，打造苏宁生态链提供了较好的市场机遇。

苏宁云商向供应商客户以及个人消费者发放的贷款逐年增加，2015年上半年已经达到近700万元，按照上半年的发展速度，预计全年会实现1380万元的贷款及垫款总额。发放贷款及垫款主要来源于子公司重庆苏宁小额贷款有限公司和苏宁商业保理有限公司对外发放的公司类贷款及垫款、个人消费贷款等。

第六节 行业核心公司做供应链金融——安源煤业

安源煤业为江西省最大的煤炭开采、煤炭加工物流企业，公司拥有21个生产煤矿。2015年，公司联手泛亚有色，进军煤炭供应链金融，2015年4月安源煤业引进的天津泛亚电子商务技术服务有限公司共同设立江西省煤炭交易中心推出的"煤炭交易及互联网金融平台"正式上线，标志着公司正式迈入互联网金融领域。公司具备供应链金融的三大条件：大产业（年产值1.5万亿—2万亿元）、弱上下游、强控制力（区域性煤炭龙头）。未来将从"两湖一江"起步，全力打造立足"两湖一江"地区的区域性煤炭交易中心。江西煤炭交易中心拥有三大平台：煤炭电子商务平台、综合金融服务平台和投资平台。其盈利模式主要是交易管理费（很少）、融资利差、会费。融资模式包括：存货融资、销售融资、采购融资。平台的交易模式主要包括：挂牌交易服务、专场交易、互联网金融服务（P2S模式）。目前该平台的合作仓库包括：江西煤炭储备中心、江西赣中煤炭储运中心、江苏省扬子江港务等。

问题：

请运用所学的供应链金融知识，对本章的某一案例加以分析，指出其风险所在，并针对性地提出风险管控措施。

第七章　供应链金融业务新蓝海

2003年，深圳发展银行总行公司业务部在总结试点经验的基础上，从营销和风险控制的角度，在业内率先提出"1+N"模式。继深圳发展银行之后，光大银行、浦发银行、民生银行、广发银行、华夏银行、招商银行、中信银行、上海银行、湛江市商业银行，以及一些传统国有银行都已涉足该项业务。

据前瞻产业研究院预测，到2020年，国内供应链金融市场规模有望接近15万亿元。中泰证券预计，2020年我国供应链金融市场规模将达18.18万亿元。而易宝研究院则认为，供应链金融在中国、印度等新兴经济体的增长率超过25%。2020年我国供应链金融市场规模或将达27万亿元左右。

第一节　互联网+供应链金融

随着电子信息、互联网技术的成熟与普及，供应链的信息化、智能化水平得到大幅提高，生产效率水平也随之大幅提高，传统的供应链金融服务模式很快出现了"短板"，供应链金融服务的线上化应运而生。

一、互联网平台参与供应链金融业务概述

在传统供应链金融业务模式下，以银行等金融机构作为向上下游企业提供融资服务的主体。互联网平台切入供应链金融领域，即是一定程度上"取代"银行等金融机构的角色，为中小企业向互联网平台上的投资人或其他资金方申请融资提供居间服务。

互联网平台参与供应链金融业务是一个双向选择的结果：首先，我国中小企业融资需求旺盛，银行等金融机构难以完全覆盖该等需求。基于中小企业融资需求的供应链金融市场规模较大，有着长足的成长空间。且基于与产业链中的核心企业的合作，互联网平台能对融资企业的资金流信息、物流信息、票据凭证类信息等有较好的掌握，中小企业融资用途也较为明确。因此，供应链金融业务风险相对可控。对于互联网平台来说，规模大且安全性较高的供应链金融业务属于较为优质的资产，互联网平台有动力进入供应链金融业务领域。其次，对于产业链中的中小企业来说，互联网平台具有融资效率较高、融资门槛较低等特点，因而由互联网平台提供的融资服务相较于银行等金融机构更容易受到中小企业的青睐。围绕传统供应链金融的主要业务模式，互联网平台切入供应链金融业务领域的方式主要包括：

(1) 互联网平台与核心企业合作模式。互联网平台选择与产业链中的核心企业合作，

由核心企业提供担保,为供应链中的上下游企业提供融资服务。

(2) 核心企业自建平台模式。核心企业通过参股或者实际控制互联网平台的形式,为其产业链的上下游的企业提供融资服务。

(3) 互联网平台与保理公司合作进行应收账款/收益权转让模式,即在应收账款融资的业务模式下,引入商业保理公司,上游企业先将其持有的应收账款转让给商业保理公司,商业保理公司再将应收账款/收益权转让给平台上的投资人,通常情况下,保理公司会承诺到期回购应收账款/收益权。

二、互联网平台参与供应链金融业务模式简介

(一) 应收账款融资模式

在应收账款融资模式下,融资方通常是核心企业产业链中的供应商,基于供应商对核心企业享有的应收账款,以应收账款转让或者担保的形式向互联网平台上的投资人进行融资,具体业务模式又可区分为:

1. 应收账款转让模式(如图7-1所示)

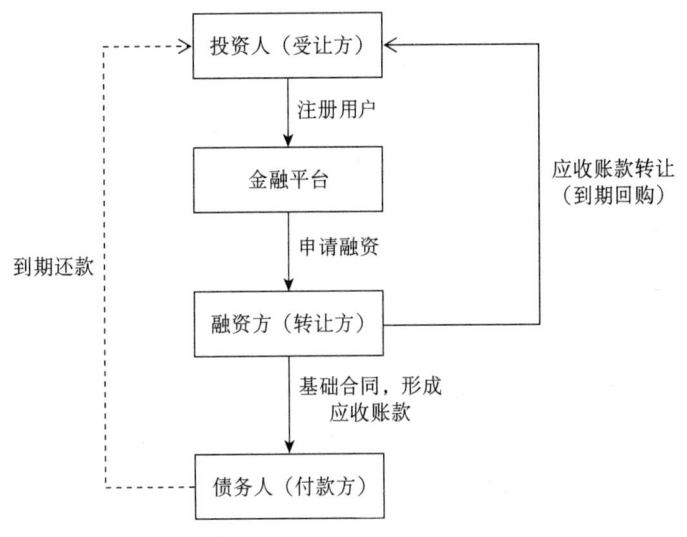

图7-1 应收账款转让模式

(1) 融资方通常为核心企业产业链中的上游企业,基于其与债务人(债务人通常是核心企业或者是核心企业旗下的其他企业)签订的"货物采购合同"等基础合同,享有对债务人的应收账款。

(2) 融资方基于其资金需求,拟向互联网平台上的投资人转让其持有的应收账款进行融资。

(3) 互联网平台经尽职调查、审核同意融资方的融资申请后,在平台上发布其融资需求。

(4) 投资人系平台注册用户,通过平台与融资方签订应收账款转让协议,受让融资方持有的应收账款,并向融资方支付转让价款。

(5) 在还款安排上,具体包括:①直接由应收账款的债务人在应收账款到期日向投资

人承担还款责任,将应收账款的回款划转至指定账户;或者②由融资方在应收账款转让到期日,支付一定的回购对价,回购应收账款。

(6) 在担保措施的设置上,核心企业通常会为债务人的还款义务提供担保,或者要求融资方在应收账款的债务人不按时足额还款时回购应收账款。

2. 应收账款"担保"模式(如图7-2所示)

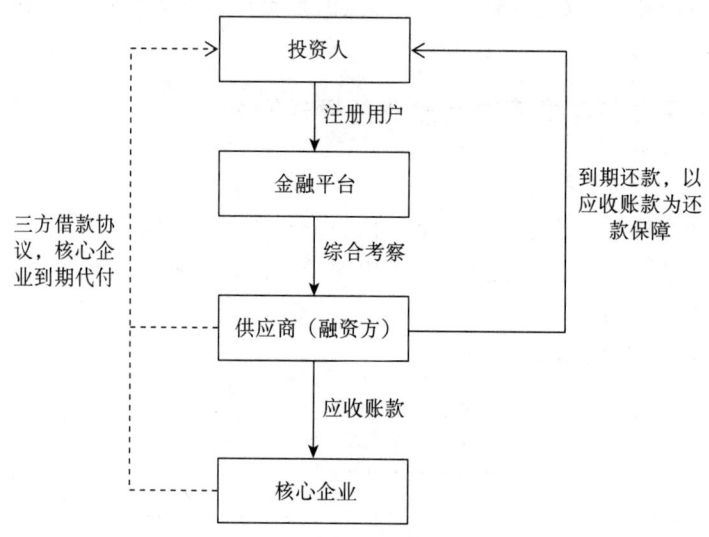

图7-2 应收账款"担保"模式

(1) 核心企业向供应商采购货物,供应商享有对核心企业的应收账款。

(2) 供应商基于其融资需求,以其对核心企业的应收账款为还款保障向互联网平台申请融资,平台对融资方进行尽职调查与审核,同意供应商融资申请后,在平台上发布融资信息。

(3) 投资人系平台注册用户,通过平台与供应商签订借款协议,进行资金出借。此时,供应商持有的对核心企业的应收账款并未转让或者质押给平台上的投资人,应收账款在供应商融资过程中,扮演的角色更类似于作为供应商还款能力的证明,表明其在收到核心企业的应收账款回款时,有能力来偿还向投资人的借款。因此,该种融资模式下应收账款的"担保"作用也相对较弱。

(4) 在应收账款并未质押或者转让,而仅作为还款能力证明时,还款更多依赖于供应商的自主意愿,该模式相对而言风险较大。因此,实践中,也存在平台在受理供应商的融资申请时,会要求供应商、核心企业与平台上的投资人签订三方借款协议,核心企业按照三方借款协议的约定将应收账款对应的金额付至指定账户,用于向供应商对投资人的借款进行代偿。

(二) 上下游企业信用贷款融资模式(如图7-3所示)

(1) 在信用贷款融资模式下,融资方是核心企业产业链中的上下游企业,拟通过互联网平台进行融资,用于向核心企业支付货款进行提货,或者用于生产、采购货物再提供给核心企业。

(2) 平台对上下游企业进行尽职调查、审查后,同意其融资申请,在平台上发布融资

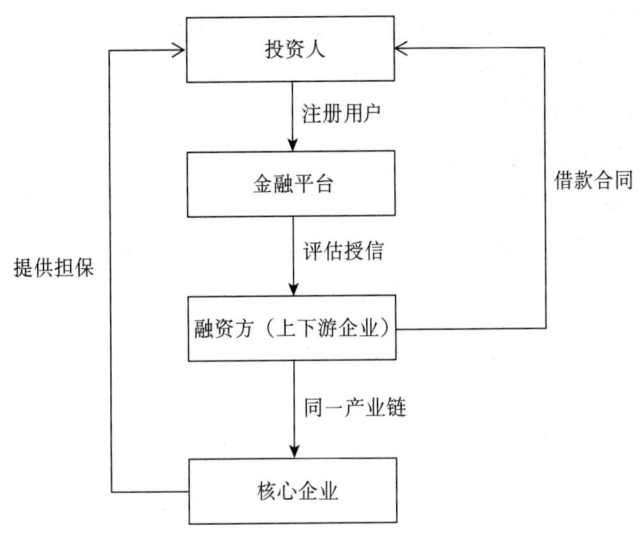

图7-3 上下游企业信用贷款融资模式

需求。投资人系平台注册用户,通过平台与上下游企业签订借款合同进行资金出借。

(3) 核心企业通常会为融资方在借款合同项下的还款义务向投资人提供担保。

(三) 动产质押借款模式(如图7-4所示)

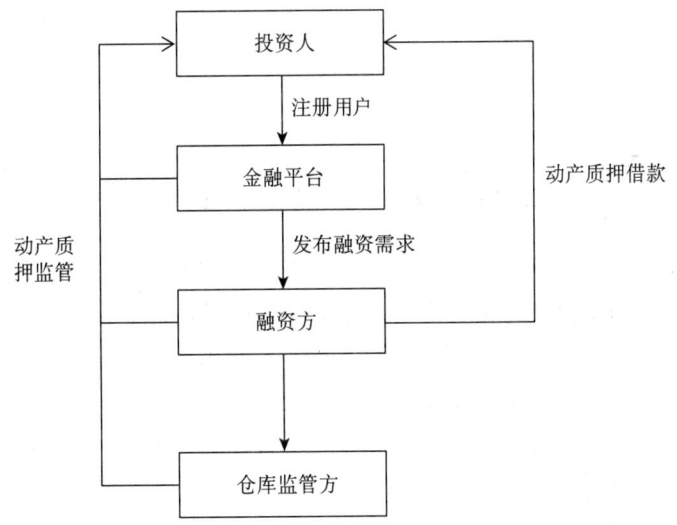

图7-4 动产质押借款模式

(1) 核心企业推荐其产业链中的上下游企业向平台申请融资,上下游企业以其所持有的动产(产业链中的核心货物)作为还款的质押担保。

(2) 平台同意上下游企业的融资申请后,在平台上发布其融资需求,平台投资人与融资方签订"借款合同"进行资金出借。为担保融资方履行其还款义务,融资方提供其持有的货物作为质押物。

(3) 仓储监管方与融资方、投资人、平台签订关于质押货物的"仓储监管协议",融资方将其提供的作为质押物的货物交由仓储监管方,由仓储监管方代投资人监管质押物。仓储监管方可能是平台的合作方,也可能是由核心企业提供的机构。

(4) 融资人按照"借款合同"的约定,向投资人偿还借款本息。融资人逾期偿还借款本息时,仓储监管方处置质押的货物,并以所得价款向投资人进行清偿。

(四) 保理公司应收账款转让模式

互联网平台与商业保理公司合作进行应收账款/收益权转让,是当前互联网平台切入供应链金融领域较为常见的业务模式,其业务流程如图 7-5 所示。

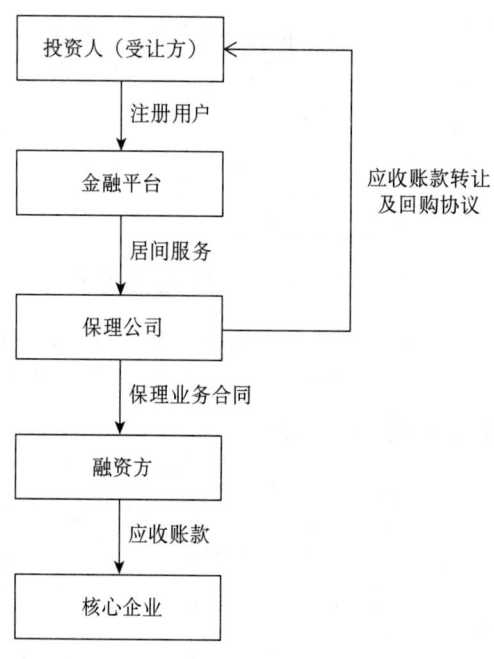

图 7-5 保理公司应收账款转让模式

(1) 融资方通常是产业链中的上游企业,即核心企业的供应商。供应商与核心企业签订有"采购合同"等基础合同,供应商向核心企业供应货物,享有对核心企业的应收账款。

(2) 供应商与商业保理公司签订保理业务合同,将其对核心企业的应收账款转让给商业保理公司,由商业保理公司为其提供保理融资服务。

(3) 投资人系平台注册用户,商业保理公司通过平台与投资人签订"应收账款转让及回购协议",向投资人转让其持有的应收账款进行融资,并向投资人承诺到期回购应收账款,支付相应的回购对价。

京东金融供应链金融 (京保贝)

"京保贝"是京东首个互联网供应链金融产品,也是业内首个通过线上完成风控的产品。京东拥有供应商在其平台上采购、销售等大量的财务数据,以及之前与银行合作开展应收账款融资的数据,通过大数据、云计算等技术,对数据池内数据进行整合分析,这样就建成了平台最初的授信和风控系统。

具体模式流程整理如下:

（1）京东与供应商之间签订采购协议，确定稳定的合作关系，从而获得长期的真实交易数据。

（2）由供应商向京东金融提交申请材料，并签署融资协议。

（3）以过往的交易数据和物流数据为基础，系统可以自动计算出对申请供应商的融资额度，之后京东金融将批准额度告知京东。

（4）供应商在线申请融资，系统自动化处理审批并在核定额度范围内放款。

（5）京东完成销售后，向其金融部门传递结算单，自动还款，完成全部交易过程。

京东金融的融资流程：

（1）核定额度：当供应商确认办理供应链金融业务后，供应链金融业务专员将发送邮件给供应商，告知最高融资额度，融资总金额须小于或等于最高融资额度。

（2）银行开户：供应商在获得最高融资额度后，到京东指定业务受理银行开立银行的融资专户。

（3）提交融资申请：供应商完成开户后，即可办理融资业务，每次融资时，应向采销同事申请，确认进行融资的采购订单等事项。

（4）核对结算金额：供应商选定采购订单后，应与采销同时核对结算金额。

（5）提交结算申请单：采销负责人在京东系统中提交结算申请单，先勾选供应链金融结算，再选择付款结算申请。

（6）结算单审批：融资资料提交以结算单在系统完成审批为前提，审批进度影响和放款进度，需供应商和采销负责人沟通。

（7）融资资料准备：在结算单提交后，供应链金融专员准备融资资料，融资内容以结算单信息为主。

（8）审核通过、提交资料：结算单审核通过后，供应链金融专员向银行提交准备好的融资资料，跟进放款进度。

（9）银行放款、京东还款：银行审核融资资料无误后，放款给供应商。到期日，京东为供应商还款给银行。授信是指银行向客户直接提供资金支持，或对客户在有关经济活动中的信用向第三方作出保证的行为。

第二节　反保理

一、定义

保理业务是以债权人转让其应收账款为前提，由商业银行或商业保理公司提供集应收账款催收、管理、坏账担保及融资于一体的综合性金融服务。反向保理是指在供应链中，一些财务能力很强的核心企业利用较高的信用评级，将融资成本较低的资金引入供应链，降低其供应商的融资成本，进而使得核心企业在享受较长账期的同时，享受供应商在短账期情况下提供的折扣。

二、保理与反保理的区分

从业务形态来说,反向保理和传统的保理类似,但有两点根本区别:第一,保理商的风险评估依据是作为供应链核心企业的买家,而不是供应商的信用评级;第二,由于对买家比较了解,保理商可以选择那些买家提前批准表示同意支付的应收账款进行融资,大大降低了保理商的风险,同时使得供应商的融资成本降低。贸易折扣、保理、反保理比较如表7-1所示。

表7-1　　　　　　　　贸易折扣、保理、反保理比较

	贸易折扣	保理	反保理
资格	所有发票	所有发票	已验证的发票
出资	在买方(核心企业)倡议下	在供应商倡议下	在买方(核心企业)倡议下
总出资额	100%发票现金	部分发票现金	部分发票现金
利率	依据供应商情况来定	依据供应商情况来定	依据买方(核心企业)情况来定
支付	即刻	限期	限期
对工作所需现金的影响	可忽略	没有	没有
财务权益	折现值(但包括现金流出)	没有	折扣的百分比
安排其他供应商	慢(依据每个供应商的适应性)	没有	快

三、发展前景

在国际银行业中,保理业务应用比较广泛,模式也比较成熟,可以为中小企业提供融资便利,但也存在不足之处:第一,保理业务中融资企业一般要承担后续追索权,即如果买方未能支付全部的款项,保理商有权要求融资企业承担该应收账款的责任。因此,在买方清偿所有应收账款之前,供应商的账户仍会记录这笔负债,并且在使用这笔资金方面也有限制;第二,由于对买方不了解,保理商在评估风险时,主要基于供应商的信用情况,这就使得融资成本居高不下;第三,较高的融资成本使得供应商间接提高产品价格,增加了买家的采购成本。随着供应链金融的发展,另一种类型的保理业务——反向保理正逐步被引入到国际主要的银行及其他金融机构。而在国内,由于供应链金融业务刚刚起步,反向保理服务尚未得到广泛开展。国内的大型商业银行,往往拥有大量资信良好的客户,但目前却整体呈现性流动过剩状态,反向保理是推动其流动性和撬动存量客户的良好模式之一。在反向保理模式下,保理公司与商业银行可呈现多种合作模式,通过双方的优势互补,在撬动银行存量客户的同时帮助核心企业延长账期、提升资金流动性。

此外,在全球产业链中,我国还处于制造阶段,因此向国内中小制造企业开展反向保理业务有着重要的意义。国内商业银行开展反向保理业务的优势,主要体现在以下三个方面:

第一,国内商业银行有通过长期合作而建立的客户基础。作为长期为客户提供结算、融资等业务的商业银行,拥有大量资信良好的合作客户。选择那些在各自行业中处于核心地位的客户,向其推广反向保理业务,为其供应商进行融资,一方面稳定发展的供应商可以保证核心企业关键原材料的供应,另一方面也为银行带来持续的收益。

第二，资金实力雄厚。近几年来，我国银行体系流动性持续呈过剩状态。如何利用存贷差获得更多的利润，成为国内银行考虑的重要问题。需求多、风险小、盈利空间大的反向保理业务，无疑是非常合适的投资渠道。

第三，政策支持。为鼓励商业银行开展中小企业金融服务创新，国家相关部门已先后出台《关于鼓励支持和引导个体私营等非公有制经济发展的若干意见》《银行开展小企业贷款业务指导意见》《支持中小企业融资发展计划合作框架》等，联合启动10个中心城市支持中小企业融资的试点工作计划，为反向保理业务的开展提供了强有力的支持。

由此可见，充分利用国内商业银行的优势开展反向保理业务，一方面可以缓解中小企业融资困难，降低整个供应链的融资成本；另一方面还可以让银行跳出"大客户偏好"的激烈竞争，更多地参与到贸易活动中，开创供应链金融的蓝海。

四、反向保理融资模式

反向保理的流程应收账款的融资主要有两种方法：第一，应收账款融资质押，即用融资企业的应收账款作为贷款的质押物，从供应链核心企业那里获得付款后再到借款机构归还贷款；第二，应收账款保理，即将应收账款打包卖给商业银行、财务公司和其他金融机构，融资企业不负有后续追索权。

基于应收账款融资服务需要确定的参数包括：贷款利率、应收账款质押率以及贷款期限。由于反向保理没有涉及贷款还款的过程，并且在供应商的资产负债表上没有新增的负债，因而反向保理的实质并不是一种贷款，不需要考虑质押率的问题，可对符合条件的应收账款进行全额保理。

还款的期限取决于应收账款的账期，由核心企业直接还款给银行，需要确定的是贷款利率。贷款利率的确定主要取决于核心企业的偿付能力，并直接关系到供应商的融资成本。

反向保理融资业务应与其他供应链融资技术结合。反向保理融资业务发生在供应商发出货物、等待收款的阶段，这种模式所满足的融资需求非常有限，因为许多供应商在产品生产之前需要资金购买原材料、组织生产，融资需求往往产生在发货甚至生产之前，这就需要与其他供应链融资技术结合，形成服务于供应链和交易链集群企业的系统性解决方案。

第一，与采购订单融资的结合。反向融资可以与采购订单融资相结合，形成一种新的融资模式，该模式主要可以分为两个阶段：第一阶段发生在发货之前，是采购订单融资阶段，保理商为供应商提供一部分采购订单金额的融资，供应商利用这些资金组织生产，属于预付款融资的一种方式；第二部分发生在发货之后，即保理融资阶段，与反向保理的流程类似。这两个阶段的贷款利率不同，第一阶段要高于第二阶段。

反向保理与订单融资结合的模式，是一种应收账款融资与预付款融资相结合的一种融资模式。与单纯的反向保理相比，该模式对供应商进一步放松了资金约束，而银行也获得了更高的收益，同时面临着更高的风险。因此，银行要加强对采购订单的审查，对供应商的在途库存进行监控，避免出现供应商与核心企业共同欺诈的问题。

第二，与存货融资的结合。反向保理也可以与存货融资结合起来，建立存货融资项下应收账款的赎货机制。存货融资要求供应商以现金方式赎取质押给银行的货物，但是由于账期的存在，供应商的赎货保证金可能不足。在这种情况下，银行可以有选择地接受供应商销售产生的应收账款，作为赎货保证金的替代。

存货融资项下应收账款的赎货机制本质上是一种存货融资，而反向保理只是作为赎货的一种选择手段。这种方式使得银行融资的资产支持变成了保证金、存货和应收账款的结合，因此比订单融资的风险低。该方式对客户进一步放松了资金的约束，银行则获得了货押和保理两项业务的收益。

五、控制风险的三个方面

反向保理融资是基于贸易的融资，每笔交易都有对应的物流与资金流，并以此作为资产支持手段，这就使得风险可以得到有效的控制。但由于我国企业信用体系尚不完善，银行无法独立完成对供应链上所有企业的相关数据进行调查和分析，从而不能准确了解供应链的整体情况。为了控制风险，银行应该从以下三个方面加以注意。

第一，加强对核心企业，也就是最终还款人的考察。反向保理与普通贷款的区别之一在于借款人和还款人不同，相应地，风险控制关注的重点应该从借款人转移到还款人。此外，反向保理融资的信用基础是核心企业的管理与信用实力，一旦核心企业出现问题，风险会迅速扩散，与该核心企业相关的所有保理业务都会面临着违约风险。

第二，建立供应商的准入制度。每个核心企业都有很多供应商，如何选择那些可以从反向保理业务中获益且风险较低的供应商，也是一项非常困难的工作。

如果供应商所提供的产品出现了质量问题，核心企业会退货，那么银行就面临着无法收回保理资金的风险。此外，通过对供应商的科学评估，银行可以帮助核心企业把潜在的不良成员剔除出去，保证供应链的健康发展，也间接保证自己的资金安全。

第三，要加强对核心企业和供应商之间实际发生业务的监控。考察供应商货物的运送是否真实可靠，是否可能因为质量问题而退货，两者的合作关系是否稳定。

这就需要一方面加强与物流公司之间的合作，利用物流公司掌握客户及货物的第一手资料的优势，对其发货等流程进行核实；另一方面要对企业进行实地考察，时刻关注企业在经营状况等方面的变化，以及这些变化可能对两者合作关系的影响。

六、发展建议

基于对反向保理模式，以及其与订单融资和存货融资模式结合的分析，笔者对国内商业银行开展反向保理业务提出三方面的建议：

第一，国内银行应该明确反向保理的概念，了解反向保理与保理以及短期信用贷款的区别。反向保理将业务切入和风险评估的重点转向核心企业，这有效地避免了实施过程中，由于核心企业对于应收账款不予确认，对保理业务不配合而采用暗保理方式所带来的风险。

此外，反向保理对于回款的控制集中于核心企业而非融资企业本身，而很多国内银行目前所实施的保理业务没有对回款进行控制，而是由融资企业还款，成为一种短期信用贷款方式，增加了风险。

第二，反向保理的实施应从总行开始。首先，作为一项与传统融资不同的业务，反向保理实施的前提是总行要制定一系列的准入标准、实施流程等指导性文件，来引导各分行业务的开展与具体操作；其次，国内商业银行的总部一般设在一线城市，更加接近各个行业的核心企业，由总行与核心企业进行合作成功率会更高。

最后，反向保理业务需要银行、第三方监管机构以及供应链成员之间的密切合作，尤其是在与其他供应链金融技术的结合方面。因此，业务的实施需要得到完善的信息平台的支持，这就需要总行建立信息系统，将供应链成员及其他合作伙伴联系起来，降低信息流通成本的同时提高效率。

第三，政府应该健全与供应链融资，特别是应收账款融资相关的法律制度，建立完整的信用体系。没有相关制度和信用体系的支持，银行很难在法律制度的保障下开展反向保理业务。因此，相应制度的完善对改变中小企业的融资环境将起到积极的推动作用。

第三节 供应链金融 ABS

截至 2017 年 4 月末，共有 4 家核心企业发行供应链金融 ABS5 单，总发行规模 227.49 亿元。由于核心企业对整个供应链的增信以及核心企业大数据的有效风控模式，供应链金融资产证券化产品可获得较高信用等级。同时供应链金融资产证券化产品具有较强的可复制性，并且适合储架发行等优势。虽然有受行业景气度波动，以及对产业链上中小企业业务关联黏度不大的核心企业发展供应链金融资产证券化的动力不足等的不利因素，但通过加强供应链金融的风险管理、选择基础条件较好，业务粘度较大的产业链和核心企业等，预计未来供应链金融资产证券化产品具有广阔的发展空间。随着区块链和科技金融技术的快速发展，未来的供应链金融将不断创新，有望成为资产证券化领域未来的蓝海。

一、供应链金融 ABS 的基本类型

供应链金融资产证券化业务中由于底层应收账款一般存续期限较短，考虑到从基础资产挑选到资产证券化发行所需时间较长，专项计划一般会制定好合格标准，通过引入循环购买机构持续购买符合合格标准的基础资产使得专项计划的期限更加匹配融资人和投资者的需求。还需要注意的一点是由于应收账款债权为无息债权，资产池的收益来自于对应收账款债权的折价受让，底层应收账款的回款时间可能较为集中，结合专项端的产品结构设计和现金流分配，设置储备金账户用来防范流动性风险有时就显得尤为必要。此外供应链金融资产证券化产品通常会通过在人行登记系统进行应收账款做质押或转让登记以对抗善意第三人，防止应收账款被重复质押、转让。

供应链金融资产证券化基于产业链的特点和融资人的信用水平，目前国内主要有四种实操形式：

第一种是基于央企、国企、上市公司等优质主体的应收账款资产证券化；

第二种是以互联网电商平台为主导的保理债权资产证券化；

第三种是基于产业链核心企业的反向保理资产证券化；

第四种是基于信用证、保函、保贴的贸融类应收账款资产证券化。

（一）应收账款资产证券化

2014 年 12 月五矿发展股份有限公司发行了国内首单贸易类应收账款资产支持专项计划。专项计划基础资产为五矿发展下属全资子公司、中国五矿深圳进出口有限责任公司据与买受人签订的销售合同等文件安排并履行相关义务后产生的对买受人的应收账款债权，通过签署"应收账款转让协议"，五矿发展受让基础资产成为专项计划的原始权益人。此外，本

次专项计划还引入五矿发展母公司提供差额支付承诺和引入中国出口信用保险有限公司进行增信。

2017年7月,华润医药商业集团有限公司2017年第一期信托资产支持票据完成在银行间市场的注册,华润医药商业集团有限公司作为原始权益人以依据业务合同及应收账款转让合同对付款义务人的应收账款及其附属权益为基础资产发行资产支持票据。

目前来看,央企建筑类企业有大量的应收账款,中建三局、六局、八局已经发行了一系列应收账款类ABS;另外大型医药企业的应收账款体量较大、质量较高。这两类资产是适合发行应收账款ABS的重要储备来源。

此类项目基于原始权益人极高的主体信用,主要增信手段为差额支付承诺和优先次级分层;由于应收账款的回收不能与发起人完全隔离,需要重点关注发起人的持续经营能力和义务履行情况,确保入池应收账款不会因销售合同纠纷等对应收账款回收造成不利影响;当然基础资产没有任何权利负担且已满足条件可以转让给专项计划。此外,付款义务人本身的资质、信用情况、行业、区域分散度对于资产支持证券的评级分层也有着重大影响。

(二) 核心企业为互联网公司模式

互联网供应链金融ABS不仅拓宽了中小企业的融资渠道,降低了中小企业的融资成本,也提高了整个供应链的流转效率。

互联网公司利用互联网平台上交易流水和支付记录,识别风险评测信用额度进而发放信用贷款,除了赚取产业链生态圈上下游供应商的金融利润,也可以促进生态圈的健康发展。

互联网公司将供应链中的商流、物流、信息流、资金流进行有机整合,对供应链上下游信息进行深度挖掘,为客户提供有针对性的信用增级、融资、担保、结算、账款管理、风险管理等产品和服务。这些供应链金融业务不仅拓宽了中小企业的融资渠道,降低了中小企业的融资成本,也提高了整个供应链的流转效率。

互联网供应链金融ABS基础资产通常为小额贷款。小额贷款适合核心企业对下游分销商的小额贷款,基于以往经营数据来决定授信额度,具有额度小、期限短、分散度高、贸易真实性的特征。例如:东证资管—阿里巴巴1—10期产品中,东方证券资产管理有限公司作为管理人,以设立专项资产管理计划的方式募集资金,购买阿里小微金融服务集团旗下小额贷款公司的小额贷款资产,每一只均达到募集资金规模上限5亿元,合计募集资金规模达到上限50亿元。产品借助互联网平台,为淘宝、天猫等电子商务平台上的小微企业提供融资服务。在风险控制方面,产品从资产准入、资金运营和实时监控等方面进行严格的风险防范与管理。该产品不但拓宽了小微企业的融资渠道,并且降低了小微企业的融资成本。

互联网供应链金融ABS可以充分结合互联网金融和供应链金融的双方优势,提高资产池质量。

互联网金融是指以依托于支付、云计算、社交网络以及搜索引擎等互联网工具,实现资金融通、支付和信息中介等业务的一种新兴金融。互联网金融的特点为成本低、效率高、发展快、管理弱、风险大。互联网供应链金融ABS产品可以充分利用互联网金融成本低、效率高、发展快的优势,又可利用供应链金融的贸易自偿性和大数据风控模式减少管理弱和风险大的劣势,提高资产池质量。京东金融—华泰资管保理合同债权ABS是国内资本市场首单互联网保理业务ABS,基础资产是京东金融供应链金融业务"京保贝"的债权。"京保贝"是互联网模式下的供应链保理融资业务,服务于京东商城供应商及其他电商平台客户。

京东金融—华泰资管保理合同债权第一期发行时的优先级利率为年化4.1%，且次级资产占比仅0.05%，资产池质量较高。

（三）以核心企业开展的"1+N"反向保理资产证券化

"1+N"中"1"即供应链核心企业，"N"为核心企业的上游供应商。

反向保理意指由债务人作为保理业务的发起人申请续作保理业务并经债权人同意后，以债权人转让其应收账款为前提，由保理商为债权人提供贸易资金融通、信用风险担保、销售账务管理等服务的一种综合性金融服务方式。

"1+N"反向保理资产证券化一般采用无追索权保理以提高上游供应商的配合度。与前述供应链资产证券化不同的是项目中采用了出具《付款确认书》将母公司列为共同付款人（对应付账款逐笔确权）、提供差额支付承诺等方式来使得供应商的应收账款更好地体现为母公司信用。

目前"1+N"反向保理资产证券化的主要发起人有平安证券—万科供应链金融X号资产支持专项计划，招商资管—前海一方恒融第X期（X号）资产支持专项计划、融元—方正证券——方恒融碧桂园1期保理资产支持专项计划和长城证券—尚隽保理一期资产支持专项计划等。

国内信用体系基础设施的缺失加大了对中小微企业的尽调难度，反向保理资产证券化引入核心企业的主体信用，核心企业通过其和供应商的海量数据建立供应商动态准入制度从而来加强供应链风险防范。

供应链核心企业的经营和风控能力水平相对较高，对行业景气度和应付账款规模预判较为准确、应付账款规模巨大，供应商准入制度的建立也保证了基础资产具有较高的同质性，可通过"储架发行"进一步提高发行效率，上述万科反向保理供应链资产支持专项计划就储架发行225亿元。仅分优先A级，评级AAA，无劣后级，期限1年。

核心企业作为最终付款人使得"1+N"反向保理资产证券化的类信用债属性更加浓厚，分层结构上，多采用平层发行或仅设置较低比例的次级。只有真实的贸易背景、真实的应收账款，反向保理资产证券化才能真正有利于中小企业降低融资成本，提高供应链稳定性。建立适当的机制对贸易真实性和贸易规模作出评断，防止核心企业和上游供应商串谋欺诈是保证此类业务健康发展的重要前提。

（四）贸融类资产证券化

贸融类资产证券化是指以票据作为结算工具，通过引入信用证、银行保函、保贴等手段嫁接银行信用的应收账款债权资产证券化产品，如平安橙鑫e、民生瑞盈通融元等。

根据计划管理人的委托，银行通常还会担当专项计划的资产服务机构，为专项计划提供基础资产筛选、资金归集、作为名义质权人等服务。

此外，在此结构中银行通过和底层多个债权人签订"代理服务协议"以代理原始权益人的身份可以批次进行基础资产的转让；由于银行基础资产充足，此类产品多采用"储架发行"模式，进一步提高操作效率；但由于资产端和资金端利差过小，大多数银行开展此类业务的动力不足，更多的是处于业务模式探索阶段。

以上两种交易结构主要是因为结算方式不同所致，本质上都是通过嫁接银行信用进行增信，因此此类产品需要重点关注极端条件下银行对应收账款、商票的增信效力和效率。

二、交易结构分析

供应链金融资产证券化产品的交易结构设置的特点为：核心企业的介入提高供应链金融ABS的信用质量、储架发行、循环购买以及红黑池设计。

（一）核心企业的介入提高供应链金融ABS的信用质量

供应链金融的贸易自偿性和大数据风控模式，可提高互联网供应链金融ABS基础资产质量；传统核心企业作为共有债务人或是直接做担保可大大增加供应链金融ABS的信用质量。

对互联网公司而言，利用平台上交易流水和支付记录，识别风险评测信用额度进而发放信用贷款，通过交易流水监控中小企业的运营、还款能力等。

互联网供应链金融ABS和消费金融ABS的最大的不同就是贷款发放的对象不同，互联网供应链金融ABS的基础资产债务人一般是和核心企业同一产业链上有业务往来的小微企业，而消费金融ABS一般是个人。互联网供应链金融风险控制措施较强，通过运营数据的分析，对放贷企业的监控能力强。供应链金融的贸易自偿性和大数据风控模式可提高互联网供应链金融ABS基础资产质量，从而降低供应链金融ABS产品的风险。对传统核心企业而言，交易结构设计中核心企业作为共有债务人或是直接做担保可大大增加供应链金融ABS的信用质量。

（二）储架发行有利于提高融资规模和加快发行效率

由于供应链金融ABS的发起机构的经营和风控能力等水平较高，同时，供应链金融ABS基础资产具有同质性强、资产储备充沛，因此供应链金融ABS适合储架发行。储架发行可使企业的融资规模和效率将会得到大幅提高。目前市场上供应链金融ABS发行产品多数为储架发行。

（三）互联网供应链金融ABS的循环购买设计解决资产端与产品端期限错配问题，可使用红黑池结构设计来提高资产的使用效率

由于互联网供应链金融ABS通常具有基础资产期限较短、早偿率较高等特点，而互联网供应链金融ABS发行人通常更倾向于获得较长期限的融资，同时，对于投资者而言，中长期资产证券化产品获得的收益率也更高。为了解决供应链金融资产证券化的资产端与负债端的期限匹配问题，采用循环购买交易结构较为常见。

同时互联网供应链金融ABS的基础资产同质性很强，可使用红黑池转换结构设计来提高基础资产的使用效率。红黑池虽然是不同的资产池，但两者的筛选标准和选取方法都是一样的，两者在基础资产信用质量、账龄、剩余期限、分散等方面保持基本一致，从而确保"红池"和"黑池"的基本特征高度相似。

第四节 农业供应链金融

当前农业中小企业的融资高需求无法被传统的融资方式所满足，目前农业供应链金融将

会是一种新的融资渠道，通过绑定核心企业的信用，提高上下游企业的资金使用效率。但商业银行等金融机构由于更加关注优质客户，以及在创新产品上业务能力的不足，很少涉足农业供应链金融领域，目前以互金公司为主。

互金公司凭借其灵活性，在整个农业产业链中，可以以多种合作模式，提供融资服务，比如"农资公司+农户""农户+经销商""核心企业+上下游企业"等，为其解决购买农资产品或农具资金紧缺的问题。在这个传统银行较少涉足的领域，互联网金融公司通过采用产业垂直化的供应链金融服务模式，依托核心农业企业的雄厚实力，有效地服务于上下游综合实力较弱的农户或经销商，促进整个产业的发展。

农业是我国国民经济发展的一个重要产业，农业企业是推动经济的重要力量，我国农业现代化已进入加快实施和推进阶段，但通过传统的融资方式包括银行贷款、发行债券、股权融资等，农业小企业很难获得资金支持，发展得不到提升。近几年，供应链金融的出现在一定程度上缓解了农业小企业融资难的问题，众多金融机构和互金平台也发现这一契机，从而迈入该领域。根据2016年8月发布的《"三农"互联网金融蓝皮书》数据，2014年，我国三农金融缺口就已超过3万亿元；2015年我国三农互联网金融的规模为125亿元，到2020年将达到3200亿元，发展空间广阔。

一、农业企业融资难原因

（一）企业自身实力较弱

农业企业一般基础相对薄弱，经营规模较小，缺乏现代企业管理经营理念，内部公司经营管理、财务制度等不健全、不规范，并且大部分的企业员工专业技能、创新能力不高，导致企业的持续提高能力弱，缺乏市场竞争力。农业小企业由于自身实力的不足，包括内控制度、市场意识等方面，抗风险能力较弱，因此经营发展过程中一旦受到外界环境的干扰或市场的冲击，将面临较大的风险，为企业融资带来了一定的风险，并且农业企业容易遭受自然灾害影响的特性，也增加了其风险性。

（二）企业的信用等级低

对于大多数农业小企业而言，存在产品同质化、恶性竞争等问题，导致利润水平较低，经营规模小，且企业管理的规范度、财务真实性较低，管理者信用意识淡薄，使得农业小企业信用等级普遍低，影响了银行给企业发放贷款的积极性。

（三）缺乏抵押担保物

抵押和担保是确保金融机构能够发放贷款的重要保证，但大多数农业企业从事农产品加工生产或产业基地建设，固定资产不多，缺乏有效的抵押物，比如专用设备无法抵押，土地普遍少，担保公司又不愿意提供担保，导致了农业企业申请贷款的成功率很低。

（四）资本市场进入困难

对于农业的中小型企业来讲，获得股权融资很困难。元立方金服研究人员认为，一方面农业企业一般都缺乏专门从事公司资本运营的人才和物质技术基础，对接股权投资机构存在困难；另一方面中小企业整体实力较弱，发展存在较大的不确定性，抗风险能力弱，财务透明度低，很难满足公司上市的条件，股权退出困难。

整体看，农业供应链中存在大量的农户、小微企业，他们大多因管理成本过高或教育水平不高,无法提供规范、透明的生产报表和财务报表,呈现出融资分散、小额、短期的特点,没有银行授信,几乎无法在银行融资。但是供应链金融利用的是核心企业的信用优势,以核心企业向产业链上下游延伸,打通整个链条的物流、资金流、信息流,将分散孤立、高风险、低收益的农户和小微企业与实力雄厚的大型企业捆绑在一起,实现利益共享、风险共担的效果,改变传统金融机构与农户一对一的授信模式,解决借贷双方信息不对称的问题。供应链金融在农业方面的发展前景,也引来了大量互联网金融公司的进入。

二、农业供应链金融的模式

农业原材料从采购、生产,到加工、仓储,一直到终端客户的零售,构成了农业一整条产业链。链条上的各个参与主体,包括农民、农场、农资经销商、农产品加工企业,农产品销售商等,都可能出现资金短缺的问题,元立方金服研究人员认为,供应链金融可以覆盖整个产业链,通过上下游的捆绑,提供融资服务。农业供应链金融模式主要包括三种,分别以应收账款、农业企业、大数据互联网平台为核心,提供融资服务。

(一) 模式1: 以应收账款为核心

此种模式是指互金公司以农业产业链中企业的应收账款切入供应链金融,具体为:农户或农资公司等供应商将其与采购商签订的销售或服务合同所产生的应收账款收益权转让给保理公司,保理公司通过对该笔应收账款所涉及的交易进行尽职调查和风控审核后为供应商提供融资服务,之后保理公司再将应收账款的受益权转让给合作的互金公司,到期后保理公司从供应商处收回本息再支付给互金公司。以应收账款切入供应链金融的模式如图7-6所示。

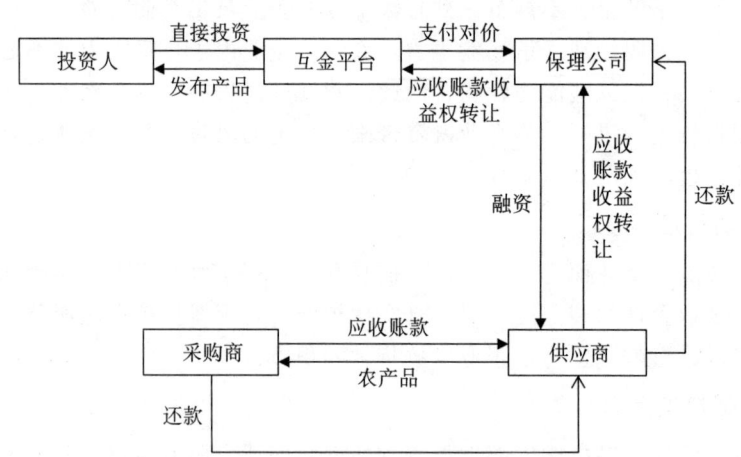

图7-6 以应收账款切入供应链金融的模式

(二) 模式2: 以农业企业为核心

此种模式是以农业产业链中资质强的企业为核心切入供应链金融,依托核心企业整体实力较强、信用水平高、内控制度完善、合同订单发票等资料齐全的优势,为其上下游企业提供融资服务,解决由于账期的原因导致的资金周转问题,提高资金的使用效率,打通整个产业链。

互金平台一般通过设立线下网点,拓展资产端的业务,一般分为自建线下网点和加盟两种方式。自建网点存在发展速度慢、成本高的弊端,但由于平台本身掌控资源,有利于平台知名度的提高,可以保证持续稳定的发展;加盟方式可以快速打破地域限制,并控制住成本,但对于加盟商的培训和管理提出了非常高的要求。以核心企业切入供应链金融的模式如图7-7所示。

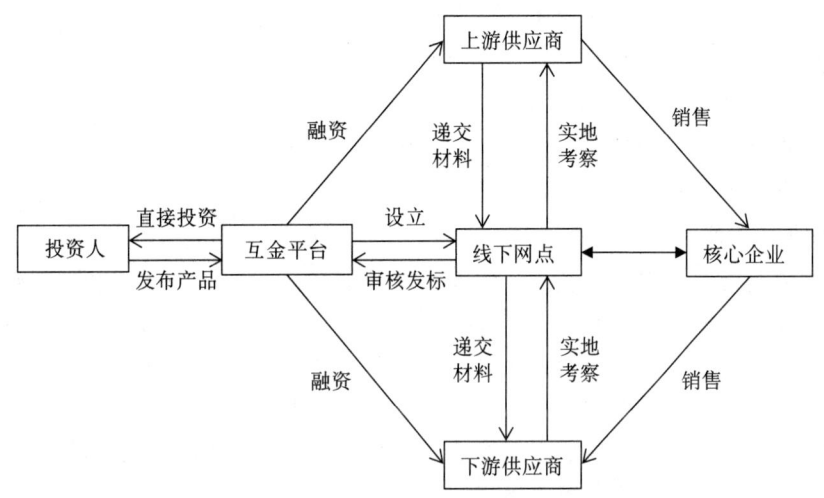

图7-7 以核心企业切入供应链金融的模式

(三)模式3:以大数据互联网平台为核心

这里提到的互联网平台主要指农贸类商城或其他提供农业服务的平台。由于电商平台上掌握着大量的用户交易信息,可以通过建模分析了解到农户、经销商等借款人的消费习惯、资金流水以及信用评级,并根据分析结果提供相应的融资服务,最大程度上的降低风险。但此种模式对互金平台在大数据分析等IT技术上有较高的要求,并需要不断扩大电商平台规模,使其交易量和用户数量达到一定规模,扩大覆盖范围。以大数据互联网平台切入供应链金融的模式如图7-8所示。

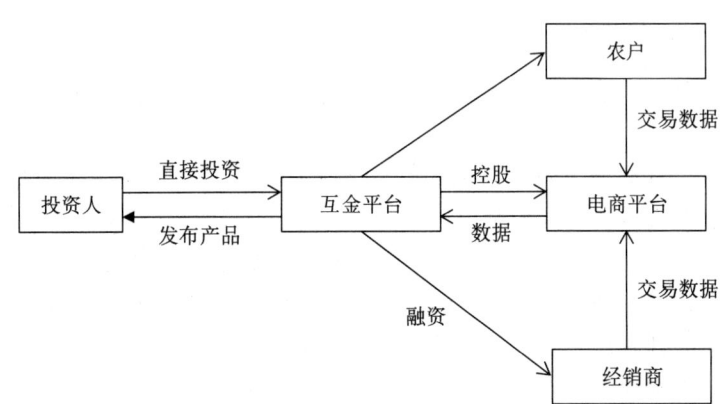

图7-8 以大数据互联网平台切入供应链金融的模式

三、农业供应链金融的风险

目前,农业供应链风险主要来源于信用风险、整体性风险、操作和技术风险。

(一)信用风险

信用风险是指借款人不能按期履行还本付息的责任,而使互金平台和投资人面临本金和利息受损的可能性。农户和农业小微企业普遍综合实力不强,当受到自然灾害的袭扰和市场突变的影响时,没有足够的抗风险能力,会导致产生信贷违约现象,还会可能发生羊群效应。除了这些客观因素,部分人还可能出现主观因素,导致违约或延迟还款,甚至一个地方的民风民情都可能引发集体违约。

(二)整体性风险

农业供应链金融涉及广大的农户、农商、农业加工商、农业经销商和相关物流企业等,资金链条长,如果产业链上任何一个环节出现问题,都可能影响农业供应链的稳定性。目前,我国市场上农业企业与农户之间更多的是短期、松散的业务合作关系,没有形成紧密稳固的关系,受产品价格影响因素较大,购销两方不签订协议合同的情况普遍存在。因此我国农业供应链金融仍然容易受到信息不对称造成的违约风险,从而破坏整个供应链的各个环节的协调有序性,导致信用链的断裂,出现供应链整体性风险。

(三)操作和技术风险

我国农业供应链金融还处于起步发展阶段,但是其操作复杂,涉及流程繁多,金融机构或互联网金融公司需要密切监视供应链上下游企业,对每笔已到的和将要到的现金流进行严格管理,操作人员需要严格遵照制度规范执行,避免内部控制失灵、业务人员操作失误带来的风险。同时,通过大数据平台切入供应链金融的互金平台,需要确保数据的真实完整性,并不断提高云计算、大数据等技术,完善风控模型的建立,避免由于技术落后而出现的风险。

四、农业供应链金融发展趋势

(一)线上线下融合

农业供应链金融的核心不仅仅在金融层面,更要聚焦于如何帮助和指导分散的农户切实提高生产效率。

一方面,现在"互联网+农业"的趋势越来越明显,农村互联网的普及率也逐年上升,很多农业生产和农资农机交易流程都可以在网上实现,极大方便了农民的生产经营。

另一方面,线上交易一定要线下融通,单纯在线上做销售,没有线下服务体系的支撑会难以维持。比如以化肥、种子等农资为例,这类产品的特殊性在于用法不得当会极大地影响作物生长,进而影响到农户一整年的收益,所以线下需要企业提供完善的服务和技术指导以保证农户能够科学正确地进行农业生产。

从风控角度来讲,风控流程也需要有线上线下的协同。传统的审核方法需要线下的风控人员进行实地考察,之后随着互联网技术越来越多地普及和应用,线上的信息获取和核实可以通过技术手段实现,大幅降低了人力成本。不过在当前征信数据缺失严重的情况下,对于贷款农户的线下核实仍然是风控的重要一环。

(二) 农村征信体系逐步建立

建立健全农村信用评价体系，不仅能客观评价农业中小企业和种养殖大户的信用状况，有利于获得融资，还能降低金融机构的信用风险，减少风控成本和潜在损失。目前政府也针对这个领域出台了相关政策来进行指导和推动。

农业部办公厅印发《关于建立农资和农产品生产经营主体信用档案的通知》，要求各级农业行政主管部门把建立主体信用档案作为农产品质量安全信用体系建设的一项重要措施予以推进，逐步构建以信用为核心，事前信用承诺、事中信用监管、事后信用评价的新型监管机制。

按照工作安排，2018年底，全国粮食大县、"菜篮子"产品主产县、国家现代农业示范区等基本建立本行政区域内主体信用档案；2019年底，基本实现农资和农产品生产经营主体信用档案全覆盖。目前，农资和农产品生产经营主体信用档案建设工作已纳入国家农产品质量安全县和农产品质量安全延伸绩效考核指标。

在金融机构层面，一部分涉农企业也建立起或正在建立自己的数据库，从不同的维度收集以规模经营农户为主的信息，并且以此为依据着力于建立标准化的风控体系。

另外，从核心企业角度来讲，中小企业信用评价体系越完善，对于整个供应链的"去核心化"就越有利。当前核心企业在供应链中主要利用自身信用以及和金融机构签订担保协议帮助中小企业获得融资，对整个供应链的良性循环有很大的好处，但对于核心企业自身来讲吸引力并不足够大，所以积极性并不高。还有一点就是供应链金融本身可以将多个企业的信用风险转移到较为可控的核心企业，但风险也变得进一步集中。如能依靠互联网技术，核心企业实时上传交易数据即可，各种数据交由供应链金融平台进行分析处理来判断中小企业的运营情况，从而弱化核心企业在供应链金融模式中的重要作用，会是对供应链金融的一个很好的完善。

(三) 平台化与产业整合

从我国供应链管理的发展来看，目前经历了从传统的业务型供应链向协调、整合型供应链的发展。供应链金融开展的初期阶段是银行所推动的以应收账款、动产和预付款为基础的"M+1+N"式的融资业务，其业务开展和风险管理的基础是核心企业发生的上下游业务活动，而细分到农业领域，由于商业银行参与意向不强烈，所以这个阶段的发展较为空白。

到第二个阶段，供应链金融的推动着不再是传统的商业银行，而是产业中的企业或信息化服务公司，他们直接参与到供应链运营过程中，在把握供应链商流、物流和信息流的基础上，与银行等金融机构合作，为供应链中的企业提供融资等服务，供应链金融得以开展的基础会逐渐从"链"式进化到"网"式。农业供应链金融当前的发展就在一定程度上已经呈现出平台化的网状特点。

我国农业生产还是以小农经济为主，将分散的农户和农业生产组织整合到平台之中会是未来农业发展的趋势，同时也是一个大而难的问题。目前农村的生产生活已经变得互联网化和无线化，如在种养殖领域的网络技术指导已经越来越普遍，涉农金融机构能够提供的金融服务和产品也呈现多样化、便捷化的趋势。互联网技术的普及将分散的农业生产联结得更紧密，这成为农业产业整合的一个技术前提。此外，新型经营主体数量稳步增长，集约化生产逐渐形成趋势，未来我国的现代化农业生产中农民合作社等合作组织的作用会愈加显现，这会为产业整合建立组织形式的基础。

(四) 防范风险与闭环管理

风险的预警和管理是供应链金融的重中之重。总体上讲,供应链风险的防控需要从供应链结构管理、流程管理和要素管理几个方面着手。具体来说主要包括:能够有效合理地设计建构供应链运营和服务体系,各个主体角色清晰,权责明确,同时又能使供应链运营业务实现闭合化、收入自偿化;整个业务和金融活动的流向、流量和流速明确,能够实现管理垂直化,并且协同各类金融机构设计和提供风险缓释手段,实现风控结构化;能对金融产品和业务信息数据做到及时、迅速的获取和分析,真正做到交易信息化,并且通过声誉产业化建立供应链信用体系。

供应链金融的封闭性和自偿性非常重要,如何完成自身链条的闭环设计,一直是业内始终在探讨的问题。作为农业供应链金融企业,同样需要建立一套融资体系来对资金进行全封闭管理,做到商流、物流、现金流都进行封闭运作,不仅比手工管理更高效,而且资金流转更安全。在供应链金融社会化的趋势之下,闭环概念不仅仅再局限于某一个链条之中,而是会更多地向生态圈概念靠拢。而且随着农业生产和交易的互联网化和信息化,整个链条和流程会更加可视化和透明化。

问题:

1. 反保理的定义是什么?它与保理业务的区分是什么?风控要点是什么?
2. 请简述供应链金融 ABS 的几种典型类型?
3. 农业供应链金融的模式及其风险是什么?

第八章　延伸知识阅读与获取

第一节　做供应链金融业务的牌照要求

2017年10月，国务院办公厅印发《关于积极推进供应链创新与应用的指导意见》（以下简称《意见》），《意见》中明确强调，推动供应链金融服务实体经济，鼓励商业银行、供应链核心企业等建立供应链金融服务平台，为供应链上下游中小微企业提供高效便捷的融资渠道。

供应链金融是基于真实的交易背景开展的金融活动，实质是帮助链内成员盘活流动资产。国内供应链金融业务倾向性：预付类＞应收类＞存货类。预付类产品改善了核心企业的财务报表，加速了资金回笼，并将企业间的商业信用转换为了银行信用，因此更受国内核心企业的青睐。

有关数据显示，到2020年，国内供应链金融市场规模将接近15万亿元人民币。其中，评级AA以上企业的应收（付）账款市场规模至少在10万亿元规模量级。10万亿元的长尾市场，催生了不少企业发展供应链金融业务，那么做供应链金融业务，企业到底需要什么资格了？

在供应链的环节中，核心企业行业话语权强，对上下游具有掌控能力，同时也对上下游有比较多的资金占用。在上图的例子中，核心企业向供应商购买原料，要求赊销，由于核心企业的强势以及供应商对其还款能力的信任，供应商同意赊销形成应收账款，这样它在备货过程中就需要垫资，流动性受到较大影响。此时金融机构可以通过购买债权的方式向供应商支付现金，从而解决它的流动性问题。核心企业的信用直接关系到应收账款坏账率，因此保理商对供应商的资质要求会比直接发放贷款要低得多。

接着经销商向核心企业购买产成品，由于核心企业太强势，所以不准备向其赊销。经销商的资金紧张，需选择贷款付钱、开信用证或开承兑汇票的方式，然而这些都需要它有足够的授信，如果经销商是中小型企业，可能就需要放弃这笔生意。这时候由于核心企业授信充足，又对经销商足够了解，金融机构可以通过占用核心企业的授信向经销商发放贷款用于支付核心企业的贷款。接着经销商向零售商销售，假设双方地位平等，各自占用各自的授信，采用开票/贴现、开证/议付、开证/福费廷、双保理等方式。

供应链金融的实质是帮助企业盘活流动资产，即应收、预付和存货。因此通常将产品分为三类：应收类、预付类和存货类。

应收类产品帮助上游企业将应收账款转换成现金或应付票据；预付类产品则帮助下游企

业扩大了单次采购额，提高了采购能力，将本应即期支出的现金资产转换为短期借款或应付票据；现货质押更为直接，以企业的存货作为担保方式，换取流动性更强的现金资产。虽然现货融资通常没有核心企业参与，但因该业务涉及对货权的控制和物流监管企业的管理，从管理上与供应链金融流行的预付款渠道融资相近。

应收类产品：应收类产品主要应用于核心企业的上游融资，如果销售已经完成，但尚未收妥货款，则适用产品为保理或应收账款质押融资；如融资目的是为了完成订单生产，则为订单融资，担保方式为未来应收账款质押，实质是信用融资（需要注册商业保理公司、小贷公司）。

预付类产品：预付类产品则主要用于核心企业的下游融资，即主要为核心企业的销售渠道融资（大部分是代采业务，不需要金融牌照）。

存货类融资：存货类融资主要分为现货融资和仓单融资两大类，现货质押又分为静态质押和动态质押，仓单融资里又包含普通仓单和标准仓单（需要用到小贷牌照、典当行）。

一、注册商业保理公司的条件

（1）公司注册资本不低于5000万元人民币，全部为实收货币资本，且来源真实合法。

（2）主出资人应为企业法人和其他社会经济组织，且在申请前一年总资产不低于5000万元人民币。

（3）商业保理公司境外投资者或其关联实体应具有从事保理业务的业绩和经验。

（4）商业保理公司应当拥有2名以上具有金融领域管理经验且无不良信用记录的高管人员和与其业务相适应的合格专业人员。

（5）法律法规规定的其他条件。

二、申请小额贷款公司牌照

（一）审批机关

凡是省级政府能明确一个主管部门（金融办或相关机构）负责对小额贷款公司的监督管理，并愿意承担小额贷款公司风险处置责任的，方可在本省（区、市）的县域范围内开展组建小额贷款公司试点。

（二）申请条件

小额贷款公司的股东需符合法定人数规定。有限责任公司应由50个以下股东出资设立；股份有限公司应有2—200名发起人，其中须有半数以上的发起人在中国境内有住所。

申请设立小额贷款公司，应向省级政府主管部门提出正式申请，经批准后，到当地工商行政管理部门申请办理注册登记手续并领取营业执照。此外，还应在五个工作日内向当地公安机关、中国银行业监督管理委员会派出机构和中国人民银行分支机构报送相关资料。

三、注册典当行的条件

典当行注册资本最低限额为300万元；从事房地产抵押典当业务的，注册资本最低限额为500万元；从事财产权利质押典当业务的，注册资本最低限额为1000万元。

典当行的注册资本最低限额应当为股东实缴的货币资本，不包括以实物、工业产权、非专利技术、土地使用权作价出资的资本。

设立典当行,申请人应当向拟设典当行所在地设区的市(地)级商务主管部门申请。

第二节 供应链金融相关政策及其主要内容

一、中央主要的关于供应链金融的政策文件(如表8-1所示)

表8-1

序号	名称	发文机关	生效时间	相关内容
1	中国银监会关于银行业金融机构支持服务业加快发展的指导意见(银监发〔2008〕8号)	中国银行业监督管理委员会	2008.03.12	第十九条 银行业金融机构应当根据现代服务业企业轻资产、重知识和技术含量、抵押品少等特点,大力开展服务创新。要积极开发新的授信经营模式,转变仅重视抵押品的传统授信经营模式,充分重视企业的现金流和流程监控。探索围绕核心企业、开发上下游企业的全景式供应链融资方式,满足现代服务业对供应链金融服务的需求
2	财政部、发改委、商务部、科技部关于批复中关村现代服务业试点方案的通知(财建函〔2011〕32号)	财政部、国家发展和改革委员会,商务部,科学技术部	2011.01.01	三、试点内容 (二)实施一批重点培育工程 2.改造提升电子商务和现代物流业,加强电子商务和现代物流技术攻关。加强技术集成创新与模式创新,提升系统研发、金融支付、信用保障、物流仓储、现代运营管理及人才培训等电子商务支撑环节的技术服务水平;扩大电子商务模式应用覆盖领域,支持电子商务云服务、移动电子商务应用、社区电子商务示范及发展,培育网络支付、供应链金融、电子商务公共服务平台、电子商务安全认证等新现代服务业。大力发展现代物流业,提高物流专业化、社会化、规模化水平,推进现代物流业结构升级和发展壮大
3	商务部、发展改革委、供销总社关于印发《商贸物流发展专项规划》的通知(商贸发〔2011〕67号)	商务部、发展和改革委员会、中华全国供销总社	2011.03.14	一、发展现状 (四)商贸物流发展环境明显改革,各种支持政策日臻完善 近年来,各级政府部门通过制定规划、出台政策、设立专项资金,从多方面支持商贸物流发展。中央财政通过设立促进服务业发展专项资金、农村物流体系建设专项资金,引导商贸物流健康发展。金融机构通过建立支持流通业发展专项贷款,支持商贸物流业进行基础设施改造。供应链金融创新和贸易融资快速发展,有效缓解了中小企业融资难问题。行业组织开展物流企业信用评级和综合识估工作,推动了物流市场信用体系建设

续表

序号	名称	发文机关	生效时间	相关内容
4	电子商务"十二五"发展规划	工业和信息化部	2012.01.27	（八）促进电子商务支撑体系协调发展专栏8：电子商务支撑体系集成创新 提高物流企业信息化水平，促进物流服务和电子商务集成创新。推进煤炭、钢铁、塑料和粮食等大宗商品电子交易与物流服务集成健康发展。推动快递、零担、城市配送企业依托信息化提高社会化服务水平，增强对网络零售的支撑能力。适时启动物联网在物流领域的应用示范。加强支付服务创新，促进电子商务与电子支付集成发展，为用户提供方便快捷的服务。引导电子商务企业与物流企业、金融机构加强合作，探索供应链金融等服务创新
5	工业和信息化部印发推进物流信息化工作指导意见（工信部信〔2013〕7号）	工业和信息化部	2013.01.07	（七）推进物流相关信息服务业和信息技术创新与发展 以应用带动技术创新和产业发展，通过政策和资金支持，带动信息服务企业、电子商务企业、电信运营企业、软硬件厂商和系统集成企业积极参与物流信息化建设。重点支持一批物流信息服务企业创业、创新和做大做强。支持以信息化带动供应链金融等服务创新
6	国务院关于印发《物流业发展中长期规划（2014—2020年）》的通知（国发〔2014〕42号）	国务院	2014.09.12	（四）制造业物流与供应链管理工程 支持建设与制造业企业紧密配套、有效衔接的仓储配送设施和物流信息平台，鼓励各类产业聚集区域和功能区配套建设公共外仓，引进第三方物流企业。鼓励传统运输、仓储企业向供应链上下游延伸服务，建设第三方供应链管理平台，为制造业企业提供供应链计划、采购物流、入厂物流、交付物流、回收物流、供应链金融以及信息追溯等集成服务。加快发展具有供应链设计、咨询管理能力的专业物流企业，着力提升面向制造业企业的供应链管理服务水平
7	工业和信息化部关于继续开展互联网与工业融合创新试点工作的通知（工信函〔2015〕50号）	工业和信息化部	2015.03.31	二、试点方向 （五）助力企业低成本运营的融资方式创新 发挥互联网金融参与度高、协作性好、中间成本低、操作便捷的优势，支持利用互联网对工业企业生产、运营及创业资金进行高效融通和精准匹配。重点支持供应链金融、众筹孵化等网络金融服务模式创新
8	国务院关于大力发展电子商务加快培育经济新动力的意见（国发〔2015〕24号）	国务院	2015.05.04	二、营造宽松发展环境 （六）加大金融服务支持。建立健全适应电子商务发展的多元化、多渠道投融资机制（有关部门按职责分工分别负责）。研究鼓励符合条件的互联网企业在境内上市等相关政策（证监会）。支持商业银行、担保存货管理机构及电子商务企业开展无形资产、动产质押等多种形式的融资服务。鼓励商业银行、商业保理机构、电子商务企业开展供应链金融、商业保理服务，进一步拓展电子商务企业融资渠道（人民银行、商务部）。引导和推动创业投资基金，加大对电子商务初创企业的支持（发展改革委）

续表

序号	名称	发文机关	生效时间	相关内容
9	国务院办公厅关于推进线上线下互动加快商贸流通创新发展转型升级的意见（国发〔2015〕72号）	国务院办公厅	2015.09.18	四、完善政策措施 （十五）加大金融支持力度。支持线上线下互动企业引入天使投资、创业投资、私募股权投资，发行企业债券、公司债券、资产支持证券，支持不同发展阶段和特点的线上线下互动企业上市融资。支持金融机构和互联网企业依法合规创新金融产品和服务，加快发展互联网支付、移动支付、跨境支付、股权众筹融资、供应链金融等互联网金融业务。完善支付服务市场法律制度，建立非银行支付机构常态化退出机制，促进优胜劣汰和资源整合。健全互联网金融征信体系（人民银行、发展改革委、银监会、证监会）
10	工业和信息化部关于印发《贯彻落实〈国务院关于积极推进"互联网+"行动的指导意见〉行动计划（2015—2018）》的通知（工信部信软〔2015〕440号）	工业和信息化部	2015.11.25	（五）小微企业创业创新培育行动 2. 行动内容 完善服务体系。实施中小企业公共服务平台网络建设工程，实现服务资源的互联互通、信息共享和服务协同。鼓励电信企业和大型互联网企业打造开放共享的资源平台，与工业园区、产业集聚区开展合作，为小微企业提供低成本、低门槛、以租代建、支持核心业务发展的服务。探索供应链金融、电子商务信用融资等小微企业融资新模式和新渠道
11	中国人民银行关于金融支持中国（广东）自由贸易试验区建设的指导意见	中国人民银行	2015.12.09	五、提升金融服务水平 （二十三）完善创新驱动的金融服务。综合运用货币政策工具，引导金融机构加大对自贸试验区新型创业服务平台、创新型小微企业、创业群体的金融支持力度，加强和改进对港澳台同胞、海外华侨、归侨、归国留学生在自贸试验区创业项目的金融服务。支持金融机构开展供应链金融业务创新，促进自贸试验区创新型产业集群核心企业和产业链上下游企业做优做强。引导金融机构在依法合规、风险可控前提下，与股权众筹平台、网络借贷信息平台、互联网支付机构开展合作
12	关于印发《吉林省农村金融综合改革实验方案》的通知	中国人民银行、发展改革委、财政部、农业部、商务部、银监会、证监会、保监会	2015.12.11	（二）发展供应链金融服务新模式，多种形式支持农业适度规模经营

续表

序号	名称	发文机关	生效时间	相关内容
13	关于金融助推脱贫攻坚的实施意见	中国人民银行、国家发展和改革委员会、财政部、中国银行业监督管理委员会、中国证券监督管理委员会、中国保险监督管理委员会、国务院扶贫开发领导小组	2016.03.16	二、精准对接脱贫攻坚多元化融资需求 (三)精准对接特色产业金融服务需求,带动贫困人口脱贫致富。各金融机构要立足贫困地区资源禀赋、产业特色,积极支持能吸收贫困人口就业、带动贫困人口增收的绿色生态种养业、经济林产业、林下经济、森林草原旅游、休闲农业、传统手工业、乡村旅游、农村电商等特色产业发展。有效对接特色农业基地、现代农业示范区、农业产业园区的金融需求,积极开展金融产品和服务方式创新。健全和完善扶贫金融服务主办行制度,支持带动贫困人口致富成效明显的新型农业经营主体。大力发展订单、仓单质押等产业链、供应链金融,稳妥推进试点地区农村承包土地的经营权、农民住房财产权等农村产权融资业务,拓宽抵质押物范围,加大特色产业信贷投入
14	农业部办公厅关于创新农业社会化服务加快农垦现代农业建设的指导意见(农垦办〔2016〕16号)	农业部	2016.06.14	二、主要内容 (九)大力推动产融结合鼓励垦区设立以服务农业社会化服务经营体系为目的的融资租赁公司,积极开展土地流转、养殖、水利、仓储物流设施建设等服务。创新融资租赁业务模式,促进生产、加工、储运等环节与金融链有机融合。鼓励开展多种形式的农业保险和互助合作保险,发展农业互联网金融、供应链金融等新业态,发挥融资租赁在社会化服务体系中的支撑作用
15	关于推行合同节水管理促进节水服务产业发展的意见(发改环资〔2016〕1629号)	国家发展和改革委员会、水利部、国家税务总局	2016.07.27	四、培育发展节水服务市场 (三)改善融资环境鼓励合同节水管理项目通过发行绿色债券募资。鼓励金融机构开展绿色信贷,探索运用"互联网+"供应链金融方式,加大对合同节水管理项目的信贷资金支持。有效发挥开发性和政策性金融的引导作用,积极为符合条件的合同节水管理项目提供信贷支持。鼓励金融资本、民间资本、创业与私募股权基金等设立节水服务产业投资基金,各级政府投融资平台可通过认购基金股份等方式予以支持。合同节水管理项目要充分利用政府性融资担保体系,建立政银担三方参与的合作模式
16	国务院办公厅关于转发《国家发展改革委物流业降本增效专项行动方案(2016—2018年)》的通知(国办法〔2016〕69号)	国务院办公厅	2016.09.13	三、保障措施 银行业金融机构要探索适合物流业发展特点的信贷产品和服务方式,在商业可持续、风险可控的前提下,进一步加大信贷支持力度。积极推动供应链金融服务持续健康发展。支持符合条件的企业通过发行公司债券、企业债券和上市等多种方式拓宽融资渠道,支持物流企业发行非金融企业债务融资工具筹集资金。创新投融资支持方式,鼓励社会资本以市场化方式设立现代物流产业投资基金,支持重点企业重要物流基础设施项目建设,培育形成一批具有较强国际竞争力的现代物流企业集团。(人民银行、银监会、国家发展改革委按职责分工负责,持续推进)

续表

序号	名称	发文机关	生效时间	相关内容
17	工业和信息化部关于印发《信息化和工业化融合发展规划（2016—2020年）》的通知（工信部规〔2016〕333号）	工业和信息化部	2016.10.12	三、主要任务 （三）培育平台化服务新业态，推动产业价值链向高端跃升 培育基于互联网的产品服务。围绕提升智能产品在线服务能力，推动数字内容、电子商务、应用服务等业务资源整合，培育智慧家庭、智能家电、智能穿戴等领域的服务新业态。深化物联网标识解析、工业云服务、工业大数据分析等在重点行业应用，支持食品、药品、危险品、特种设备、绿色建材等行业发展基于产品全生命周期管理的追溯监管、质量控制等服务新模式，构建智能监测监管体系，支持机械、汽车等行业发展产品在线维护、远程运维、智能供应链、协同研发等服务新业态。大力发展工业电子商务。引导大型制造企业采购销售平台向行业电子商务平台转型，提高企业供应链协同水平。引导第三方工业电子商务平台向网上交易、加工配送、技术服务、支付结算、供应链金融、大数据分析等综合服务延伸，提升平台运营服务能力。鼓励发展跨境工业电子商务，完善通关、检验检疫、结汇、退税等关键环节"单一窗口"综合服务体系。推动建设集信息发布、在线交易、数据分析、跟踪追溯等功能为一体的智能物流平台，提高面向工业领域供应链协同需求的物流响应能力
18	关于印发《商贸物流发展"十三五"规划》的通知	商务部、国家发展和改革委员会、国土资源部、交通运输部、国家邮政局	2017.01.19	六、保障措施 （三）加大政策支持 加大财政金融支持力度。鼓励地方政府加大财政资金支持，引导社会资本投入冷链物流、城乡配送网络、公共信息平台等项目建设。研究制定包装分类回收利用支持政策，提高包装循环利用率。鼓励社会资本探索设立商贸物流产业基金。扩大融资渠道，推广供应链金融。鼓励商贸物流企业通过股权投资、债券融资等方式直接融资。引导金融机构探索适合商贸物流发展特点的信贷产品和服务方式
19	国务院办公厅关于积极推进供应链创新与应用的指导意见	国务院办公厅	2017.10.13	（四）积极稳妥发展供应链金融 1. 推动供应链金融服务实体经济。推动全国和地方信用信息共享平台、商业银行、供应链核心企业等开放共享信息。鼓励商业银行、供应链核心企业等建立供应链金融服务平台，为供应链上下游中小微企业提供高效便捷的融资渠道。鼓励供应链核心企业、金融机构与人民银行征信中心建设的应收账款融资服务平台对接，发展线上应收账款融资等供应链金融模式（人民银行、国家发展和改革委员会、商务部、银监会、保监会等负责）

续表

序号	名称	发文机关	生效时间	相关内容
19	国务院办公厅关于积极推进供应链创新与应用的指导意见	国务院办公厅	2017.10.13	2. 有效防范供应链金融风险。推动金融机构、供应链核心企业建立债项评级和主体评级相结合的风险控制体系，加强供应链大数据分析和应用，确保借贷资金基于真实交易。加强对供应链金融的风险监控，提高金融机构事中事后风险管理水平，确保资金流向实体经济。健全供应链金融担保、抵押、质押机制，鼓励依托人民银行征信中心建设的动产融资统一登记系统开展应收账款及其他动产融资质押和转让登记，防止重复质押和空单质押，推动供应链金融健康稳定发展（人民银行、商务部、银监会、保监会等负责）
20	商务部等8部门关于开展供应链创新与应用试点的通知	商务部、工业和信息化部、生态环境部、农业农村部、人民银行、国家市场监督管理总局、中国银行保险监督管理委员会、中国物流与采购联合会	2018.04.10	（二）规范发展供应链金融服务实体经济 推动供应链核心企业与商业银行、相关企业等开展合作，创新供应链金融服务模式，发挥上海票据交易所、中征应收账款融资服务平台和动产融资统一登记公示系统等金融基础设施作用，在有效防范风险的基础上，积极稳妥开展供应链金融业务，为资金进入实体经济提供安全通道，为符合条件的中小微企业提供成本相对较低、高效快捷的金融服务 推动政府、银行与核心企业加强系统互联互通和数据共享，加强供应链金融监管，打击融资性贸易、恶意重复抵质押、恶意转让质物等违法行为，建立失信企业惩戒机制，推动供应链金融市场规范运行，确保资金流向实体经济

二、各主要地区关于供应链金融的相关政策文件（如表8-2所示）

表8-2

序号	名称	发文机关	生效时间	相关内容
1	上海市经济信息化委关于印发《上海市落实工业和信息化部〈信息化和工业化融合2014专项行动实施方案〉工作计划》的通知（沪经信推〔2014〕241号）	上海市经济和信息化委员会	2014.04.24	（四）深化实施电子商务集成应用 深化实施电子商务"双推"工程，重点聚焦"双推"平台移动电子商务应用、跨境电子商务营销服务产品的应用推广，激励创新型电子商务服务平台加速发展。推动电子商务集成创新试点，促进电子商务与物流服务、供应链金融、电子支付等的集成应用，开展自贸区环境下跨境电子商务发展相关课题研究

续表

序号	名称	发文机关	生效时间	相关内容
2	上海市经济信息化委关于申报上海"工业云"创新服务试点项目的通知（沪经信推〔2014〕532号）	上海市经济和信息化委员会	2014.08.26	一、支持方向 （一）平台建设项目 4. 协同营销类——提供大宗商品交易、跨境电子商务、第三/四方物流、供应链金融等电子商务与供应链集成创新服务的平台项目
3	中国（上海）自由贸易试验区管理委员会关于印发《中国（上海）自由贸易试验区产业规划》的通知〔中（沪）自贸管〔2014〕233号〕	中国（上海）自由贸易试验区管理委员会	2014.09.15	四、自贸试验区产业经济发展定位与发展重点 1. 加快发展五大产业集群 （2）金融服务产业集群发展重点。一是面向国际的金融市场。依托试验区金融开放创新措施，在自贸试验区内大力发展各类面向国际的金融要素市场，如上海国际能源交易中心、上海国际黄金交易中心、上海国际金融资产交易中心等，推动中国外汇交易中心、上海股权托管交易中心、上海联合产权交易所等在区内新设或增设交易场所。二是跨境金融服务。根据国家金融业开放步伐，在风险可控的情况下，推动外资银行分支机构、有离岸牌照的商业银行开展跨境银行业务。推动券商、保险机构开展跨境证券、跨境保险、跨境再保险等业务以及离岸期货业务。发展跨境人民币结算和贷款、跨境投融资、担保、发行人民币债券，设立以人民币计价交易结算的各类金融交易平台和大宗商品现货交易等业务。三是融资租赁。大力发展飞机和船舶融资租赁，拓展大型装备、医疗器械设备等融资租赁。支持金融租赁公司和融资租赁公司在区内设立专业子公司，促进融资租赁公司专业化发展。建立融资租赁跨境资产交易平台。四是资产管理。集聚跨国公司资金管理中心，发展资产和财富管理公司等机构，拓展资产管理功能。五是专业金融。重点发展航运金融、贸易金融、供应链金融、文化金融、消费金融、互联网金融等
4	上海市人民政府办公厅关于印发《本市大力发展电子商务 加快培育经济新动力实施方案》的通知（沪府办发〔2016〕10号）	上海市人民政府办公厅	2016.03.23	二、重点任务 （九）创新工业生产组织方式 深化物联网、云计算、大数据、机器人、3D打印等信息技术在生产制造各环节的应用，推广应用个性化定制、柔性化制造、智能化服务、个性化产品云设计等智能制造新模式，推动建设一批以研发设计、数据管理、工程服务、协同营销为主要功能的"工业云"平台，不断提升服务型制造水平。聚焦产业互联网重点应用领域，支持各类具有"互联网+"特征的生产性服务平台发展，促进"互联网+"与实体产业的融合创新。推动工业物流与供应链管理服务提升发展，促进面向制造业提供嵌入式供应链管理服务、供应链金融服务等专业服务机构发展与服务模式创新。探索建立国内外有影响力的大数据交易中心

续表

序号	名称	发文机关	生效时间	相关内容
5	上海市人民政府办公厅关于印发《上海市工业互联网创新发展应用三年行动计划（2017—2019年）》的通知（沪府办发〔2017〕15号）	上海市人民政府办公厅	2017.01.26	二、重点产业 （五）钢铁化工 推动钢铁、化工等生产型企业在互联网与大数据环境下的协同研发、精益生产、精准营销、智慧物流、数据服务、供应链金融等方面的集成创新，实现由生产制造向服务制造转变。大数据应用创新：推进工业大数据在质量、仓储、物流、设备监控维修等工作中的全方位应用；通过企业内外部数据连接，建立用户画像，提高营销转化效率。早期介入：推广EVI（供应商早期介入）制造服务平台和模式，通过全面介入用户从研发到量产的各个环节，打通与下游产业链的连接。产业交易生态圈：围绕大宗商品交易平台，通过共享生产制造、物流配送、供应链金融等数据资源，实现产业转型升级
6	中关村国家自主创新示范区现代服务业试点扶持资金管理办法（2012年修订）（京财经〔2012〕1250号）	北京市财政局	2012.07.26	第四章 资金支持重点 第十六条 试点扶持资金支持重点 （二）改造提升电子商务和现代物流业。加强电子商务和现代物流技术攻关，加强技术集成创新与模式创新，提升系统研发、金融支付、信用保障、物流仓储、现代运营管理及人才培训等电子商务支撑环节的技术服务水平；扩大电子商务模式应用覆盖领域，支持电子商务云服务、移动电子商务应用、社区电子商务示范及发展、培育网络支付、供应链金融、电子商务公共服务平台、电子商务安全认证等新型现代服务业。大力发展现代物流业，提高物流专业化、社会化、规模化水平，推进现代物流业结构升级和发展壮大
7	关于发布《软件产业重点支持领域指南（2014年度）》的通知	北京市经济和信息化委员会	2014.03.03	六、积极推进互联网金融创新 创新大数据在金融领域的应用，支持软件和信息服务企业发展基于大数据的供应链金融、产业链金融服务和支付增值服务。支持平台型企业开展面向交易服务的大数据能力提升的技术改造
8	关于印发《〈中关村国家自主创新示范区促进科技金融深度融合创新发展支持资金管理办法〉实施细则（试行）》的通知（中科园发〔2017〕38号）	中关村科技园区管理委员会	2017.9.15	第二章 支持基于互联网技术的新金融引领发展 第一节 支持对象和支持内容 第五条 聚焦基于互联网技术的供应链金融、消费金融、互助金融等新金融服务链条中的核心环节，支持互联网金融企业为中关村企业或金融机构搭建服务其主营业务的供应链金融系统和消费金融电子化管理平台、应收账款质押融资服务平台、资产证券化服务平台、智能资产配置管理平台、智能风险防控平台等关键性平台

续表

序号	名称	发文机关	生效时间	相关内容
9	广东省人民政府办公厅关于印发《广东省"互联网+"行动计划（2015—2020年）》的通知（粤府办〔2015〕53号）	广东省人民政府办公厅	2015.09.23	（四）互联网+现代金融。 2. 重点任务。 "互联网+"金融服务。依托中国（广东）自由贸易试验区和广州、深圳区域金融中心，发展P2P网络贷款、互联网支付、供应链金融等互联网金融新业态。支持传统银行、证券、保险、基金与互联网融合创新，发展网络银行、网络借贷、网络证券、网络保险、互联网理财产品销售、网络消费信贷等金融新模式。推动我省互联网企业与金融机构开展产品、技术、服务创新，拓展互联网金融服务，打造互联网金融产业链。培育发展互联网金融全牌照控股集团，形成引领全国互联网金融发展的领军力量。探索开展互联网金融技术标准化工作，加快推动互联网金融国际化发展（省金融办、商务厅、经济和信息化委、发展改革委、自贸办、人民银行广州分行、广东银监局、广东证监局、广东保监局负责）
10	广东省人民政府办公厅关于加快发展生产性服务业的若干意见（粤府办〔2015〕54号）	广东省人民政府办公厅	2015.09.29	一、做强先进制造业产业链"微笑曲线"两端 （九）加强供应链管理服务。加快培育供应链管理企业，支持一批龙头企业做大做强，着力提升面向制造业的供应链管理服务水平。支持大型制造企业全面引入供应链管理，鼓励中小企业与供应链管理服务企业合作，提高企业管理有效性，实现企业信息流、实物流、资金流高效率流动。加快建设第三方供应链管理平台，为制造企业提供供应链计划、供应链物流、供应链金融、供应链电子商务以及信息追溯等集成服务。推动移动互联网、云服务、物联网等先进技术在供应链管理中的应用，实现对原材料、零部件、半成品、产成品和产品消费全过程识别和跟踪。到2017年，培育一批专业服务水平高、集成服务能力强的供应链管理企业和10家供应链管理示范企业（省经济和信息化委、商务厅）
11	广东省人民政府办公厅关于印发《广东省现代物流业发展规划（2016—2020年）》的通知（粤府办〔2016〕120号）	广东省人民政府办公厅	2016.11.21	三、主要任务 （一）推动物流业降本增效。构建市场化、法治化、国际化营商环境，着力解决物流业发展"成本高、负担重、融资难"问题，促进行业降本增效，提高物流业发展质量和竞争力。持续改善物流运行环境，清理、整顿、规范流通环节收费和公路乱收费、乱罚款行为，切实降低流通成本、提高效率。贯彻落实国家统一物流增值税、大宗商品仓储设施用地城镇土地使用税优惠等系列政策措施，鼓励有条件的物流企业积极申报高新技术企业和企业技术中心等，减轻物流企业经营负担（省交通运输厅、发展改革委、财政厅、科技厅、地税局、省国税局负责）。调动社会资本投资的积极性，鼓励金融机构提供整条供应链金融服务，盘活物流企业资金流，解决中小企业融资难、融资贵问题（省发展改革委、财政厅、金融办，人民银行广州分行负责）。鼓励物流企业加强供应链管理，构建供应链一体化服务体系，提高物流管理水平和运行效益（省经济和信息化委负责）

续表

序号	名称	发文机关	生效时间	相关内容
12	江苏省政府关于促进互联网金融健康发展的意见（苏政发〔2015〕142号）	江苏省政府	2015.11.09	二、发展重点 （七）支持互联网行业与金融跨界融合创新。鼓励产业龙头企业、电子商务平台、行业门户网站培育和利用客户圈、供应链、交易平台、信息平台等大数据优势，与金融机构、新型金融组织合作，提供消费金融、供应链金融、金融产品销售代理等延伸服务。鼓励符合条件的企业，发起或参与发起设立互联网科技小额贷款公司等新型金融组织。支持互联网企业依法合规设立互联网支付机构，开展互联网支付、移动支付业务
13	辽宁省人民政府关于加快商贸流通创新发展转型升级的意见（辽政发〔2016〕60号）	辽宁省人民政府	2016.08.26	三、保障措施 （四）加大金融支持力度。支持线上线下互动企业引入天使投资、创业投资、私募股权投资，结合省产业（创业）投资引导基金撬动社会资本，发行企业债券、公司债券、资产支持证券，鼓励不同发展阶段和特点的线上线下互动企业上市融资。支持金融机构和互联网企业依法合规创新金融产品和服务，加快发展互联网支付、移动支付、跨境支付、股权众筹融资、供应链金融等互联网金融业务。支持符合条件的线上线下企业在境内外资本市场上市融资，落实上市融资扶持政策。完善支付服务市场法律制度，建立非银行支付机构常态化退出机制，促进优胜劣汰和资源整合。健全互联网金融征信体系（人民银行沈阳分行、省发展改革委、省政府金融办、辽宁银监局、辽宁证监局）
14	湖南省人民政府关于大力发展电子商务 加快培育经济新动力的实施意见（湘政发〔2015〕50号）	湖南省人民政府	2015.12.28	二、营造宽松发展环境 （六）加大金融服务支持。建立健全适应电子商务发展的多元化、多渠道投融资机制（有关部门按职责分工分别负责）。支持电子商务企业通过境内外资本市场融资，符合条件的可列为重点上市培育企业。对在新三板和湖南股权市场挂牌融资企业和发行私募债、集合债的电子商务企业给予一定的融资补助（省政府金融办、湖南证监局）。引导银行机构加强与担保公司、保险公司等机构的合作，推广信用保证保险贷款、银担合作贷款、"互联网+"信贷、无形资产和动产质押等融资方式，扩大对电子商务企业的信贷投入；引导银行机构围绕资金链、产业链和物流链，为电子商务企业提供量身定制的金融服务，开发个性化专属金融产品；鼓励商业银行、商业保理机构、电子商务企业开展供应链金融、商业保理服务；鼓励境外投资者以人民币作为出资币种新设或增资电子商务企业（人民银行长沙中心支行、省商务厅）。引导省级创业投资基金加大对电子商务初创企业的支持力度（省发改委、省科技厅等）

三、商业保理相关监管规定（如表 8-3 所示）

表 8-3

序号	名称	发文机关	生效时间	相关内容
1	中国银行业保理业务规范	中国银行业协会	2010.04.07	（二）保理业务 保理业务是一项以债权人转让其应收账款为前提，集应收账款催收、管理、坏账担保及融资于一体的综合性金融服务。债权人将其应收账款转让给银行，由银行向其提供下列服务中的至少一项的，即为保理业务： 1. 应收账款催收：银行根据应收账款账期，主动或应债权人要求，采取电话、函件、上门催款直至法律手段等对债务人进行催收 2. 应收账款管理：银行根据债权人的要求，定期或不定期向其提供关于应收账款的回收情况、逾期账款情况、对账单等各种财务和统计报表，协助其进行应收账款管理 3. 坏账担保：债权人与银行签订保理协议后，由银行为债务人核定信用额度，并在核准额度内，对债权人无商业纠纷的应收账款，提供约定的付款担保 4. 保理融资：以应收账款合法、有效转让为前提的银行融资服务 第五条 保理业务具备以下特点： 1. 银行通过受让债权，取得对债务人的直接请求权； 2. 保理融资的第一还款来源为债务人对应收账款的支付； 3. 银行通过对债务人的还款行为、还款记录持续性地跟踪、评估和检查等，及时发现风险，采取措施，达到风险缓释的作用； 4. 银行对债务人的坏账担保属于有条件的付款责任
2	商务部关于中国香港、中国澳门服务提供者在深圳市、广州市试点设立商业保理企业的通知（商资函〔2012〕1091号）	商务部	2012.12.07	一、自 2013 年 1 月 1 日起，允许港澳服务提供者以中外合资经营企业、中外合作经营企业或外资企业形式，在深圳市、广州市设立商业保理企业 二、申请设立商业保理企业的港澳服务提供者应当具有良好的信誉和从事保理业务的业绩和经验，商业保理企业的高级管理人员中应包括 2 名以上具有金融领域管理经验且无不良信用记录的高级管理人员。港澳服务提供者还应分别符合《内地与香港关于建立更紧密经贸关系的安排》及《内地与澳门关于建立更紧密经贸关系的安排》及其有关补充协议中关于"服务提供者"定义及相关规定的要求 三、商业保理企业经批准可以从事贸易融资、销售分户账管理、客户资信调查与评估、应收账款管理与催收、信用风险担保等服务，不得从事吸收存款、发放贷款等

续表

序号	名称	发文机关	生效时间	相关内容
2	商务部关于中国香港、中国澳门服务提供者在深圳市、广州市试点设立商业保理企业的通知（商资函〔2012〕1091号）	商务部	2012.12.07	金融活动，禁止专门从事或受托开展催收业务，禁止从事讨债业务 四、商业保理企业的注册资本应不低于5000万元人民币，开展业务时风险资产不得超过企业净资产的10倍 五、商业保理企业的设立和变更由深圳市、广州市商务主管部门按照现行审批权限负责审核并报送广东省外经贸厅备案 六、商务主管部门要加强商业保理的统计工作。商业保理企业名称中应标明"商业保理"字样，发放批准证书时，行业分类须选择"租赁及商务服务业"项下的"其他商务服务"（国民经济行业分类第749款） 七、商业保理企业应在人民银行征信中心的应收账款质押登记公示系统办理应收账款转让登记，将应收账款权属状态予以公示 八、试点地区商务主管部门要健全工作机制，建立商业保理企业日常监管机制，指导商业保理企业积极开展行业自律。广东省外经贸厅在每年1月底、7月底前将半年度试点运营情况综合报送我部（外资司）
3	商务部办公厅关于做好商业保理行业管理工作的通知（商办秩函〔2013〕718号）	商务部办公厅	2013.08.15	试点地区商务主管部门应建立重大事项报告制度，要求本地区的商业保理公司于下述事项发生后5个工作日内，登录信息系统向商务主管部门报告： （一）持股比例超过5%的主要股东变动； （二）单笔金额超过净资产5%的重大关联交易； （三）单笔金额超过净资产10%的重大债务； （四）单笔金额超过净资产20%的或有负债； （五）超过净资产10%的重大损失或赔偿责任； （六）董事长、总经理等高管人员变动； （七）减资、合并、分立、解散及申请破产； （八）重大待决诉讼、仲裁
4	商业银行保理业务管理暂行办法（中国银监会令2014年第5号）	中国银监会	2014.04.03	第三章　保理融资业务管理 第十三条　商业银行应当根据自身内部控制水平和风险管理能力，制定适合叙做保理融资业务的应收账款标准，规范应收账款范围。商业银行不得基于不合法基础交易合同、寄售合同、未来应收账款、权属不清的应收账款、因票据或其他有价证券而产生的付款请求权等开展保理融资业务。 未来应收账款是指合同项下卖方义务未履行完毕的预期应收账款。 权属不清的应收账款是指权属具有不确定性的应收账款，包括但不限于已在其他银行或商业保理公司等第三方办理出质或转让的应收账款。获得质权人书面同意解押并放弃抵质押权利和获得受让人书面同意转让应收账款权属的除外。因票据或其他有价证券而产生的付款请

续表

序号	名称	发文机关	生效时间	相关内容
4	商业银行保理业务管理暂行办法（中国银监会令2014年第5号）	中国银监会	2014.04.03	求权是指票据或其他有价证券的持票人无须持有票据或有价证券产生的基础交易应收账款单据，仅依据票据或有价证券本身即可向票据或有价证券主债务人请求按票据或有价证券上记载的金额付款的权利
5	国务院关于推广中国（上海）自由贸易试验区可复制改革试点经验的通知（国发〔2014〕65号）	国务院	2014.12.21	一、可复制推广的主要内容 （一）在全国范围内复制推广的改革事项。 4. 服务业开放领域：允许融资租赁公司兼营与主营业务有关的商业保理业务、允许设立外商投资资信调查公司、允许设立股份制外资投资性公司、融资租赁公司设立子公司不设最低注册资本限制、允许内外资企业从事游戏游艺设备生产和销售等
6	商业保理企业管理办法（实行）（征求意见稿）	商务部	2015.03	第二十条　业务规则 商业保理企业经营保理业务应遵守以下规则： （一）应收账款融资 商业保理企业应基于以下三类应收账款提供融资： 1. 一个基础合同项下已形成的应收账款 2. 一个基础合同项下持续形成的多笔应收账款，其中至少一笔应收账款已形成 3. 持续成立的多个基础合同项下的多笔应收账款，其中至少一笔应收账款已形成。前述基础合同应基于同一债权人提供同类商品、服务或者出租同类资产的行为。商业保理企业应严格审核基础交易合同等资料的真实性与合法性；审核债务人的资信、经营及财务状况，合理判断应收账款质量，包括出质、转让情况以及账龄结构等；重点审查因提供服务或出租资产所产生的应收账款，以及初始债权人和债务人为关联企业的应收账款 （二）应收账款管理 商业保理企业可向转让人提供所转让应收账款的回收情况、逾期账款情况、对账单等各种财务和统计报表，协助其进行应收账款管理 （三）应收账款催收。商业保理企业可对所受让的应收账款进行收付结算与催收，但不得在未受让应收账款的情形下受托从事催收业务 （四）还款保证。商业保理企业可在非融资保理业务中，对受让的到期无法从债务人处收回的应收账款承担垫付责任，或在有追索权保理业务中，对转让的到期无法从债务人处收回的应收账款承担回购责任
7	商务部关于支持自由贸易试验区创新发展的意见（商资发〔2015〕313号）	商务部	2015.08.25	三、降低投资准入门槛 （十三）支持自贸试验区开展商业保理试点，探索适合商业保理发展的外汇管理模式，积极发展国际保理业务，充分发挥商业保理在扩大出口、促进流通、解决中小企业融资难等方面的积极作用

续表

序号	名称	发文机关	生效时间	相关内容
8	国务院关于推进国内贸易流通现代化建设法制化营商环境的意见（国发〔2015〕49号）	国务院	2015.08.26	五、健全内贸流通规范有序的规制体系 （十七）加快流通信用体系建设 推动建立行政管理信息共享机制。以统一社会信用代码为基础，推动各地建设流通企业信用信息系统并纳入全国统一的信用信息共享交换平台，实现信息互通共享。建立健全企业经营异常名录、失信企业"黑名单"制度及跨部门联合惩戒机制，依法向社会提供信用信息查询服务。在行政管理中依法使用流通企业信用记录和信用报告，对企业实施信用分类管理 引导建立市场化综合信用评价机制。在商品零售、居民服务等行业推动建立以交易信息为基础的企业信用评价机制。引导商品交易市场、物流园区以及第三方电子商务平台等建立入驻商户信用评价机制，鼓励按照信用级别向入驻商户提供差别化的信用服务 支持建立第三方信用评价机制。支持信用调查、信用评估、信用保险、商业保理等信用服务行业加快发展，创新信用产品和服务。鼓励行业协会商会建立会员企业信用档案，推动具有上下游产业关系的行业协会商会建立信用信息共享机制
9	国务院办公厅关于加快融资租赁业发展的指导意见（国办发〔2015〕68号）	国务院	2015.08.31	二、主要任务 （四）改革制约融资租赁发展的体制机制 加快推进简政放权。进一步转变管理方式，简化工作流程，促进内外资融资租赁公司协同发展。支持自由贸易试验区在融资租赁方面积极探索、先行先试。对融资租赁公司设立子公司，不设最低注册资本限制。允许融资租赁公司兼营与主营业务有关的商业保理业务

四、应收账款质押（如表8-4所示）

表8-4

序号	名称	发文机关	生效时间	相关内容
1	中华人民共和国合同法（主席令第十五号）	全国人民代表大会	1999.10.01	第七十九条 债权人可以将合同的权利全部或者部分转让给第三人，但有下列情形之一的除外： （一）根据合同性质不得转让； （二）按照当事人约定不得转让； （三）依照法律规定不得转让 第八十条 债权人转让权利的，应当通知债务人。未经通知，该转让对债务人不发生效力。债权人转让权利的通知不得撤销，但经受让人同意的除外 第八十一条 债权人转让权利的，受让人取得与债权有关的从权利，但该从权利专属于债权人自身的除外

续表

序号	名称	发文机关	生效时间	相关内容
2	中华人民共和国物权法（主席令第十五号）	全国人民代表大会	2007.10.01	第二节 权利质权 第二百二十三条 债务人或者第三人有权处分的下列权利可以出质：（一）汇票、支票、本票； （二）债券、存款单； （三）仓单、提单； （四）可以转让的基金份额、股权； （五）可以转让的注册商标专用权、专利权、著作权等知识产权中的财产权； （六）应收账款； （七）法律、行政法规规定可以出质的其他财产权利 第二百二十八条 以应收账款出质的，当事人应当订立书面合同。质权自信贷征信机构办理出质登记时设立。应收账款出质后，不得转让，但经出质人与质权人协商同意的除外。出质人转让应收账款所得的价款，应当向质权人提前清偿债务或者提存
3	应收账款质押登记办法（中国人民银行令〔2007〕第4号）	中国人民银行	2007.10.01	第二条 中国人民银行征信中心（以下简称征信中心）是应收账款质押的登记机构 征信中心建立应收账款质押登记公示系统（以下简称登记公示系统），办理应收账款质押登记，并为社会公众提供查询服务 第四条 本办法所称的应收账款是指权利人因提供一定的货物、服务或设施而获得的要求义务人付款的权利，包括现有的和未来的金钱债权及其产生的收益，但不包括因票据或其他有价证券而产生的付款请求权。本办法所称的应收账款包括下列权利： （一）销售产生的债权，包括销售货物，供应水、电、气、暖，知识产权的许可使用等； （二）出租产生的债权，包括出租动产或不动产； （三）提供服务产生的债权； （四）公路、桥梁、隧道、渡口等不动产收费权； （五）提供贷款或其他信用产生的债权 第五条 在同一应收账款上设立多个质权的，质权人按照登记的先后顺序行使质权

五、动产质押相关规定（如表8-5所示）

表8-5

序号	名称	发文机关	生效日期	相关内容
1	中华人民共和国担保法（主席令第五十号）	全国人民代表大会常务委员会	1995.10.01	第一节 动产质押 第六十三条 本法所称动产质押，是指债务人或者第三人将其动产移交债权人占有，将该动产作为债权的担保。债务人不履行债务时，债权人有权依照本法规定以该动产折价或者以拍卖、变卖该动产的价款优先受偿。前款规定的债务人或者第三人为出质人，债权人为质权人，移交的动产为质物

续表

序号	名称	发文机关	生效日期	相关内容
2	最高人民法院关于适用《中华人民共和国担保法》若干问题的解释（法释〔2000〕44号）	最高人民法院	2000.12.13	（一）动产质押 第八十四条 出质人以其不具有所有权但合法占有的动产出质的，不知出质人无处分权的质权人行使质权后，因此给动产所有人造成损失的，由出质人承担赔偿责任 第八十七条 出质人代质权人占有质物的，质押合同不生效；质权人将质物返还于出质人后，以其质权对抗第三人的，人民法院不予支持 因不可归责于质权人的事由而丧失对质物的占有，质权人可以向不当占有人请求停止侵害、恢复原状、返还质物

参考文献

[1] 谭志斌,张惠. 商业银行线上供应链金融发展策略研究 [J]. 金融发展研究, 2015 (2): 70 - 75.

[2] 马士华,林勇. 供应链管理 [M]. 北京: 机械工业出版社, 2007.

[3] 李维安,李勇建,石丹. 供应链治理理论研究: 概念、内涵与规范性分析框架 [J]. 南开管理评论, 2016 (1): 4 - 15.

[4] 徐学锋,夏建新. 关于我国供应链金融创新发展的若干问题 [J]. 上海金融, 2010 (3): 23 - 26.

[5] 严广乐. 供应链金融融资模式博弈分析 [J]. 企业经济, 2011 (4): 5 - 9.

[6] 姜超峰. 供应链金融服务创新 [J]. 中国流通经济, 2015 (1): 64 - 67.

[7] 冯瑶. 供应链金融: 实现多方共赢的金融创新服务 [J]. 新金融, 2008 (2): 60 - 63.

[8] 胡跃飞,黄少卿. 供应链金融: 背景、创新与概念界定 [J]. 财经问题研究, 2009 (8): 76 - 82.

[9] 赵莉. 供应链金融融资模式及案例分析 [D]. 山东大学, 2010.

[10] 吴琼. 供应链金融的发展现状及问题分析 [J]. 中国管理信息化, 2016 (2): 135 - 136.

[11] 辛静. L集团供应链融资与信用风险管理案例研究 [D]. 财政部财政科学研究所, 2015.

[12] 汤国生. 供应链金融背景下银行授信决策研究 [D]. 华南理工大学, 2014.

[13] 车聪,周启清. 供应链金融模式创新研究 [J]. 现代商业, 2015 (11): 174 - 175.

[14] 唐砚. 供应链金融服务创新研究——以A银行B百货供应链电子化创新为例 [D]. 南华大学, 2014.

[15] Edmister R. An Empirical Test of Financial Ratio Analysis of Small Business Failure Prediction [J]. Journal of Finance and Quantitative Analysis, 1972, 2 (7): 147 - 193.

[16] Hofman. E. Supply Chain Finance: Some Conceptual Insights [J]. Logistik Management - Innovative Logistikkonzepte, 2005 (5): 203 - 214.

[17] William Atkinson. Supply Chain Finance: The Next Big Opportunity [J]. Supply Chain Management Review, 2008 (4): 57 - 60.

[18] 孟丽. 基于供应链金融的中小企业信用风险评价体系构建 [D]. 天津理工大学, 2011.

[19] 熊志刚. 湖北农业银行创新"供应链金融"服务模式构想 [J]. 湖北农业金融研究, 2010 (1): 33-38.

[20] 首席财务官编辑部. 2012中国供应链金融现状与需求调查 [J]. 首席财务官, 2012 (10): 34-42.

[21] 张方立. 供应链金融——值得关注的金融创新 [J]. 金融纵横, 2007 (20): 30-32.

[22] 何雨璇. 供应链金融模式比较选择 [J]. 财经界, 2010 (5): 95-96.

[23] 周启清. 现代物流与供应链金融创新研究 [M]. 北京: 新华出版社. 2015.

[24] 李金龙, 宋作玲, 李勇昭等. 供应链金融理论与实务 [M]. 北京: 人民交通出版社, 2011.

[25] 曹国华, 刘睿凡. 供给侧改革背景下我国商业银行信贷风险的防控 [J]. 财经科学, 2016 (4): 22-30.

[26] 林毅. 建设银行供应链金融业务发展策略探讨 [D]. 厦门大学, 2015.

[27] 林泓. 企业集群视角下1+N供应链金融模式应用研究——以A公司为例 [D]. 福建师范学院, 2015.

[28] 徐舜. 供应链金融"1+N"集合票据融资模式设计 [J]. 财会月刊, 2013 (22): 56-57.

[29] 刘长宏, 王春晖, 吴迪. 关于创建中小企业"1+N"授信模式的研究 [J]. 金融论坛, 2008 (2): 32-36.

[30] 郭佳萍, 杨金池. 贸易融资: "小本做大生意"的秘器 [J]. 中国经济周刊, 2005 (23): 24-25.

[31] 王化斌. 贸易融资的特点与风险 [J]. 国际金融, 2003 (1): 58-61.

[32] 张超广. 利用自偿性贸易融资解决中小企业融资问题初探 [J]. 金融理论与实践, 2004 (12): 38-39.

[33] 肖莹. 基于自偿性贸易融资的A银行内部信用评级体系研究 [D]. 电子科技大学, 2006.

[34] 郭争艳. 科技型中小企业信贷融资困境与自偿性贸易融资 [J]. 湖南科技学院学报, 2006 (10): 151-152.

[35] 郭宁工. 自偿性贸易融资现状探析及对策研究 [J]. 临沧师范高等专科学校学报, 2007 (3): 16-19.

[36] 詹秀娟. 对中小企业开展自偿性贸易融资业务的可行性探析 [J]. 江南论坛, 2008 (12): 32-33.

[37] 蒋琳, 戴鸿广. 助力中小企业贸易融资破解存在问题及其瓶颈 [J]. 今日海南, 2009 (5): 22-23.

[38] 钟俊. 解决中小企业融资: 基于自偿性贸易融资的视角分析 [J]. 金融经济, 2011 (18): 84-85.

[39] 王先哲. 自偿性贸易融资在中小企业贸易融资中的应用 [J]. 科技和产业, 2011 (11): 44-47.

[40] 郭宁工. 自偿性贸易融资现状及发展探析 [J]. 改革与开放, 2007 (5):

36 – 37.

［41］胡莘．中小企业自偿性贸易融资研究［D］．西南财经大学，2009．

［42］刘嘉．商业银行的贸易融资业务［J］．银行家，2008（1）：60－62．

［43］赵志军．银行贸易融资产品现状与对策［J］．河北金融，2015（11）：59－60．

［44］贺坤．青岛港事件一年来青岛市贸易融资情况调查［J］．中国市场，2015（29）：192－195．

［45］杨怡惠．我国商业银行国际贸易融资业务发展探析［J］．中共福建省委党校学报，2009（12）：78－81．

［46］黄俊．我国国际贸易融资业务现状及对策［J］．国际商务财会，2010（10）：34－36．

［47］吴征．中小企业有效融资方式选择——贸易融资［J］．经济师，2009（12）：239－240．

［48］赵丽珠．如何正确解读国际贸易融资的自偿性［J］．国际金融，2014（11）：69－73．

［49］罗杰．自偿性贸易融资链与中小企业融资［J］．上海金融，2004（9）：11－12．

［50］赵莉．供应链金融融资模式及案例分析［D］．山东大学，2010．

［51］韩于蓝．商业银行贸易融资业务风险管理研究［D］．复旦大学，2009．

［52］周启清，尹盼盼，周若男．我国物流金融发展解析［J］．经济师．2016（6）：27－29．

［53］贺千．论中资商业银行贸易融资产品创新［J］．大连海事大学学报（社会科学版），2010（2）：26－29．

［54］王捷，刘帅．当前贸易融资业务的供需矛盾与对策研究［J］．财经理论与实践，2011（5）：107－112．

［55］夏勤操．钢铁流通企业供应链金融的现状与问题［D］．西南财经大学，2011．

［56］许潇悦．J银行供应链金融运作模式研究［D］．南京理工大学，2014．

［57］汤迪．供应链金融存货融资的担保物风险控制研究［D］．浙江工商大学，2012．

［58］郑晓炜．供应链金融的模式及风险研究［D］．河北经贸大学，2014．

［59］张寅杰．供应链金融风险控制研究［D］．首都经济贸易大学，2014．

［60］张玮．供应链金融风险识别及其信用风险度量［D］．大连海事大学，2010．

［61］周艳菊，邱莞华，王宗润．供应链风险管理研究进展的综述与分析［J］．系统工程，2006（3）：1－7．

［62］段伟常，刘凯，高爱颖．供应链战略风险研究［J］．物流技术，2006（1）：58－61．

［63］韩东东，施国洪、马汉武．供应链管理中的风险防范［J］．工业工程，2002（3）：37－41．

［64］马丽娟．企业委托代理供应链合作契约设计模型探讨［J］．商场现代化，2005（28）：89－90．

［65］叶陆艳，王晓瑜．银行信贷信息不对称与风险防范［J］．华东经济管理，2004（2）：64－66．

[66] 杨晏忠. 论商业银行供应链金融的风险防范 [J]. 金融论坛, 2007 (10): 42-45.

[67] 党夏宁. 供应链风险因素的分析与防范 [J]. 管理现代化, 2003 (6): 45-48.

[68] 孙建林. 商业银行授信业务风险管理 [M]. 北京: 对外经济贸易大学出版社, 2002.

[69] 汪守国, 徐莉. 供应链融资模型及其风险分析 [J]. 商业经济研究, 2009 (22): 75-76, 21.

[70] 王立军. 商业银行国际贸易融资及风险控制 [M]. 北京: 对外经济贸易大学出版社, 2006.

[71] 李刚, 汪寿阳, 于刚等. 供应链中牛鞭效应与信息共享的研究 [M]. 长沙: 湖南大学出版社, 2006.

[72] 吴生秀. 供应链融资模式分析与风险控制 [D]. 兰州大学, 2011.

[73] 宋炳方. 商业银行供应链融资业务 [M]. 北京: 经济管理出版社, 2008.

[74] 朱怀意. 供应链风险分析与控制研究 [D]. 华南理工大学, 2004.

[75] 索寒生, 储洪胜, 金以慧. 带有风险规避型销售商的供需链协调 [J]. 控制与决策, 2004 (9): 1042-1044, 1049.

[76] 于辉, 陈剑, 于刚. 协调供应链如何应对突发事件 [J]. 系统工程理论与实践, 2005 (7): 9-16.

[77] 李兴法. 信用风险理论、模型及其应用研究 [D]. 东北财经大学, 2007.

[78] 胡悦. 国外商业银行贸易融资业务的案例分析 [J]. 金融管理与研究, 2009 (9): 32-37.

[79] 杨晏忠. 论商业银行供应链金融的风险防范 [J]. 金融论坛, 2007 (10): 42-45.

[80] 邹恒. 渣打银行供应链金融业务发展战略研究 [D]. 大连理工大学, 2010.

[81] 储雪俭, 梁虹龙. 对发展物流金融中信贷风险防范的思考 [J]. 物流技术, 2005 (2): 106-107.

[82] 武剑. 论我国商业银行的行业风险评级与信贷管理 [J], 新金融, 2003 (2): 30-33.

[83] 杨绍辉. 从商业银行的业务模式看供应链融资服务 [J]. 物流技术, 2005 (10): 179-182.

[84] 陈琳. 商业银行发展供应链融资探析 [J]. 金融理论研究, 2009 (9): 16-21.

[85] 王强. 供应链融资的应用与风险管理 [J]. 企业导报, 2010 (2): 45-46.

[86] 王营. 基于供应链金融融资模式的企业信用风险评价研究 [D]. 浙江理工大学, 2013.

[87] 宋志涛. 信用风险评价模型的综述 [J]. 当代经济, 2008 (4): 48-49.

[88] 熊熊, 马佳, 赵文杰等. 供应链金融模式下的信用风险评价 [J]. 南开管理评论, 2009 (4): 92-98.

[89] 董天胜, 魏明侠. 供应链中信用模式选择的博弈分析 [J]. 科技进步与对策. 2006 (2): 128-130.

[90] 刘林艳,宋华. 供应链金融的研究框架及其发展 [J]. 金融教育研究,2011 (2):14-21.

[91] 薛锦辉. 供应链金融驱动银行新变革 [J]. 中国外汇,2015 (10):28-31.

[92] 陈昭旭,刘安霞. 商业银行供应链金融服务体系研究 [J]. 农村金融研究,2009 (12):47-52.

[93] 吴建强. 我国推进供应链金融业务的思考 [J]. 当代经济,2009 (19):144-145.

[94] 吴晓辉. 探析商业银行事业部制改革 [J]. 银行家,2008 (2):21-25,6.

[95] 于增彪. 管理会计研究 [M]. 北京:中国金融出版社,2007.

[96] 余能斌,侯向磊. 我国动产担保登记制度的缺陷与完善 [J]. 法学. 2001 (6):33-37.

[97] 屈茂辉. 动产物权登记制度研究 [J]. 河北法学,2006 (5):9-16.

[98] 张庆华,蔡淑燕. 论动产抵押权的善意取得 [J]. 北京航空航天大学学报(社会科学版),2007 (2):43-47.

[99] 郭安元. 软科学思想的杰出运用——以深圳发展银行金融业务创新管理为例 [J]. 中国软科学,2009 (12):152-164.

[100] 赵万一,余文焱. 应收账款质押法律问题 [J]. 法学,2009 (9):130-141.

[101] 祝文峰. 商业银行供应链金融业务的发展与对策建议 [J]. 郑州航空工业管理学院学报(社会科学版),2010 (2):199-202.

[102] 陈荣文. 所有权保留的设定与公示问题之我见 [J]. 福建法学,2004 (1):37-40.

[103] 王崇敏,连昌松,陈敖翔. 我国善意取得制度的发展与完善 [J]. 海南大学学报(人文社会科学版),2003 (1):7-12.

[104] 曹士兵. 物权法关于物权善意取得的规定与检讨——以抵押权的善意取得为核心 [J]. 法律适用,2014 (8):10-16.

[105] 万冬朝. 应收账款质权与第三债务人抵销权的"冲突"及其保护 [J]. 中国律师,2014 (3):35-37.

[106] 丁京萍. 物权公示公信与可抵押动产范围之探讨 [J]. 江西财经大学学报,2003 (6):96-100.

[107] 梁冰.《物权法》之担保物权制度回顾与改革 [J]. 武汉金融,2007 (4):20-23.

[108] 李军.《物权法》所确立的动产质权制度的"不圆满性" [J]. 新疆大学学报(哲学人文社会科学版),2009 (6):50-54.

[109] 秦凤伟,董藩. 不动产收益权质押贷款研究 [J]. 河北科技大学学报(社会科学版),2002 (2):13-19.

[110] 刘玉杰. 我国动产抵押权私力实现制度的不足与完善——以对《美国统一商法典》的借鉴为视角 [J]. 海南金融,2011 (1):59-62.

[111] 陈向南. 供应链金融生态系统四元主体协调度评价研究 [D]. 河北工程大学,2014.

[112] 深圳发展银行 - 中欧国际工商学院"供应链金融"课题组. 供应链金融：新经济下的新金融 [M]. 上海：上海远东出版社，2009.

[113] 房建. 基于供应链金融的预付账款融资模式探析 [D]. 北京交通大学，2011.

[114] 郭登辉，王毅成. 关于网络联保贷款方式的探究 [J]. 金融与经济，2010 (2)：83 - 85.

[115] 彭一郎. "一达通"：狙击长尾 [J]. 经理人，2011 (4)：68 - 69.

[116] 张敬峰，周守华. 产业共生、金融生态与供应链金融 [J]. 金融论坛，2013 (8)：69 - 74.

[117] 冯憨，沈蕾. 供应链金融生态系统及政府在其中的职能行为 [J]. 北方经济，2011 (17)：79 - 81.

[118] 颜浩龙，郑哲文. 基于生态学视角的供应链金融生态体系构建研究 [J]. 中南林业科技大学学报 (哲文社会科学版)，2015 (4)：27 - 32.

[119] 夏泰凤. 基于中小企业融资视角的供应链金融研究 [D]. 浙江大学，2011.

[120] 李力群. 信贷决策中的非财务因素分析 [J]. 金融理论与实践，2004 (9)：24 - 26.

[121] 吴岩. 我国中小企业信用评价体系的建立 [J]. 科技管理研究，2005 (9)：201 - 202.

[122] 姜灵敏. 基于模糊评判的商业银行客户资信评级方法 [J]. 商业研究，2006 (22)：120 - 123.

[123] 杨福明. 基于民营经济主导的区域金融生态环境研究——对温州的个案分析 [J]. 经济社会体制比较，2008 (3)：140 - 144.

[124] 史金召，杨云兰，亓晖. 供应链金融概述及其发展趋势 [J]. 金融理论与教学，2014 (2)：14 - 18.

[125] 缪苗. 大数据背景下供应链金融特点及发展趋势分析 [J]. 金融经济，2015 (18)：89 - 90.

[126] 林毅. 建设银行供应链金融业务发展策略探讨 [D]. 厦门大学，2014.

[127] 龙志云，陈飞燕. 我国供应链金融发展现状的再思考 [J]. 市场周刊 (理论研究)，2011 (1)：83 - 84.

作者简介

张学东,男,汉族,宁夏中卫市人,西安交通大学博士,省级教学名师,全国优秀教师。2000年9月评聘为教授,2010年1月被聘为二级教授,曾任杭州师范大学经济与管理学院首任执行院长,现任杭州师范大学二级教授,金融工程专业负责人,浙江省虚拟仿真实验建设项目"外汇交易虚拟仿真实验项目"负责人,浙江省经济类专业学位研究生教育指导委员会委员。

主要研究领域:金融工程、金融风险管理。

先后主持参与国家级科研项目4项,主持省部级科研教研项目17项,出版专著1部,发表学术论文40余篇。先后荣获省级科研成果一等奖3项、二等奖1项、三等奖2项,荣获省级教学成果一等奖2项、二等奖1项,获省级普通高校优秀教材奖1项。

周启清,男,汉族,河南信阳市人,西安交通大学博士,高级经济师,陕西国际商贸学院副教授。任中国双优法学会经济数学与管理数学分会常务理事、陕西金融学会会员、西咸区域经济研究中心副主任等。

主要研究领域:金融工程、金融风险管理。

先后主持陕西省社科基金等项目10余项、参与国家社科基金重点项目、教育部哲学社会科学研究重大课题攻关项目等若干项,出版专著5部,发表学术论文40余篇。